Martina Heise

Schutzengel & Co.

Engel und andere geistige Wesen begleiten uns.
Erfahren Sie, wie sie arbeiten, wie man mit ihnen in
Kontakt tritt und wie man ihre Botschaften versteht.

amadeus-verlag.com

Amadeus Verlag GmbH & Co. KG
Birkenweg 4
74576 Fichtenau
Fax: 07962-710263
www.amadeus-verlag.com
Email: amadeus@amadeus-verlag.com

Druck:
CPI – Ebner & Spiegel, Ulm
Satz und Layout:
Jan Udo Holey
Umschlaggestaltung:
Amadeus Holey

ISBN 978-3-938656-38-9

INHALTSVERZEICHNIS

TEIL 1 – Meine Geschichte

TEIL 2 – Meine geistige Ausbildung

TEIL 3 – Erfahrungsberichte

Danksagung

Lieber Jan, Dir als Verleger gilt ein besonderer Dank, weil Du mein Buch veröffentlicht und damit den Lesern eine Möglichkeit gegeben hast, ihr Leben positiv zu verändern. Vielen Dank für Dein Vertrauen!

Des Weiteren möchte ich allen Klienten danken, die mir ihre Erlebnisse zur Verfügung gestellt haben. Ohne die Lebensgeschichten und Erfahrungen von euch wäre dieses Buch nicht zustande gekommen.

Einen ganz besonderen Dank möchte ich Katja Kutza aussprechen – eine liebevolle Klientin und heute eine Freundin, die meine Geschichte vollständig umgesetzt und auf Papier gebracht hat. Sie ist ein wunderbares Schreibmedium und Kinderbuch-Autorin. Liebe Katja – Danke!

Meinem Bruder Dieter danke ich von Herzen, dass er für mich und meine Leser eine wundervolle Meditations-Musik komponiert hat. Mit dieser Musik befähigt er uns, tief in unser Herzzentrum einzutauchen, damit sich die Türen zu unseren Engeln öffnen können.

Ein riesengroßer Dank gilt selbstverständlich meinen geistigen Helfern – ohne sie wäre ich heute nicht die, die ich bin.

Und Ihnen, liebe Leserinnen und Leser, wünsche ich, dass der Inhalt dieses Buches Ihnen helfen wird, das berühmte Licht am Horizont zu finden. Möge es Ihnen helfen, Ihren ganz persönlichen, lichtvollen Weg zu gehen…

Prolog

1963 in Düren, Nordrhein-Westfalen:
Ein kleines Mädchen – Martina – liegt unschuldig und neugierig auf das Leben in ihrer Wiege, die kleinen Augen schauen unter der Mütze hervor. Sie schaut nach rechts und verzieht ihr Gesicht erschrocken und ängstlich zum Weinen. Was ihre besorgte Mutter nicht erkennen kann, ist für Martina klar zu sehen: Ein dunkler Schatten nähert sich mit unguten Absichten der Wiege. Ebenfalls unsichtbar für die Mutter, jedoch sichtbar und beruhigend für Martina, steht links neben der Wiege ihr Schutzengel – ihr Engel, der jetzt schützend seine Flügel über sie breitet, Martina in seine Obhut nimmt, sie anlächelt und beruhigt.

So beginnt Martinas Leben mit all ihrer Medialität, ihrer Hellhörig-, Hellsichtig- und Hellfühligkeit, ihren Einblicken in die lichtvolle und dunkle Seite, ihrem Wahrnehmen und Sehen von Engel- und Naturwesen sowie Verstorbenen und ihren wahrheitsgetreuen Zukunftsvisionen.

Vorwort

In den 1960er- und 1970er-Jahren wuchs ich, Martina, als erstes von drei Kindern in Düren auf. Ich war ein zartes, zierliches Kind und eher von zurückhaltender und ängstlicher Natur. Meine Eltern waren voll berufstätig, und so wuchs ich hauptsächlich bei meinen Großeltern auf. Schon meine Großmutter war spirituell interessiert und hatte Vorahnungen. Das Pendel war ihr tägliches Werkzeug, mit dem sie so ziemlich alles erpendelte – keine Entscheidung traf sie ohne ihr spirituelles Hilfsmittel. Auch für andere pendelte sie des Öfteren, zum Beispiel, ob die Nachbarin einen Jungen oder ein Mädchen bekommen wird, welche Nahrungsmittel verträglich waren usw. – und sie lag immer richtig! So kam ich durch meine Großmutter schon früh in Kontakt mit „Übersinnlichem".

Doch trotz der spirituellen Offenheit meiner Großmutter konnte sich auch meine Familie nicht erklären, was mit mir los war, denn ich sprach oft mit meinem für alle unsichtbaren Freund, den ich selbst zwar auch nicht sehen, aber gut und deutlich hören konnte; der mich zum Lachen brachte und mir ein gutes Gefühl gab. Meine Großmutter riet mir damals, mit niemandem darüber zu reden und es lieber für mich zu behalten. Meine Mutter dagegen löste „das Problem" einmal auf schnelle Weise: zack, eine Ohrfeige und gut war es.

Hierdurch lernte ich sehr früh, dass ich anders war als die meisten anderen, denn außer mir schien tatsächlich niemand die mir so vertraute Stimme zu hören. Dennoch war meine Sicht auf die Welt, meine Wahrnehmung der Dinge, für mich richtig, ehrlich und wirklich. Unterstützung fand ich immer durch meinen Schutzengel, der mich behütete, der mit mir sprach, mir später manche Zusammenhänge meiner Fähigkeiten erklärte und mich führte.

Natürlich konnte ich als kleines Mädchen nicht einmal ahnen, wohin alles führen würde, warum ich Visionen hatte, die eins zu eins auch genauso eintrafen, warum der „schwarze Mann" immer wieder in meinem Leben auftauchte und mich oft fürchterlich erschreckte und warum ich bei Menschen etwas sah und Dinge erspürte, die sonst keiner in meinem Umfeld wahrnahm.

In vielen Lernprozessen, die oft geprägt waren durch Leid, Schmerz, Unverständnis und Angst, machte ich wertvolle Erfahrungen. Somit führte mein Weg letztendlich in ein selbstbestimmtes, freies Leben und hat mich dazu befähigt, unzählig vielen Menschen auf meine eigene, mitfühlende Art zu helfen, sie von Blockaden, Flüchen, Verwünschungen, Besetzungen und negativen Energien zu befreien und sie mit der lichtvollen geistigen Welt in Kontakt zu bringen.

„*Wo ist mein Schutzengel?*", ist eine der am häufigsten gestellten Fragen von meinen Klienten während der Beratungsgespräche, weshalb Sie in diesem Buch viel über Schutzengel, Engel und andere Geistwesen erfahren. Außerdem erwartet Sie auf der beiliegenden CD eine Schutzengel-Meditation, die Ihnen die Möglichkeit bietet, mit Ihrem Schutzengel in Kontakt zu treten, ihn zu spüren und vielleicht sogar zu hören oder zu sehen.

Ich kann mit absoluter Sicherheit behaupten, dass jeder Mensch einen Schutzengel hat, der ihn nicht nur schützt, sondern auch führt, der den Lebensplan, die Lebensthemen und Schicksalswege von seinem Schützling genau kennt und alles dafür tut, um diesen Lebensweg mit ihm in Liebe zu gehen. Aus meiner langjährigen Erfahrung weiß ich außerdem, dass jeder Mensch eine besondere Gabe in sich trägt, die es zu fördern lohnt – einige Übungen in diesem Buch können dabei erste Anstöße für Sie sein.

Lassen Sie sich von meiner Geschichte inspirieren, und folgen Sie mir auf meinem – nicht immer einfachen, aber bereichernden – spirituellen Weg, erfahren Sie mehr über die geistige Welt, über das Jenseits, über das weitere Schicksal von verstorbenen Menschen und über die vielfachen, wunderbaren Möglichkeiten der Energiearbeit.

TEIL 1

Meine Geschichte

Erste Visionen

Im Alter von sieben Jahren hatte ich meine erste richtige Vision, an die ich mich auch heute noch genau und gerne erinnere, weil ich das alles sehr lustig fand. Vor diesem Ereignis hatte ich oft Vorahnungen, es war aber immer nicht mehr als ein Gefühl, dass etwas passieren würde. Außerdem wusste ich einfach mit absoluter Sicherheit, ob es etwas Positives oder Negatives war und gab dies auch – nicht immer zur Freude meiner Familie – kund.

Diesmal jedoch war es zum ersten Mal anders: Mit meinen Eltern und Brüdern war ich sonntags oft bei den Großeltern zu Besuch, wo sich meist die ganze Familie traf – alle Geschwister meiner Mutter und deren Kinder. Ein Onkel von mir lebte auch bei meinen Großeltern, die mich werktags betreuten, wenn meine Eltern beide arbeiteten, deshalb hatte ich zu ihm einen intensiven Kontakt. Als wir alle bei Kaffee und Kuchen zusammensaßen erzählte er von seinem Auto, dass es sich, wie ich bereits wusste, mühsam erspart hatte. Es war zwar ein alter, schon in die Jahre gekommener Opel Kadett, aber er war so stolz auf seine Errungenschaft, dass er uns nach dem Kaffeetrinken das Auto präsentierte und eine Spritztour vorschlug. Nachdem meine Brüder und mein Cousin eingestiegen waren, winkte er mir zu und rief: *„Komm, steig ein, ein Platz ist noch frei."* Ich ging auf ihn zu und sagte frei heraus: *„Nein, ich komme nicht mit. Das Auto wird unter Dir ein großes Loch haben, so groß, dass Du mit Deinen Füßen die Straße berühren kannst."* Er schaute mich nur sehr verwundert an und fuhr kopfschüttelnd davon.

Eine Weile später, noch immer hatte ich dieses Bild mit dem Loch vor Augen, tuckelte er im Schneckentempo die Straße entlang und rief mir schon von weitem durch das geöffnete Autofenster zu: *„Komm bitte mal her!"* Nachdem ich ihm entgegengelaufen war, hielt er an und deutete auf den Boden des Fahrzeugs. Ich streckte den Kopf durch das Fenster, um zu sehen, was er meinte, und konnte mir das Lachen nicht verkneifen, denn es sah einfach zu lustig aus: Vor dem Fahrersitz klaffte ein Loch im Boden, durch das mein Onkel tatsächlich die Füße auf den Boden stellen konnte!

Er fragte mich natürlich, woher ich das vorher hätte wissen können, und ich antwortete nur: *„Ich weiß es nicht. Ich wusste es einfach!"* Für den Rest des Tages war das Loch im Boden des Autos Gesprächsthema, und alle schauten mich immer wieder ungläubig an.

Doch nicht nur mein Onkel, auch meine Mutter wunderte sich manches Mal über meine präzisen Vorhersagen, denn nur wenige Wochen nach dem Vorfall mit dem Auto kam es zur nächsten Vision: Wenn wir sonntags einmal nicht bei meinen Großeltern waren, besuchten wir oft Freunde der Familie. An diesem Sonntag waren wir mit ihnen in deren Garten zum Grillen verabredet und wollten an diesem heißen Sommertag gerade das Haus verlassen, als ich meine Mutter inständig bat, zu Hause zu bleiben. Ich erzählte ihr, dass ich schon den ganzen Vormittag Bilder von einem Unfall meines Bruders im Kopf hätte und sehen würde, wie er auf der Straße läge und aus einer großen Wunde am Kopf blute. *„Was Du nur schon wieder siehst…"*, sagte meine Mutter nur ungläubig und ließ sich nicht umstimmen, doch auf dem Weg zu unserer Verabredung gingen mir diese Bilder nicht mehr aus dem Kopf, und meine Angst verstärkte sich mehr und mehr.

Als wir ankamen, kümmerten sich die Erwachsenen um das Essen, der Sohn der Familie spielte mit meinen Brüdern vor dem Haus, und ich schaukelte im Garten – nichts Gutes ahnend. Bereits nach kurzer Zeit kam eine Nachbarin aufgeregt angerannt und rief meinen Eltern zu, sie sollen schnell kommen, es sei etwas Schlimmes mit meinem Bruder passiert. Alle rannten in Windeseile zu ihm, und meine Vision wurde wahr, denn er war mit dem Hinterkopf auf einen großen Stein gefallen und lag nun blutüberströmt auf dem Boden. Mein Bruder hatte eine schlimme, große Platzwunde am Hinterkopf und meine Mutter brachte ihn sofort in ein Krankenhaus. Mein Vater kümmerte sich währenddessen um mich und meinen anderen Bruder. Im Krankenhaus musste die Wunde mit mehreren Stichen genäht werden, und mein Bruder sollte zur Überwachung wegen einer möglichen Gehirnerschütterung über Nacht dort bleiben.

Meine Mutter fragte mich abends, wie ich das schon wieder hätte wissen können, aber ich konnte ihr darauf keine Antwort geben, wusste ich doch selbst nicht, woher die Bilder in meinem Kopf kamen. Sie waren einfach da! Geängstigt von meiner Gabe, verbat mir meine Mutter, jemals wieder solche Dinge zu sagen und schickte mich auf mein Zimmer. Traurig über diese Erfahrung und das Unverständnis meiner Mutter, weinte ich mich an diesem Abend in den Schlaf.

In jener Zeit wachte ich außerdem jede Nacht völlig verängstigt auf, denn schlimme Alpträume über Spinnen und Schlangen plagten mich. Meist stand ich schreiend in meinem Bett, und meine Mutter hatte es wirklich schwer, mich zu beruhigen, denn auch im Wachzustand sah ich all das eklige Getier auf und in meinem Bett krabbeln. Mal krabbelten große schwarze Spinnen über mein Bett, die außer mir niemand sehen konnte. Ein anderes Mal krochen Schlangen unter der Bettdecke hervor oder über mein Bett. Für mich waren diese Tiere ganz real, ich sah sie nicht nur in meinen Gedanken, sondern wirklich in meinem Bett. Es war furchtbar und dauerte manchmal lange, bis sie wieder verschwanden, doch selbst dann konnte ich nur schwer wieder einschlafen. Warum ich diese Erscheinungen sah, die sonst niemand wahrnahm, konnte ich mir natürlich auch nicht erklären…

Waren es nicht die ekligen Tiere, peinigte mich nachts der „schwarze Mann“, indem er mich immer wieder in meinen Träumen verfolgte. Er hatte einen schwarzen Umhang und einen schwarzen Hut, sah mich immerzu böse an und machte mir mit seiner Erscheinung und seinem Blick sehr große Angst. Fast noch schrecklicher für mich war, dass ich nicht vor ihm weglaufen konnte, denn meine Beine und Füße gehorchten in meinem Traum nicht und blieben wie angewurzelt stehen. Meist wachte ich danach völlig verkrampft und schweißgebadet auf, und meine Eltern mussten meine Zimmertür geöffnet und das Licht im Flur brennen lassen.

Dieser schlimme schwarze Mann sollte mir noch öfter in meinem Leben begegnen, und das nicht nur in meinen Träumen, doch dazu später mehr…

Zu meinen ersten Visionen gehörte auch die folgende Begebenheit: Ich war etwa zehn Jahre alt, als meine Großmutter ein neues Schmuckstück erwarb. Es war ein mit Gold eingefasstes Amulett mit einem mittelbraunen Stein, darin eingebettet war ein dunkelbraunes Kreuz. Das Amulett wurde ihr als Glücksbringer verkauft und war sehr teuer. Damals, als meine Großmutter das Amulett zum ersten Mal trug, wusste ich genau, dass es niemals Glück bringen würde. Allein mein Gefühl sagte mir, dass Unheil über sie kommen würde, und ich sagte zu ihr: *„Der Anhänger ist böse und macht Dich krank.“*, doch sie wollte nichts davon wissen. Einige Monate später hatte sich ihre Sehkraft verschlechtert, und ich begleitete sie zum Augenarzt. Weinend, völlig aufgelöst in Tränen und orientierungslos kam sie aus dem Behandlungszimmer, und ich musste sie aus der Praxis führen. Den ganzen Weg durch das Treppenhaus weinte sie erbärmlich und erzählte mir zwischen ihrem heftigen Schluchzen, dass der Arzt bei ihr eine Augenkrankheit diagnostiziert habe, die bis zur Erblindung führen könne. In diesem Moment war mir klar, dass es nur an dem Amulett liegen konnte, und ich sagte ihr das zum wiederholten Male – doch wieder ignorierte sie meine Wahrnehmung und Warnung. Entsetzt wurde mir klar, dass die Augenkrankheit nur der Beginn einer kranken Lebensphase war, diese Erkenntnis spürte ich ganz deutlich in mir.

In den nächsten Jahren bekam sie dann tatsächlich noch weitere gesundheitliche Probleme, bis sie nach zwei Schlaganfällen viel zu früh verstarb – bis zuletzt trug sie das Amulett. Nach ihrem Tod übergab mein Großvater meiner Mutter die Kette mit dem schrecklichen Anhänger, und entsetzt warnte ich sie, dieses Schmuckstück schnellstens zu entsorgen, zumal sie bereits krank wäre. Meine Worte mal wieder missachtend, trug auch sie das Amulett, und Wochen später verschlimmerte sich ihr Zustand zusehends – sie hatte Krebs im fortgeschrittenen Stadium und verstarb schließlich. Damals war ich 27 Jahre alt. Ich bin mir sicher, dass sie ohne dieses Amulett noch viele schöne Jahre hätte leben können.

Als mein Bruder nach ihrem Tod nun mir eines Nachmittags die Kette überreichen wollte, legte ich ihm sehr, sehr deutlich nahe, er solle dieses Unglücksding sofort wegwerfen! Ich konnte ihm nicht erklären, warum der Anhänger eine negative Wirkung hatte, aber ich wusste, dass das Tragen des Amulettes ein ganz schlechtes Omen bedeutete.

Erst heute habe ich das Wissen, um erklären zu können, warum ein Gegenstand solch negative Auswirkungen haben kann: Bei Edelsteinen kann es zum Beispiel sein, dass sie aus einem Gebiet abgetragen wurden, das von negativen Energien durchdrungen wird oder man sie unsachgemäß behandelt bzw. gelagert hat. Sogar ein Möbelstück, welches aus einem kranken Baum hergestellt wurde, hat mehr oder weniger negative Schwingungen. Selbst wenn man davon ausgeht, dass alle Rohstoffe energetisch in Ordnung sind, können immer noch die Menschen oder Firmen, die diese verarbeiten, zu einer negativen Energie beitragen.

Viele Jahre später konnte ich während meiner geistigen Ausbildung sehen, dass das Amulett meiner Großmutter von einer Person hergestellt worden war, die sehr wütend war und großen Hass in sich trug, der dann beim Herstellen des Schmuckstücks auf das Amulett übertragen wurde und ein großes negatives Kraftfeld aufbaute, welches sofort auf den Träger überging.

Mein Schutzengel

Nachdem Sie, liebe Leserinnen und Leser, nun einen Einblick in meine ersten Visionen bekommen haben, möchte ich Ihnen von meinem Schutzengel erzählen: Er war mein ständiger geistiger Begleiter, mit dem ich mich oft unterhielt, denn ich konnte ihn sehr gut und ganz real hören, jedoch als Kind leider noch nicht sehen. Er hatte eine männliche Stimme mittleren Alters und sprach immer ruhig und geduldig mit mir, sodass ich niemals Angst vor ihm hatte und ihm aus meinem tiefsten Inneren absolut vertraute, wie keinem Menschen in meinem Umfeld, denn auch seine Liebe war mit nichts zu vergleichen.

Vor allem in Zeiten, die von Traurigkeit, Unverständnis und Angst geprägt waren, machte er mir Mut und tröstete mich. Ihm konnte ich alles erzählen, er wusste von meinen Visionen und dem regelmäßigen Auftauchen des „schwarzen Mannes". Immer dann, wenn ich Angst hatte, spürte ich, wie sich seine bedingungslose Liebe wie ein schützender Mantel um mich legte.

Wenn er sich mir öffnete, war es sofort wärmer, ruhiger und angenehmer im Raum. Ich hatte dann immer das Gefühl, er stehe schützend hinter mir, und ich spürte seine kraftvolle Energie in meinem Rücken. So vermittelte er mir Ruhe und Gelassenheit.

Mein Schutzengel spielte sogar mit mir, und wir hatten viel Spaß miteinander, denn immer wieder brachte er mich zum Lachen. Manchmal klopfte er mir auf die Schulter und lachte, wenn ich mich umdrehte, um zu sehen, wer das war, aber niemand dort stand. Er stritt dann immer mit gespieltem Ernst ab, dass er das war, bis ich lachen musste. Es waren kleine, sehr vorsichtige Späße, um mich nicht zu erschrecken, denn das war nie seine Absicht.

Bis zum vierzehnten Lebensjahr konnte ich seine Stimme hören, danach war sie vorübergehend verschwunden, was mich wunderte und traurig stimmte, doch ich sollte wohl eine Weile ohne seine direkte Hilfe meine Erfahrungen machen. Er war allerdings immer an meiner Seite, was mir jedoch erst zu einem späteren Zeitpunkt so richtig klar wurde.

Im weiteren Verlauf meines Lebens sollte ich ihn nicht nur hören, sondern auch sehen dürfen. Dies wusste ich natürlich zu diesem Zeitpunkt noch nicht, und so war ich erst einmal traurig, als er mir nicht mehr antwortete.

Warum das so war, werde ich in einem der nächsten Kapitel erklären.

Schul- und Jugendzeit

Meine Schulzeit habe ich als äußerst schwierig in Erinnerung, jedoch nicht, weil sie von tiefgreifenden Visionen geprägt war, sondern weil ich viel zu früh eingeschult worden bin – mein Geburtstag lag genau an der Datumsgrenze für den einzuschulenden Jahrgang. Nun war ich zum einen körperlich zierlich und zum anderen wirklich noch sehr verspielt, und es wäre besser gewesen, den viel zitierten „Ernst des Lebens“, meinen Schuleintritt, noch um ein Jahr nach hinten zu verschieben. Allerdings stellten meine Eltern einen Antrag bei der zuständigen Behörde, und ich wurde eingeschult, wodurch ich leider immer wieder Probleme hatte, das Lernpensum zu schaffen. Hinzu kam, dass meine Eltern den ganzen Tag arbeiteten und mir niemand bei den Hausaufgaben helfen, mich beim Lernen unterstützen und in leistungsschwachen Fächern fördern konnte. Lediglich meine erste Lehrerin, eine sympathische und kompetente Frau, holte das Beste aus mir raus und erleichterte mir die ersten Schuljahre.

Heute empfehle ich allen Eltern, die vor der Frage einer frühen, Einschulung ihres Kindes stehen, genau zu überprüfen, ob ihr Kind hierfür die notwendige Reife hat.

Allerdings konnte ich eine Sache besser als alle anderen: Ich sah im Voraus, welcher Lehrer krank war, wer zum Beispiel vor der Klassentür stand, welche Schulfächer ausfielen und welche Mitschüler ihre Hausaufgaben oder Sportsachen vergessen hatten. Wirkliche Freunde brachte mir das nicht, denn ich war anders als die anderen und das ließ man mich spüren. Demzufolge solidarisierte ich mich immer mit den anderen Außenseitern und versuchte hier, Freundschaften aufzubauen.

Außer meinen kleinen hellsichtigen Momenten hatte ich jedoch – oder zum Glück – in der Schule keine gravierenden Visionen, diese hatte ich dann, als ich etwas älter war, auf dem Schulweg: Ein Mädchen aus meiner Parallelklasse begegnete mir jeden Tag auf dem Weg zur Schule, doch ich hatte keinerlei Kontakt zu ihr, wir kannten uns nur vom Sehen. Sie lächelte nie und grüßte mich nicht, deshalb wunderte ich mich ein wenig, warum ich ausgerechnet bei ihr diese Vorahnung hatte. Immer, wenn ich eine bestimmte Stelle auf meinem Weg passierte und sie gleichzeitig sah, bekam ich eine Gänsehaut und eine unheilvolle Vorahnung, die ich nicht richtig zuordnen konnte. Ich sah nur, dass an dieser Stelle ein Unfall mit einem großen Auto passieren würde und wusste, dass es indirekt mit ihr zu tun hatte.

Einige Zeit später passierte das Traurige, als ihre Cousine an dieser Stelle einem Müllauto auswich und mitsamt dem Fahrrad auf die Fahrbahn fiel. Der Fahrer des Müllwagens übersah sie beim Rückwärtsfahren und überrollte sie. Der sofort herbeigerufene Notarzt konnte nichts mehr für sie tun, das Mädchen erlag noch am Unfallort ihren schweren Verletzungen. Es bedrückte mich lange Zeit, dass ich dieses schreckliche Ereignis vorhersehen, aber nicht hatte verhindern können.

Was mich auch belastete, war eine weitere Vorahnung, die ich bezüglich unseres Schuldirektors hatte, den ich sehr mochte, denn er war ein netter, freundlicher Mann und machte seinen Job sehr gut. Es waren erst wenige Tage seit dem Unfall des Mädchens vergangen, und ich hatte ihr tragisches Schicksal noch nicht verkraftet, als mich jedes Mal, wenn ich ihn sah, diese Vorahnung beschlich, dass etwas Schreckliches passieren würde. Ich wusste, ihn würde ein hartes Schicksal ereilen – in welcher Form auch immer. Leider wurde auch dies zur traurigen Gewissheit, denn sein einziger Sohn verunglückte mit dem Auto auf seinem Weg zur Universität tödlich. Dies tat mir für den Direktor sehr leid, und es war einer dieser Momente, in denen ich mich fragte, warum Gott so etwas zulassen konnte…

Ein großes Thema erschwerte ebenso meine Schulzeit und Kindheit: Die ständigen Umzüge meiner Eltern, initiiert von meiner Mutter. Alle ein bis zwei Jahre zogen wir um und in eine neue Wohnung, und nicht immer, aber ab und zu, erforderte dies einen Schulwechsel. Außerdem musste ich mich ständig an eine neue Umgebung, ein neues Umfeld und neue Menschen gewöhnen. Beständige Freundschaften zu anderen Kindern konnte ich hierdurch nie aufbauen. Meine Onkel und Tanten machten sich einen Scherz daraus und meinten, wir wären wie Zigeuner, die von Ort zu Ort ziehen. Ihr Kommentar zu den ständigen Umzügen war: „*Kauft euch doch einen Wohnwagen, das ist auf Dauer preiswerter.*"

Mittlerweile und aus heutiger Sicht kann ich sogar verstehen, warum meine Mutter ständig die Wohnungen wechselte. Unbewusst spürte sie vielleicht auch, dass die Wohnungen allesamt mit negativen Energien belastet waren, doch leider hatte sie ein Händchen dafür, immer wieder in die gleiche Falle zu tappen. Treffsicher wählte sie unbewusst Wohnungen aus, in denen wir uns nicht wohlfühlten, weil die Energien schlecht waren. Vor allem ich fühlte die furchtbaren Energien, und als wir uns mal wieder eine andere Wohnung anschauten, wollte ich noch nicht mal das Gebäude betreten, weil es mir große Angst machte. Sehen konnte ich damals noch nicht, was sich dort abspielte, jedoch war das Fühlen sehr stark und unangenehm. Natürlich sagte ich das meinen Eltern, doch all meinen Einwänden zum Trotz zogen wir in diese schreckliche Wohnung – wer hörte schon auf ein kleines Mädchen?

Die Energie in dem Haus war scheußlich und schnürte mir schon beim Betreten den Hals zu. Wir wohnten im ersten Stock und ich rannte jedes Mal so schnell ich konnte die Treppen rauf in die Wohnung, obwohl diese auch mit negativen Energien belastet war. Ich fürchtete mich sehr, wenn ich alleine zu Hause war und schloss mich in mein Zimmer ein, doch selbst dort war es mir, als beobachteten mich tausend Augen. Schlafen konnte ich nur mit offener Tür, und das Flurlicht musste auch die ganze Nacht brennen.

Verglichen mit der Wohnung war jedoch das Treppenhaus das Allerschlimmste. Immer hatte ich das Gefühl, dass jemand hinter mir ist, so als wolle mich jemand von hinten packen. Ich hatte Herzrasen, Gänsehaut, und sämtliche Haare auf der Haut standen zu Berge, denn die Kälte dort ließ mich frösteln.

Lediglich mein Schutzengel versuchte immer wieder, mir mit tröstenden Worten die Angst zu nehmen: „*Hab keine Angst, diese Dinge können Dir nicht schaden. Ich bin immer bei Dir und schütze Dich.*"

Erst viele Jahre später, nachdem ich zum Medium ausgebildet worden war, konnte ich sehen, was in diesen Häusern die Energien niederdrückte: Die Stadt Düren war im Krieg größtenteils zerstört worden, und genau dort, wo der Krieg heftig tobte, wo es viele Tode, Verletzte und Leid gab, waren die Häuser, in denen wir lebten, neu erbaut oder saniert worden. Die unerlösten leidvollen Energien des Krieges waren jedoch noch immer in den Gebäuden und in weiten Gebieten der Stadt gespeichert, sodass sie fast zum Greifen präsent waren. Genau diese Energien spürte ich als Kind sehr deutlich, ohne sie in irgendeiner Weise einordnen zu können. Heute bin ich froh darüber, dass ich das alles als Kind noch nicht sehen konnte. Wer weiß, was dann mit meiner Seele geschehen wäre...?

Irgendwann zogen wir endlich raus aus der Stadt, denn meine Mutter hatte ein Reihenhaus am Stadtrand gefunden, jedoch währte die Freude auch hier nicht lange: Neben uns wohnte ein älteres, kinderloses Ehepaar, und sie machten mir Angst, weshalb ich meine Mutter bekniete, hier schnell wieder auszuziehen. Leider nahm sie meine Ängste wie immer nicht ernst, und sie tat meine Befürchtungen mit meinem zierlichen, introvertierten Wesen ab, ungeachtet all der sich erfüllenden Visionen und Vorahnungen, die ich hatte. Zusätzlich zu den intensiven Visionen konnte ich immer sagen, wer zu Besuch kam, wer vor unserer Tür stand, wann sich wer von meinen jüngeren Brüdern verletzte usw.

Dennoch blieb sie in dieser Beziehung hart und ging niemals auf meine Einwände ein. So blieben wir auch diesmal dort wohnen, und wieder einmal behielt ich Recht. Die ältere Dame von nebenan hatte eine psychische Störung, klopfte jede Nacht mit ihrem Stock gegen die Wand und hörte dabei nicht auf, laut zu schreien. Sie hatte uns Kinder damit sehr geängstigt, weil wir ihr Geschrei und Geklopfe richtig gruselig fanden. Mit den Monaten jedoch wurde es für uns zur Normalität und zur nächtlichen Gewohnheit.

Der Keller ängstigte mich auch sehr, denn er war sehr dunkel – auch wenn das Licht angeschaltet war. Beim Betreten der Kellerräume schnürte sich immer meine Kehle zu, und ich bekam regelrechte Atemnot. Immer wieder sagte ich fast panisch zu meiner Mutter, wir müssten ausziehen aus diesem Haus, denn ich könnte spüren, dass dort irgendwann etwas Schlimmes passieren würde. Selbst mein Bruder äußerte oft, dass er in dem Haus Angst hatte, und lange Jahre lebte ich dort in der Erwartung eines schrecklichen Ereignisses. Als ich etwa fünfzehn Jahre alt war, kam mein jüngerer Bruder wieder mit einer Platzwunde am Kopf nach Hause. Ständig hatte er kleinere Unfälle, oft mit Wunden, die genäht werden mussten, aber das war es nicht, was ich spürte. Ich wusste einfach, es würde schlimmer kommen. Immer wieder sagte ich zu meiner Mutter: „*Das Haus ist nicht gut für uns, wir müssen hier weg.*"

Weil mein Bruder mittlerweile das gleiche Anliegen hatte und sie damit bedrängte, dachte sie tatsächlich eine Weile darüber nach, dieses Haus zu verlassen, doch sie hatte sich immer genau solch ein Heim gewünscht und wollte dort nicht weg. Sie hatte sich damit einen langjährigen Traum erfüllt, denn sie wollte schon immer in einem Haus mit Garten leben – und sei es zur Miete.

So geschah, was ich die ganze Zeit geahnt hatte: Eines Nachmittags kam ich von der Schule nach Hause und sah von weitem schon das Blaulicht – ein Polizeiaufgebot stand vor unserem Haus, und alles war abgesperrt. Mein Bruder kam mir entgegengelaufen und rief mir zu: „*Martina, komm schnell, komm schnell, etwas Schlimmes ist passiert!*" Ich rannte so schnell es meine zittrigen Beine zuließen nach Hause und sah, dass alle dort waren: meine Großeltern, meine Onkel und Tanten. Viele Nachbarn und Schaulustige hatten sich vor unserem Haus versammelt, und in ihren Gesichtern stand Entsetzen und Fassungslosigkeit über das Geschehene.

Ein psychisch schwer kranker Mann war aus der Landesklinik ausgebrochen, in welcher er als verurteilter Schwerverbrecher inhaftiert gewesen war. Mit einem Spaten, den er in unserem Garten gefunden hatte, hatte er die Terrassentür so geschickt aufgehebelt, dass wir nichts davon bemerkten, zumal wir in der kalten Jahreszeit diese Tür geschlossen hielten. Die Polizei ermittelte, dass dieser Mann tatsächlich drei Tage und drei Nächte in unserem Haus gelebt hatte, völlig unbemerkt von uns allen. Lediglich meine Mutter wunderte sich über schrumpfende Lebensmittelvorräte, hatte allerdings uns Kinder im Verdacht. Ich stand unter einem riesengroßen Schock, als ich die ganze Geschichte erfuhr: Mein drei Jahre jüngerer Bruder war morgens alleine zu Hause, weil er später Schule und somit noch etwas Zeit hatte, und meine Eltern waren bereits zur Arbeit gefahren. Im Schlafanzug wollte er in die Küche, als er Geräusche im oberen Stockwerk hörte. Innerlich bereits alarmiert, ging er auf die Treppe zu, den Türgriff der Eingangstür schon geistesgegenwärtig in der Hand, als wenn er eine Vorahnung gehabt hätte. Er sah auf dem oberen Treppenabsatz einen Mann in einer Art weißem Schlafanzug stehen. Mein Bruder riss die Tür auf und lief schreiend zu meiner Großmutter, die in unmittelbarer Nähe wohnte und sofort die Polizei rief. Zum Glück trafen die Polizisten so schnell ein, dass sie den Mann noch vor Ort verhaften konnten.

Noch heute bekomme ich eine Gänsehaut, wenn ich an diesen Vorfall denke. Es ist immer noch unglaublich, drei Tage mit einem Schwerverbrecher unter einem Dach verbracht zu haben. Sicherlich haben uns unsere Engel vor Schlimmerem bewahrt, jedoch hätte alles verhindert werden können, wenn man damals auf meine Vorahnungen, die mir sicher auch von meinen Engeln eingegeben wurden, gehört hätte.

Nach diesem schlimmen Ereignis zogen wir dann zum Glück schnell aus dem Haus aus, zumal die Nachbarin jede Nacht fleißig weiter klopfte und schrie...

Ruhe fanden wir trotzdem nicht, denn der Umzugsmarathon meiner Mutter zog sich weiterhin durch meine Jugendzeit, und so wohnten wir immer wieder in mehr oder weniger energetisch negativen Wohnungen.

Ehe, Kinder und der schwarze Mann

Ablenkung von all dem, was ich spüren, voraussagen oder erahnen konnte, fand ich im Tanzen, denn hier konnte ich all meine Emotionen verarbeiten, lebte auf und fühlte mich frei. Ich feierte mit meiner Tanzgruppe viele Erfolge. Wir belegten auf Turnieren oft den ersten Platz und gewannen viele Preise.

Meine Großmutter war sehr stolz auf mich, begleitete mich meist zu den Tanzturnieren und den Trainingsstunden und unterstützte mich finanziell. Sie bezahlte oft meine Tanzschuhe und Kostüme für die Auftritte, ohne die ich nicht an Turnieren hätte teilnehmen können. Ich war ihr sehr dankbar dafür, da Tanzen meine absolute Leidenschaft war.

Während einer dieser Übungsstunden platzte ein junger Mann mitten in die Probe, um einer Tanzkollegin die vergessenen Schuhe zu bringen. Er setzte sich zu meiner Großmutter, schaute uns beim Tanzen zu und unterhielt sich längere Zeit angeregt mit ihr. Nach dem Training schwärmte sie in den höchsten Tönen von dem jungen Mann und erzählte mir, dass er sehr sympathisch wäre. Im Laufe der Zeit lernte ich ihn näher kennen, und irgendwann fruchteten die Kupplungsversuche meiner Großmutter, was dazu führte, dass wir zusammenkamen und ein paar Jahre später heirateten.

Profi-Tänzerin zu werden, war mein innigster Wunsch mit sehr, sehr guten Aussichten – verschiedene Tanztrainer hatten mir dies immer wieder bestätigt. Hierfür trainierte ich viel und hart, jedoch sollte es anders kommen, denn bei einem Tanzturnier stürzte ich so unglücklich, dass ich meine Karriere als Tänzerin, die an und für sich so gut begonnen hatte, abbrechen musste. Die Verletzung, die ich mir zugezogen hatte, war nicht wirklich schlimm und verheilte auch sehr gut, doch während einer intensiveren Untersuchung stellte man fest, dass mein Knochenbau für diesen Leistungssport nicht geeignet war. Man legte mir ausdrücklich nahe, sofort mit dem Profi-Training aufzuhören, und ich erlebte den bis dahin traurigsten Lebensabschnitt, weil ich meinen innigsten Berufswunsch verabschieden musste.

Meine Eltern hätten damals meinen Beruf als Profi-Tänzerin zwar akzeptiert, wollten jetzt aber nicht, dass ich eine solide Ausbildung machte, denn ich sollte Geld ins Haus bringen, um die Familie finanziell zu unterstützen. Deshalb fing ich an, als einfache Fabrikarbeiterin zu arbeiten, bekam aber schon nach einem halben Jahr einen Job als Verkäuferin, der mir weitaus mehr Spaß machte. Der Kontakt zu Menschen war für mich zu diesem Zeitpunkt schon sehr wichtig, und ich merkte, dass viele Kunden mir vertrauten und das Gespräch mit mir suchten. Sie erzählten mir oft Details aus ihrem Leben und schauten mich dabei hilfesuchend an, so als wisse ich die Lösung ihrer Probleme. Ich vermute, sie nahmen damals bereits meine Leidenschaft, anderen zu helfen wahr, und ich stand ihnen so gut ich konnte mit meinem Rat zur Seite.

Das Geschäft, in dem ich arbeitete, wurde jedoch etwa zwei Jahre später aufgelöst, und ich fing bei einer großen Firma im Verkauf an. Dort machte ich als Quereinsteigerin Karriere bis 1983, denn in diesem Jahr kam mein erster Sohn zur Welt, Marco.

Weil die Betreuung meines kleinen Kindes nicht gewährleistet war, ich aber arbeiten musste, damit es uns finanziell besser ging, nahm ich eine Stelle als Reinigungskraft in einer Diskothek an, bei der ich meinen Sohn notfalls mitnehmen konnte.

Von dort aus fuhr ich eines Tages nach getaner Arbeit nach Hause und freute mich auf einen gemütlichen, ruhigen Feierabend. Es war schon dunkel, und ich war alleine auf einer Landstraße unterwegs, als ich in den Rückspiegel schaute und vor Schreck aufschrie. Der schwarze Mann mit dem schwarzen Umhang und dem schwarzen Hut saß auf der Rückbank meines Autos! Sofort drehte ich den Rückspiegel nach unten, damit ich ihn nicht mehr sehen konnte und fuhr um mein Leben – nur schnell weg in den nächsten Ort, wo es heller war und ich gleich am Ortseingang an einer hell beleuchteten Stelle anhalten konnte. Ich hielt an, nahm all meinen Mut zusammen und drehte mich um – aber dort war niemand mehr! Erleichtert, aber darüber grübelnd, ob ich mich wohl getäuscht hatte, stellte ich den Rückspiegel wieder richtig, machte das Radio an, um mich abzulenken, und fuhr weiter.

Wieder musste ich ein letztes Stück dunkle Landstraße passieren, und ich fuhr schlotternd vor Angst weiter. Hinter mir kam ein Fahrzeug auf mich zu, und als seine Scheinwerfer mein Auto erhellten sah ich – die Angst schon im Nacken – in den Rückspiegel. Der Schreck fuhr mir durch alle Glieder, denn wieder saß der schwarze Mann auf der Rückbank. Sämtliche Verkehrsregeln missachtend, fuhr ich nach Hause, flüchtete aus dem Auto und rannte in unsere Wohnung, wobei ich sogar in meiner Panik vergaß, das Auto abzuschließen.

Vom Wohnzimmer aus konnte ich mein Auto sehen, denn es stand unter einer Laterne, und ich konnte deshalb deutlich erkennen, dass es leer war. Der schwarze Mann war weg!

An einen gemütlichen Feierabend war nicht mehr zu denken, weil ich grübelte, woher ich diesen Mann kannte. Dann erinnerte ich mich an meine Alpträume aus Kindertagen. Irgendetwas war da, was ich zu diesem Zeitpunkt noch nicht begreifen konnte. Was mir am meisten zu schaffen machte, war die Tatsache, dass ich den Mann zwar aus den Träumen kannte, ihn aber heute das erste Mal im Wachzustand hatte sehen können, und ich fragte mich, wie das möglich war. Als ich an diesem Abend im Bett lag, überlegte ich, warum ich nicht auch mal etwas Schönes sehen konnte, etwas Ermutigendes, etwas, das mir Kraft gab und mir Zuversicht bescherte. Wieder fühlte ich die beruhigende Energie meines Schutzengels, und plötzlich wusste ich, dass diese Zeit noch kommen sollte…

Meine viel zu früh geschlossene Ehe ging in die Brüche, und ich lebte einige Jahre alleine mit meinem Sohn. Ich musste weiterhin die harte Arbeit als Reinigungskraft ausüben, um über die Runden zu kommen, und dabei kümmerte ich mich nebenbei auch noch um meine kranken Eltern. Die Arbeit als Reinigungskraft forderte mich körperlich sehr, dazu kam die Pflege meiner Mutter und die Versorgung ihres und meines Haushaltes und die alleinige Verantwortung und Betreuung meines Kindes. Es war ein sehr arbeitsintensiver und anstrengender Lebensabschnitt als alleinerziehende Mutter.

1989 verliebte ich mich in Hans, und schon nach drei Monaten zogen wir zusammen und heirateten im Sommer 1993. In ihm fand ich wieder Rückhalt in meinem Leben, den ich in dieser neuen, gemeinsamen Wohnung auch brauchte, denn ich fühlte mich dort sehr unwohl. Ohne ersichtlichen Grund erschauerte ich, wenn ich die Wohnung betrat und hatte das Gefühl, mir würde irgendetwas oder jemand im Nacken sitzen. Trotz Renovierung und Umbauten wurde es nicht besser, die Wohnung wirkte immer dunkel, kalt und negativ. War ich alleine in der Wohnung, bekam ich oft ein beklemmendes Gefühl in der Brust, welches manchmal so stark war, dass ich die Wohnung verlassen musste. Zu diesem Zeitpunkt wusste ich zum Glück noch nicht, dass es noch viel schlimmer kommen sollte...

Wir lebten also weiter in dieser unsäglichen Wohnung, ich hatte noch immer meine Putzstelle in der Diskothek und kümmerte mich um Kind und Haushalt, und weil mich die Wohnung energetisch quasi aussaugte, brauchte ich meine ganze Kraft, um all diese Pflichten zu erfüllen. Dazu kam, dass meine Mutter noch schwerer erkrankte und schließlich verstarb, als ich bereits wieder im fünften Monat schwanger war.

Nico, mein zweiter Sohn, kam 1991 zur Welt – und kurze Zeit später hatte ich wieder eine Vision. Ich sah in allen Details und jeden Tag aufs Neue, wie mein ältester Sohn mit seinem Fahrrad einen Unfall hatte: Unkonzentriert machte Marco einen Fehler, fuhr, ohne sich umzusehen, auf die Fahrbahn und wurde von einem Auto erfasst. Nach einer Woche hörten die Visionen plötzlich auf, und ich dankte Gott, dass nichts Schlimmes passiert war.

Einige Tage später klingelte es eines Nachmittags an der Tür. Mein Sohn stand völlig aufgebracht davor und erzählte, er hätte einen Unfall gehabt. Der Schreck fuhr mir durch alle Glieder, und ich vergewisserte mich erst einmal, ob es ihm gut ging, bevor ich die Taxifahrerin bemerkte, die ebenfalls dort stand. Sie berichtete mir dann den genauen Unfallhergang – es war derselbe wie in meiner Vision, denn alles hatte sich ihren Erklärungen nach genauso abgespielt. Zum Glück war Marco außer einem großen Schreck und ein paar Kratzern, wie durch ein Wunder nichts passiert. Dennoch fragte ich mich zum wiederholten Male, warum ich es vorher hatte sehen können. Welchen Sinn machte es? Ich konnte es ja allein durch mein Sehen doch nicht verhindern. Oder war ich im Begriff, verrückt zu werden?

Zumindest hatte ich dieses Gefühl zunehmend in unserer Wohnung: Damit jedes Kind ein eigenes Zimmer hatte, schliefen mein Mann und ich anfangs im Wohnzimmer. Später hatten wir nach einem kleinen Wohnungsumbau ein eigenes Schlafzimmer, doch ich schlief darin sehr unruhig. Der Kleiderschrank hatte eine Spiegeltür und stand unserem Bett direkt gegenüber, was ein – warum auch immer – unwohles Gefühl in mir auslöste, genauso wie das Fenster hinter unserem Bett.

Nach einer gewohnt unruhigen Nacht erwachte ich einmal morgens, setzte mich verschlafen im Bett auf und schaute in den Spiegel. Ich bekam plötzlich Luftnot und schaute kurz wieder weg, doch beim erneuten Blick in den Spiegel erschrak ich und schrie auf. Der schwarze Mann mit dem schwarzen Hut schaute mich böse aus dem Spiegel heraus an! Durch die Spiegelung konnte ich erkennen, dass er hinter mir am Fenster stand. Ich riss die Bettdecke zur Seite und lief panisch aus dem Schlafzimmer zu meinem Mann in die Küche, der es schwer hatte, mich zu beruhigen. Als ich wieder klar denken konnte, erklärte ich ihm, dass mir ein schlimmer Alptraum Angst gemacht hatte, denn ich befürchtete, er hätte mir die Wahrheit nicht geglaubt – also dass der schwarze Mann tatsächlich da gewesen war.

Ich fragte mich, warum der schwarze Mann mich verfolgte, was er nur von mir wollte. Wieder kam ein Gefühl, eine Ahnung in mir hoch, dass ich dies zu gegebener Zeit schon herausfinden würde.

Eine schlimme Zeit

Natürlich gab es in meinem Leben auch schöne Erlebnisse. In meiner Kindheit zum Beispiel genoss ich die Zusammenkünfte mit meiner Familie sehr. Alle waren musikalisch, spielten ein Instrument oder sangen wunderschön, sodass wir bei solchen Familientreffen sehr viel Spaß hatten, denn beim gemeinsamen Musikmachen war der Alltag schnell vergessen. Jetzt hatte ich außerdem meinen Mann an meiner Seite, zwei wundervolle Söhne und finanziell unser Auskommen. Doch trotz der auch schönen Momente verlief mein Leben bisher alles andere als leicht. Nicht nur, dass ich mit ganz weltlichen Problemen zu kämpfen hatte, ich musste auch mit meinem „Anderssein" klarkommen. Aber selbst wenn ich bis dahin gedacht hatte, ich hätte es nie leicht gehabt, sollte ich eines Besseren belehrt werden, denn es kam noch schlimmer.

Die dunkelste und schwerste Zeit meines Lebens brach an, die ich durch nichts verhindern konnte: Ohne jegliche Vorwarnung bekam ich plötzlich sehr starke Kopfschmerzen, und der Arzt tippte auf Migräne. Aber egal, was er mir verschrieb, nichts half – im Gegenteil: Die Schmerzen wurden von Tag zu Tag schlimmer. Von einem anderen Arzt bekam ich – ohne wirkliche Diagnose – andere Tabletten verschrieben, aber auch diese halfen mir nicht, sie brachten noch nicht einmal Linderung. Aufgrund der starken Schmerzen konnte ich mich nur noch auf allen Vieren bewegen, und immer wieder bekam ich andere Medikamente und Spritzen, aber rein gar nichts schlug an. Ich konnte nur noch im Bett liegen und mich nicht bewegen.

Die erneute Konsultation eines anderen Arztes, der einige weitere Untersuchungen durchführte, brachte dann die Diagnose. Ich hatte eine Gefäßverengung im Gehirn, welche ausgerechnet die Hauptschlagader betraf!

Kein Arzt weit und breit wollte sich an eine Operation heranwagen, und ich konnte nur abwarten, was weiter geschehen würde und weiter mit diesen unsäglichen Schmerzen leben – das alles in Erwartung eines Gehirnschlages.

Nach neun qualvollen Wochen hatte sich mein Gesicht bereits verändert, und schon von Weitem sah man mir die Schmerzen an. Mein ganzes Gesicht war verkrampft, blass und eingefallen. Was hatte ich nur verbrochen, dass ich so über die Maßen gestraft wurde? Es verging Tag für Tag und Nacht für Nacht, und keine Besserung war in Sicht.

Eines Abends stand mein jüngster Sohn vor meinem Bett und schaute mich sehr besorgt und Schlimmes ahnend an. Er fragte, ob ich denn überhaupt wieder gesund werden würde, und ich antwortete: *„Ja, bald mein Schatz.“* Es kam mir in diesem Moment wie die größte Lüge meines Lebens vor. Aber was sollte ich denn meinem Kind anderes sagen? Ich musste zu dieser Notlüge greifen, denn er war noch zu klein, um alles zu verstehen, doch ich war sicher, er spürte insgeheim, dass ich lieber tot gewesen wäre.

In dieser Nacht sah ich mein ganzes Leben vor mir ablaufen. Ich hatte schon von Nahtoderlebnissen gehört, in denen sterbende Menschen ihr ganzes Leben vor ihrem Tod nochmal im Schnelldurchlauf erleben, und auch mir war nach Sterben zumute. Ich wollte nur noch erlöst werden von dieser Qual und diesen fürchterlichen Schmerzen.

Plötzlich erschien mir meine verstorbene Mutter, schemenhaft zwar, aber sie war auf einmal da. Ich fragte sie sofort, ob ich zu ihr ins Jenseits kommen könne, doch sie antwortete, dass meine Zeit noch nicht gekommen sei. Wie Nebel, der sich langsam verdichtet, sah ich sie immer klarer. Sie trug eine Art dunkle Robe und strahlte mütterliche Wärme aus, was mir sehr gut tat, doch leider dauerte es nicht lange, und sie verschwand wieder.

Nach diesem Erlebnis erwachte mein Überlebenswille wieder. Ich wollte meine Kinder aufwachsen sehen und meinem Mann zur Seite stehen, denn auch er hatte es nicht immer leicht. Ich beschloss noch in dieser Nacht, mit meiner Familie aus der Wohnung auszuziehen, zumal mir eine Vision wieder einfiel, in welcher ich in genau dieser Wohnung gestorben war.

Als wir anfangs in diese Räume eingezogen waren, hatte ich ein Déjà-vu-Erlebnis, erkannte in einem kurzen Moment diese Wohnung und wusste genau, dass sich in dem Keller eine Küche befinden musste. Dieses Haus – das wusste ich von den Nachbarn – war früher ein gehobenes Herrenhaus, und die Familie hatte Bedienstete. Neugierig geworden, schaute ich sofort im Keller nach und entdeckte einen Raum, der an eine ehemalige Küche erinnerte und mich sehr erschrak, denn ich wusste plötzlich, dass mir an diesem Ort etwas Fürchterliches passiert war. Ich ging zurück in die Wohnung und setzte mich erstmal, als sich mir sofort eine Vision auftat, in der ich sah, dass ich in einem früheren Leben schon einmal hier gelebt hatte und eine Bedienstete des Hausherrn war.

Ich war eine schöne, große, blonde Frau und der Mann stellte mir nach, wann immer er mich sah. In meiner Vision konnte ich sehen, wie er mich irgendwann tatsächlich vergewaltigte und ich schwanger wurde. Weil das Kind in meinem Bauch aus einem Gewaltakt entstanden war, hasste ich es und versuchte direkt nach der Geburt, das kleine Bündel umzubringen, wozu ich eine Art Stricknadel in der Hand hatte und dreimal auf den Säugling einstach.

Andere Bedienstete erwischten mich dabei und hielten mich davon ab, weiter auf dieses Kind einzustechen, was der Hausherr mitbekam, der wutentbrannt meinen Kopf auf eine Arbeitsplatte aus Marmor schlug. In einer weiteren Szene konnte ich sehen, dass ich dadurch einen bleibenden Gehirnschaden hatte und geistig behindert blieb – das Kind wiederum überlebte.

Später erzählte ich einer meiner spirituellen Lehrerinnen von dieser Vision, und sie empfahl mir daraufhin, Marco auf Muttermale hin zu untersuchen, sie wäre sich sicher, dass er das Baby von früher war und nun bei mir ist, um dieses Karma(1) mit meiner Hilfe zu erlösen. Als Marco aus der Schule kam, schaute ich zu seiner Verwunderung direkt nach und konnte es kaum glauben – er hatte tatsächlich drei Muttermale unterhalb seiner Brust, welche Hinweise auf die Einstichstellen waren. Meine Kopfschmerzen hatten ebenfalls mit dem Vorfall von damals zu tun, und zwar mit dem Aufschlag auf der Marmorplatte.

Doch nun zurück zu der Nacht, in der ich sterben wollte, denn das Wunder passierte: Mir ging es bereits am nächsten Morgen ein klein wenig besser, und in den darauffolgenden Tagen konnte man mir beim Genesen zuschauen, von Tag zu Tag erholte ich mich mehr und mehr. Ob es nun die Erscheinung meiner Mutter oder mein Entschluss auszuziehen war oder beides zusammen – ich hatte mein Leben wieder.

Mein Mann konnte meinen Entschluss nicht verstehen, unterstützte mich aber, doch es war nicht einfach, in der Stadt eine gute und bezahlbare Wohnung zu finden. Umso glücklicher waren wir, als wir unsere Traumwohnung fanden und zugesagt bekamen. Nachdem wir unsere alte Wohnung gekündigt hatten, platzte der Vertrag, denn der neue Eigentümer überlegte es sich kurzfristig anders – zwei Kinder wären ihm dann doch zu viel, teilte er uns mit. Weil wir jetzt sehr in Zeitnot waren, mussten wir die erstbeste freie Wohnung annehmen, und obwohl ich schon beim ersten Betreten dieser Wohnung Brandgeruch wahrnahm und ein ungutes Gefühl hatte, blieb uns jetzt nichts anderes mehr übrig, als dort einzuziehen. Was nun folgte, war meine härteste Lektion in Bezug auf Wohnungsenergien, die ich jemals erlebt hatte.

Betrat ich die Küche, dann blieb mir die Luft weg, und ich hatte das Gefühl, jemand legt mir einen Strick um den Hals und zieht zu, so dass ich mich dort meist nur kurz aufhalten konnte. In Marcos Zimmer roch es permanent verbrannt, doch die Energie in Nicos Zimmer war am schlimmsten. In diesem Zimmer spürte ich einen starken Druck im Kopf und konnte kaum noch atmen, denn der Raum erdrückte mich irgendwie, und eine starke Übelkeit stieg jedes Mal in mir auf. Meinem Sohn schienen diese Energien zum Glück nichts auszumachen, überhaupt schien ich die Einzige zu sein, die diese Phänomene in der Wohnung wahrnahm. Der einzige Raum, in dem ich mich wohlfühlte, war das Bad. Das zweite Bad allerdings konnte ich noch nicht einmal betreten, und mit der Zeit wurden diese Beklemmungen immer schlimmer.

Eines Morgens wollte ich Nicos Bett frisch beziehen und hatte immense Schwierigkeiten, überhaupt den Raum zu betreten – es war, als wolle mich eine unsichtbare Kraft davon abhalten. Ich lief wie gegen eine unsichtbare Wand, durch die ich mich nur mit Anstrengung durchdrücken konnte – und so war es von nun an jedes Mal. Hineinzukommen war für mich schwierig, herauszukommen dagegen leicht, es schien als wolle mich das Zimmer nicht haben.

Machte ich einen Schritt ins Treppenhaus, wurde ich wie durch ein unsichtbares Gummiband in die Wohnung zurückgezogen. Schaffte ich es dennoch mit Anstrengung, die Wohnung zu verlassen, wurde mir im Treppenhaus ganz oft so stark schwindlig, dass ich schnell wieder zurückging, weil ich Angst hatte, zusammenzubrechen,.

Ich hatte eine Riesenangst, verrückt zu werden, denn niemand außer mir nahm all dies wahr, und zum Arzt wollte ich auch nicht. Was sollte ich diesem auch erzählen? Dass mich Gummibänder in der Wohnung festhalten, dass ich frischen Brandgeruch wahrnehme und das kleinere Badezimmer nicht betreten konnte? Ich konnte mir lebhaft vorstellen, wo ich gelandet wäre…

Ich war sehr verzweifelt in dieser aussichtslosen Lage.

Die Wende

Eines Tages – Hans hatte einen freien Tag – trafen wir in der Stadt meinen Schwager und meine Schwägerin und wir unterhielten uns angeregt miteinander, da wir uns schon sehr lange nicht mehr gesehen hatten. Wir hatten uns so viel zu erzählen, dass Hans beide zu uns nach Hause einlud und wir dazu einen Termin vereinbarten.

Als wir dann wenige Tage später bei uns wieder zusammensaßen und Kaffee tranken, bekam ich plötzlich starke Rückenschmerzen. Ich hatte keine Ahnung, was das nun wieder sollte – ausgerechnet heute. Meine Schwägerin setzte sich zu mir und fragte, ob sie mir helfen dürfe, sie hätte eine alternative Methode zur Schmerzerleichterung gelernt. *„Ja, bitte.“*, sagte ich dankbar, und sie legte ihre Hände auf meinen Rücken. *„Was machst Du da?“*, fragte ich sie verwundert, *„Es wird so angenehm warm im Rücken.“*

„Ich gebe Dir Reiki.“, antwortete sie und erklärte mir Folgendes: *„Reiki ist eine jahrtausendealte Heilkunst, bei der Energie durch die Hände fließt. Man selbst ist Kanal für diese Energie, das heißt, man selbst beeinflusst hier nichts, es geschieht von selbst. Doch durch die Energie können Blockaden in Deinem Körper gelöst werden, wodurch Reiki Deine Schmerzen lindern kann.“*

Noch nie hatte ich gehört, dass es so etwas gibt, aber es stimmte, denn die Schmerzen verschwanden, und völlig erstaunt ließ ich mich jetzt auf eine komplette Behandlung ein, wozu ich mich hinlegen sollte, und Waltraud hielt ihre Hände an verschiedenen Stellen über meinen Körper. Als sie die Hände über den Bauchraum legte, wurde es auch dort angenehm warm, und ich genoss es sehr, zumal ich meine Periode hatte und die Wärme sehr entspannend wirkte. Was meine Schwägerin dann fragte, konnte ich kaum glauben: *„Martina, hast Du Deine Periode?“* Mit großen Augen schaute ich sie an und sagte: *„Ja, aber woher weißt Du das?“* Sie antwortete, dass sie „sehend“ sei und Dinge wahrnehmen könne, die nur wenige Menschen sehen.

Spontan fragte ich sie, ob sie auch etwas in unserer Wohnung wahrnehmen könne, und sie sagte, sie fühle eine Kälte und dass das immer ein schlechtes Zeichen wäre. Obendrein wären sehr viele Verstorbene in den Räumen, was ihr Angst machen würde. Im Laufe der Behandlung spürte sie wohl, dass ein negatives Geistwesen versuchte, sie zu beeinflussen. Aus diesem Grund verabschiedete sie sich auch schnell und verließ mit ihrem Mann fast fluchtartig unsere Wohnung, was ich zu diesem Zeitpunkt nicht verstand, aber hinnehmen musste.

An diesem Abend musste ich viel nachdenken. Zum einen war ich froh, dass endlich auch mal jemand anderes diese seltsamen Phänomene in der Wohnung wahrgenommen hatte, zum anderen machte mir das alles schreckliche Angst, weil ich nicht wusste, wie ich damit umgehen sollte. Nachdem ich in dieser Nacht erst sehr spät einschlafen konnte, wurde ich noch vor dem Klingeln des Weckers wieder wach und erschrak fürchterlich, denn vor meinem Bett stand eine Frau und starrte mich an. Sie trug ein Kleid, das aus einer anderen Zeit stammte, vielleicht aus dem siebzehnten Jahrhundert, und ihre Haare waren blond, lockig und lang. Was wollte sie von mir? Warum starrte sie mich so an? Ich lag vor Angst wie gelähmt reglos im Bett und starrte zurück, bis kurz darauf der Wecker klingelte und sie vor meinen Augen verschwand. Was war das denn? Warum konnte ich diese Frau sehen? War da überhaupt wirklich eine Frau, oder bildete ich mir das alles auf meinem Weg, verrückt zu werden, nur ein?

Am Morgen rief ich meine Schwägerin an und erhoffte Hilfe von ihr. Vielleicht konnte sie mir sagen, was mit mir los war. Sie sagte zu mir: *„Mit Dir, Martina, ist alles in Ordnung, allerdings wird sich Dein Leben demnächst verändern, denn Du hast eine große Gabe. Du bist hellsichtig, das heißt, Du kannst Dinge wahrnehmen, sehen, fühlen und hören, die anderen verborgen bleiben. Das bedeutet aber auch für Dich, dass Du lernen solltest, mit dieser Gabe umzugehen.“*

Ich musste mich zuerst einmal setzen und darüber nachdenken. Das war nun also die Erklärung für meine Wahrnehmungen, und natürlich ergaben Waltrauds Worte auch Sinn, sie sprach mir quasi aus der Seele – aber wieso ich, Martina? Und wo sollte das alles hinführen? Sollte ich jetzt zu meinem Mann gehen und sagen: „*Du, Hans, hör mal, ich weiß jetzt, was mit mir los ist, ich bin hellsichtig.*“ Vielleicht würde er mich dann komplett für verrückt erklären.

Von da an sprach ich oft mit meiner Schwägerin, und sie half mir, viele Dinge und Zusammenhänge zu verstehen, sodass ich manche meiner Erlebnisse besser einordnen konnte. Aber hauptsächlich war ich froh, nicht verrückt zu sein.

Das Leben in dieser Wohnung wurde dadurch leider nicht besser, im Gegenteil: Jetzt wurde es zunächst einmal schlimmer. Es kam mir vor, als hätte ich eine Tür zu einer anderen, dunklen Welt geöffnet. Ich konnte kaum mehr schlafen, denn Ängste plagten mich nachts, und selbst mein Sohn Marco konnte jetzt die unheimlichen Energien wahrnehmen. Eines Nachts weckte er mich aufgeregt und rief, dass es in seinem Zimmer brennen würde. Voller Panik lief ich schnell in sein Zimmer und nahm einen intensiven, frischen Brandgeruch war. Zusätzlich konnte ich Menschen wahrnehmen, die gequält jammerten, was sich ganz schrecklich anhörte, doch ich war froh, dass es nicht tatsächlich brannte.

Von diesem Tag an hatte ich mehr denn je das Gefühl, dass wir hier in ständiger Gefahr lebten – und ich sollte Recht behalten. Am nächsten Morgen wurde ich von jemandem geweckt, der mich schüttelte, damit ich schnell wach wurde. Beim Aufwachen nahm ich, wie so oft, Brandgeruch wahr, doch das war ich ja schon gewohnt, und deshalb dachte ich mir nichts dabei, bis ich ein Zischen und Flackern hörte. Ich riss die Augen auf und sah unseren Fernseher in Flammen stehen! Ich schrie panisch, Hans solle irgendetwas machen, und geistesgegenwärtig schmiss er seine Decke über das brennende Gerät und löschte somit das Feuer. Wir hatten unheimlich viel Glück – und „unheimlich“ meine ich hier im wahrsten Sinne des Wortes: Seit dem Einzug in diese Wohnung zog ich jeden Abend ängstlich und nichts Gutes ahnend die Stecker aller technischen Geräte aus den Steckdosen. Hierbei folgte ich, ohne zu wissen, warum, einem inneren Gefühl, und somit war auch der Fernseher definitiv nicht angeschlossen gewesen, als er in Flammen aufging. Trotzdem brannte er, was gemäß eines später zu Rate gezogenen Elektrikers eigentlich nicht möglich war.

Ich bin mir heute ganz sicher, dass es mein Schutzengel war, der mich wachrüttelte, damit ich handeln konnte.

Mehr denn je betete ich zu Gott, dass er mir doch bitte irgendwie mit dieser Wohnung helfen möge und dass ich am liebsten so schnell wie möglich ausziehen würde. Meine Gebete wurden tatsächlich erhört. „Zufällig" traf ich in der Stadt Bettina, eine gute Bekannte aus früheren Tagen. Wir kamen ins Gespräch und plauderten über alte Zeiten, bis sie erwähnte, dass sie nebenbei Reiki anbieten würde. An diesem Tag erwähnte ich ihr gegenüber nur, dass ich das bereits von meiner Schwägerin kennen würde, denn ich traute mich nicht, ihr direkt von all meinen anderen Erlebnissen zu erzählen.

Die halbe Nacht überlegte ich hin und her, ob ich mich ihr wegen der Wohnung anvertrauen sollte. In der Hoffnung auf Hilfe überwand ich bereits am nächsten Tag meine Bedenken, rief sie an, erzählte ihr alles und war unendlich erleichtert, dass sie es sehr ernst nahm und mir sogar sagte, dass sie sich mit diesen Dingen auskennen würde und mir helfen könne.

Zwei Tage später wollte sie zu mir kommen und sich die Wohnung geistig und energetisch „ansehen". Ich konnte es kaum erwarten und war froh, als sie endlich vor meiner Tür stand. Seltsamerweise geschah in diesen zwei Tagen nichts Ungewöhnliches, und die merkwürdigen Phänomene blieben aus.

Kaum war Bettina in der Wohnung, sagte sie: *„Kein Wunder! Hier musst Du ja verrückt werden!"* Ihr wurde in der Wohnung schwindelig, und sie nahm eine eisige Kälte wahr. Bettina selbst wirkte auf mich jedoch sehr kraftvoll, mit einer sehr angenehmen Ausstrahlung und einer harmonischen und ausgeglichenen Art.

Als Erstes ließ sie die Energien der Wohnung bei einem gemeinsamen Kaffeetrinken in der Küche auf sich wirken und sagte mir so ganz nebenbei, dass sich über meinem Platz ein junger Mann aufgehängt hatte. „*Wie bitte?*“, fragte ich sie total verblüfft, und sie erklärte mir, der Mann habe sich vor langer Zeit durch Erhängen das Leben genommen. Deshalb hätte ich in der Küche immer die Erstickungsanfälle. Weil sein Geist noch anwesend sei, würde ich diese Energie jedes Mal beim Betreten der Küche übernehmen, aber ich bräuchte keine Angst zu haben, er könne mir nichts tun. Sie hatte Nerven! Über mir hing ein erhängter Geist, und ich sollte keine Angst haben!?

Sie schlug vor, Zimmer für Zimmer anzuschauen, dabei stellte sie sich in die Mitte des jeweiligen Raumes und schloss ihre Augen. „*In diesem Raum befindet sich ein kleiner Junge, etwa vier Jahre alt, und ein dickbäuchiger Mann, der sehr negativ auf mich wirkt.*“, sagte sie und verzog das Gesicht. „*Außerdem ist hier noch ein anderer Mann. Er sagt, er wäre Dein Patenonkel und ist hier, um den kleinen Jungen zu schützen, der hier durch den dickbäuchigen Mann zu Tode gekommen ist.*“ Sie sagte, der dickbäuchige Mann wäre der Hausbesitzer gewesen, und sie vermutete, dass er schon zu Lebzeiten bösartig war. Ich staunte sehr über ihre präzisen Erklärungen, doch warum mein verstorbener Patenonkel hier war, verstand ich zu diesem Zeitpunkt nicht.

So ging es Raum für Raum weiter, und sie sah in jedem Raum Verstorbene, die sie mir genau beschreiben konnte. Zum Teil sah sie gut gekleidete Erwachsene und Kinder, aber auch verstorbene Bedienstete der Familie waren anwesend. Im Wohnzimmer beschrieb sie mir eine Frau: wunderschön, mit blonden, langen Haaren, dicken Locken und einem schönen Barockkleid. Erstaunt sagte ich, dass das die Frau sei, die eines Nachts vor meinem Bett stand. Bettina erklärte, die Frau wolle sich bei mir entschuldigen, denn es wäre nie ihre Absicht gewesen, mich zu erschrecken. An diesem Tag kam ich aus dem Staunen nicht mehr heraus.

Immer wieder musste Bettina den Hausbesitzer abwehren, weil er ihre Arbeit stören wollte und sie böse beschimpfte – teilweise sehr geschmacklos.

In Marcos Zimmer nahm Bettina nun ebenso den Brandgeruch wahr. Er verursachte ihr regelrecht Übelkeit, und sie nahm wahr, dass in diesem Raum sechs Menschen, eingeschlossen vom Feuer, verbrannt waren. Sie erklärte mir: *„Das ganze Haus stand nach einem Bombenangriff in Flammen, und der Einschlag überraschte die Bewohner. Sie hatten keine Möglichkeit mehr, das Haus zu verlassen und wollten mit dem Brandgeruch auf sich aufmerksam machen und euch vor der Gefahr warnen."*

Der Raum, der sich für sie am besten anfühlte, war tatsächlich das Badezimmer. Also lag ich doch richtig mit meinem Empfinden, denn dies war ja der einzige Raum, in dem auch ich mich wohlfühlte!

Bettina erklärte mir noch, dass es viele Menschen gibt, die mehr sehen können als die menschlichen Augen es vermögen. Diese Menschen sehen mit ihrem sogenannten „Dritten Auge", welches sich unsichtbar in der Mitte der Stirn befindet. Ist dieses Dritte Auge geöffnet, kann man in andere Welten schauen und nimmt Dinge wahr, die für andere unsichtbar, aber dennoch existent sind. *„Dein drittes Auge ist ebenso geöffnet. Mit etwas Training siehst Du genauso wie ich. Hab keine Angst vor diesen Dingen, dann kannst Du sicher und gut damit umgehen."*

Nach diesem Tag war ich glücklich, einfach nur glücklich zu wissen, dass ich nicht verrückt war. Alles, was Bettina mir beschrieben hatte, nahm ich die ganze Zeit schon wahr, und es kam noch besser: Bettina erklärte mir, dass man keineswegs mit solch krankmachenden Energien leben muss und dass man diese Seele befreien kann. Sie bot mir sogar eine energetische Wohnungsreinigung an, was ich dankend annahm, denn ich spürte, dass dies meine Rettung war.

Die Öffnung des Dritten Auges

Offenbar öffneten die Worte von Bettina und mein neu gewonnenes Vertrauen in mich und meine Wahrnehmungen tatsächlich mein Drittes Auge vollständig, und ich konnte von jetzt auf gleich „sehen". Und alles, was mir bis dahin verborgen war, wurde mit einem Schlag sichtbar, was anfangs nicht einfach zu verkraften war. Plötzlich sah ich Gestalten, die in der Wohnung standen oder durch Wände kamen. Sie trugen Kleidung aus einer längst vergangenen Zeit, sogar aus verschiedenen Zeitepochen, doch die meisten Geister waren im Zweiten Weltkrieg verstorben. Ich konnte all die Personen ganz deutlich sehen, die Bettina mir bei der Wohnungsbegehung beschrieben hatte. Traurig machte mich dabei die Tatsache, dass sehr viele verstorbene Kinder unter den Geistern waren, die hilf- und orientierungslos umherirrten.

Entgegen Bettinas Rat hatte ich richtig Angst, denn zum ersten Mal sah ich, was sich die ganze Zeit schon in dieser Wohnung abgespielt hatte, und natürlich erschrak ich oft, wenn eine verstorbene Person plötzlich durch die Wand kam oder vor mir stand. Das alles war neu für mich und kam mit solch hoher Intensität, dass ich meine Angst nicht so einfach abstellen konnte.

Jedoch half Bettina mir viel in dieser schweren Zeit, denn ich konnte sie jederzeit anrufen. Sie gab mir Tipps, wie ich mich verhalten sollte, und mit einiger Übung wurde alles besser, und ich lernte allmählich, mit meiner Gabe umzugehen. Hätte sich mir zuerst ein Engel gezeigt oder andere lichtvolle Wesen, hätte ich damit sicherlich besser umgehen können – doch dazu sollte es erst später kommen. Ich hatte auch nicht unbedingt Angst davor, *dass* ich sah, sondern *was* ich zu sehen bekam, machte mir Angst. Es waren ja überwiegend die Seelen Verstorbener, die mich teilweise auch bedrohten und mich in Angst und Schrecken versetzten. So einfach allerdings, wie sich das bei Bettina anhörte, war meine Angst nicht in den Griff zu bekommen…

Eines Morgens zum Beispiel kam ich verschlafen in die Küche und sah einen splitternackten Mann auf der Eckbank sitzen. Zuerst erschrak ich, aber ich dachte an Bettinas Worte, nahm all meinen Mut zusammen und befahl ihm, die Wohnung zu verlassen. Doch er lachte mich nur aus und schüttelte den Kopf. Ich fragte mich, was ich jetzt nur machen sollte und goss mir erst einmal eine Tasse Kaffee ein, bevor ich mich zu ihm umdrehte und nochmals streng und mit Nachdruck sagte, er möge sofort verschwinden. Anschließend beachtete ich ihn nicht weiter und trank meinen Kaffee im Wohnzimmer. Danach sah ich in der Küche nach und freute mich, dass ich mich hatte durchsetzen können, denn der Mann war tatsächlich verschwunden.

Gerne hätte ich ihn gefragt, warum er nackt in meiner Küche saß, doch zu dieser Zeit konnte ich noch nicht hellhören. Vielleicht war dies zu diesem Zeitpunkt auch ein Segen, denn ich musste ja erst einmal mit meiner Hellsichtigkeit klarkommen.

Der Tag der Wohnungsreinigung, dem ich schon gespannt entgegengefiebert hatte, war endlich gekommen, und ich konnte es kaum abwarten. Als Bettina kam, fing sie umgehend mit ihrer energetischen Arbeit an und reinigte Raum für Raum. Bettina nutzte hierbei einige mitgebrachte Hilfsmittel, wie zum Beispiel Kristalle, und führte ihre eigenen Rituale aus, die sie mir nicht erklärte. Auch meine Schwägerin Waltraud hatte sich von mir überreden lassen, Bettina zu helfen, doch sie hatte große Angst vor den ungewöhnlich vielen Verstorbenen. Ihre Angst konnte ich hautnah spüren, denn die angstvollen Gefühle drangen in meine Aura und in mein Energiefeld ein. Es war, als ob um mich herum eine Kälte entstand, und ich bekam eine Gänsehaut. Waltraud reinigte das Zimmer meines jüngsten Sohnes wiederum auf ihre eigene Art, wobei sie viel Reiki-Energie dort hineinfließen ließ, und es dauerte angesichts der vielen negativen Energien eine ganze Weile, bis alles gereinigt war.

Als die beiden die komplette Wohnung energetisch gereinigt hatten, fühlte sich alles leichter an, die ganze Atmosphäre wirkte lichtvoller und ruhiger. Es war plötzlich so hell in der Wohnung, dass es fast blendete. Der eklige Brandgeruch war ebenfalls völlig verschwunden, und ich war den beiden Frauen sehr, sehr dankbar für ihre anstrengende Arbeit. Noch stundenlang roch es sehr angenehm nach Rosenwasser, und ich wollte von Bettina wissen, was das zu bedeuten hatte. Sie sagte: *„Die Verstorbenen haben Deiner Familie zum Dank für die Befreiung ein Geschenk gemacht. Nimm es dankbar an, denn Rosen sind immer ein Zeichen der Liebe und der Dankbarkeit.“*

In vollem Kontrast zu unserer gereinigten Wohnung stand die Energie des Hauses, welches wir bewohnten, denn es war, als würde die Wohnung überhaupt nicht mehr zu dem Haus gehören, so gegensätzlich waren die Energien. Allein im Treppenhaus waren unzählige verstorbene Seelen, die mich belästigten, was Bettina mir mit ihrer Hellsichtigkeit bestätigte.

An ein Erlebnis in dem Treppenhaus kann ich mich noch genau erinnern, weil es damals sehr unheimlich für mich war: Ich ging die Treppe hinauf und konnte plötzlich in eine andere Zeit sehen, in der das Haus leer stand und Teile des Hauses komplett fehlten. Vorsichtig musste ich über Holzstufen hinaufgehen, alles drohte jeden Moment zu zerfallen, überall qualmte es, und es war nass, wie bei einem eben erst gelöschten Brand. Offensichtlich war gerade Krieg, denn durch einen Spalt in der kaputten Hauswand konnte ich Soldaten auf der Straße laufen sehen. Ich war mittendrin in diesem Geschehen, und mir war mehr als mulmig zumute – weil ich Angst hatte, den Verstand zu verlieren oder nie mehr aus dieser Zeit zurückkommen zu können.

Als ich auf unserer Etage angekommen war, hörte der Spuk zum Glück auf, denn durch die energetische Reinigung der Wohnung konnten sich hier – zumindest erst einmal – keine negativen oder alten Energien aufbauen.

Meine Ausbildung zum Medium

Einige Zeit nach der energetischen Wohnungsreinigung sah ich zum ersten Mal meinen Schutzengel, den ich ja bereits in Kindertagen hören durfte und der mir damals immer ein gutes Gefühl des Beschützseins übermitteln konnte. Ich war über die Maßen glücklich, ihn jetzt sehen zu können, doch hören konnte ich ihn ja leider seit meinem vierzehnten Lebensjahr nicht mehr. Die Engel hatten meine Ohren auf geistiger Ebene versiegelt, damit ich erstmal lernte, mit meiner Hellsichtigkeit umzugehen. Dies geschah zu meinem Schutz, denn es hätte mich überfordert, direkt mit der Hellsichtigkeit auch all die vielen Stimmen zu hören und zu unterscheiden.

Als er mir eines Abends zum ersten Mal erschien, war ich gerade mit dem Abwasch fertig und wollte ins Wohnzimmer. Ich drehte mich nichtsahnend um, und da stand er vor mir – einfach so! Er sah so faszinierend aus, leuchtete so hell, dass ich alles andere um mich herum vergaß und ihn nur noch anschauen wollte. Mein Schutzengel trug ein traumhaftes, grünes Gewand mit Stickerei und sah sehr edel und erhaben aus. Sein Haar reichte ihm bis zur Schulter. Es war dunkel, gelockt, und sein Gesicht sah so zart aus wie Seide, ebenso seine Hände und Füße. Man kann seine ganze Erscheinung kaum mit Worten beschreiben, denn eine derart schöne Gestalt mit solch hoher, liebevoller Ausstrahlung ist unbeschreiblich.

Die Nähe meines Engels war wie eine liebevolle Umarmung, und ich fühlte mich gewärmt und beschützt. Auf die Frage, ob er mein Schutzengel sei, nickte er, und ich bat ihn, ihm weitere Fragen stellen zu dürfen, weil ich so viele hätte, und mit einer Handbewegung lud er mich dazu ein. *„Bist Du derjenige, mit dem ich als Kind immer gesprochen habe?“*, wollte ich wissen, und er nickte. Weiter fragte ich, ob er mir helfen würde, mit all meinen Gaben fertig zu werden, und wieder nickte er liebevoll. Er legte seine Hand auf sein Herz und gab mir so zu verstehen, dass er mich mochte. Ich verspürte eine Welle des Glücks und so viel Liebe, dass mir die Tränen kamen, die er mit seiner Hand aus meinem Gesicht wischte. Es fühlte sich an, als berühre mich eine Feder ganz sanft und weich. Er schüttelte den Kopf, weil ich weinte, aber ich sagte ihm, es wären Freudentränen. Daraufhin wiegte er seinen Kopf hin und her, deutete auf seinen und auf meinen Kopf und anschließend auf sein Herz. Ich wusste genau, was er meinte. Er konnte meine Gedanken lesen und wusste, dass ich traurig war. Ich sprach zu ihm: „*Ja, ich bin ein bisschen traurig über mein Leben, denn alles war so schwierig, aber ich bin froh und sehr dankbar, dass ich Dich sehen kann.*“ Er lächelte mich ganz sanft und liebevoll an, bevor er vor meinen Augen verschwand.

Dieses Erlebnis machte mir Mut und gab mir die nötige Zuversicht, mein Leben weiter zu meistern, was auch immer noch kommen möge, und ich gab mich von nun an voller Vertrauen ganz der Führung meines Schutzengels hin.

Schon am nächsten Tag erschien er wieder, nahm meine Hand und deutete mir, mit ihm zu gehen. Neugierig, wohin er mit mir gehen wollte, zog ich meine Jacke an, nahm meine Handtasche und folgte ihm voller Vertrauen. Er führte mich in eine Buchhandlung und zeigte mir in der Abteilung mit den spirituellen Büchern ein ganz bestimmtes Buch. Ich fragte ihn gedanklich, ob ich es kaufen und lesen solle, und er nickte.

Das Buch hatte den Titel „Jenseitsbotschaften“ und war von James van Praagh. Innerhalb von zwei Tagen las ich das komplette Buch, denn es faszinierte mich, was dieser Mann schrieb, und ich stellte begeistert fest, dass sein Leben ähnlich verlaufen war wie meins. Als ich darüber nachdachte, dass er die Verstorbenen sogar hören konnte, zeigte mein Engel auf mich und nickte. „*Wie meinst Du das? Werde ich auch so hören können wie er?*“, fragte ich ihn, und er bestätigte mir dies abermals mit einem deutlichen Nicken.

Noch konnte ich die geistigen Wesen im Gegensatz zu Bettina allerdings nicht hören, deshalb bat ich sie, mir eine Botschaft von meinem Schutzengel weiterzuleiten. Ich wollte gerne wissen, was er mir zu sagen hatte, und sie übermittelte: „*Du wirst einmal ein Medium, und es wird viel Arbeit auf Dich zukommen. Etwa vier Jahre wird es brauchen, bis Du so weit bist, und es wird eine schwierige, arbeitsreiche Zeit für Dich werden. Ich aber werde Dir immer zur Seite stehen.*" Bettina sprach irgendwie mit einer anderen Stimme, sie hörte sich viel weicher an. Sie fuhr fort: „*Du warst nicht immer ein positiver Mensch und hast aus Deinem vorherigen Leben Themen mitgebracht, die Du in diesem Leben korrigieren darfst. Was das ist, wirst Du im Laufe der Zeit erfahren und ausgleichen.*"

Bettina erklärte mir noch, dass mein Engel durch sie gesprochen habe und dadurch ihre Stimme anders klang. Ich dachte über diese Botschaft nach und was denn nun schon wieder Schwieriges auf mich zukommen würde. Was konnte mich denn noch erschüttern?

Nun begann der Teil meines Lebens, in dem ich viele geistige Ausbildungen machte. Hierbei bildete ich mich zum einen über spirituelle Bücher weiter, zu welchen mich meist mein Schutzengel führte, zum anderen ließ ich mich in die Kunst des Reiki einweihen und besuchte im Laufe der Jahre noch andere Seminare, wie zum Beispiel das Feng Shui(2) Basisseminar I und II. Den Hauptteil meiner geistigen Ausbildung übernahm jedoch direkt mein Schutzengel, natürlich mit allen Lektionen und Erlebnissen, die mir mein Leben noch bieten sollte. (*Im zweiten Teil des Buches erfahren Sie mehr über meine geistige Ausbildung.*)

In dieser Zeit las ich mit Begeisterung das Buch „Und der Himmel tat sich auf – Jenseitsbotschaften: Die geistige Welt und das Leben nach dem Tod" von James van Praagh über das Jenseits und über Einblicke in andere Welten sowie die Überwindung von Raum und Zeit. So saß ich eines Tages lesend auf meinem Sofa, und als ich kurz aufblickte, zeigte sich mir das Gelesene ganz real, sodass mir der Atem stockte. Alle vier Wände des Raumes waren verschwunden! Selbst das Dach war weg, sodass ich in den Himmel schauen konnte. Erschrocken hielt ich mich an den Lehnen fest, denn ich konnte so weit das Auge reicht in alle Richtungen sehen, sah die Straßen und die anderen Häuser um mich herum. Minutenlang hielt dieses Phänomen an, danach war alles wieder so wie vorher.

Neugierig geworden, probierte ich sofort aus, bewusst in andere Räume zu sehen. Irgendwo im Haus klingelte ein Telefon, und ich versuchte, über mein geistiges Auge herauszufinden, wo es läutete. Ich sah gleich darauf meine Nachbarin in der Wohnung unter mir ans Telefon gehen und erkannte, dass sie sprach, aber ich konnte sie nicht verstehen. Danach sah ich einen Mann vor der Haustür stehen, der gerade im Begriff war, mit seinem Schlüssel die Tür aufzuschließen. Um mich selbst zu kontrollieren, lugte ich durch einen Türspalt der Wohnungstür ins Treppenhaus und tatsächlich: Der Mann kam gerade die Treppe hinauf, den Schlüssel noch in seiner Hand – ich schwankte zwischen Verwunderung und Angst. Das, was ich sehen konnte, war etwas anders als meine Hellsichtigkeit, ich würde es eher als eine Art „Röntgenblick" beschreiben, der mich durch die Wände sehen ließ.

In den nächsten Tagen testete ich weiter diese Fähigkeit, machte mir und meinen Kindern einen Spaß daraus und ließ sie sich in der Wohnung verstecken. Mit meinem geistigen Auge suchte ich, im Wohnzimmer sitzend, nach meinen Jungs und wurde jedes Mal fündig. In diesen Momenten konnte ich meine medialen Fähigkeiten richtig genießen und hatte viel Spaß damit.

Einem jedoch passte meine Weiterentwicklung überhaupt nicht – dem verstorbenen Hausbesitzer. Je weiter ich mich entwickelte, desto schwerer wurde es für mich, ihn auf Distanz zu halten, denn er versuchte mich geistig zu verwirren, indem er mir Bilder in den Kopf schickte. Einmal versuchte er, mir eine Vision vorzugaukeln, in der Nico einen schweren Unfall haben würde, ein anderes Mal – und das war sehr schlimm – versuchte er, mich glauben zu lassen, dass meine ganze Familie, vom Feuer eingeschlossen, in diesem Haus verbrennen würde. Der Hausbesitzer holte immer mehr Geistwesen, die ihm bei seinen Untaten behilflich waren, um mich verrückt zu machen. Gemeinsam schafften sie es wirklich, mich an den Rand eines Nervenzusammenbruchs zu bringen, und leider gab ihnen genau das die nötige Energie, um fleißig weiterzumachen.

Ich wollte raus aus diesem Haus, denn schon viel zu lange quälten mich hier die Geister, und während eines Telefonats mit Bettina erwähnte ich, dass ich noch immer keine geeignete Wohnung gefunden hatte. Sie machte mir den Vorschlag, es einmal mit Hypnose zu versuchen und kam noch am selben Tag zu mir, um es zu probieren.

Als ich mich hinlegte und zu entspannen versuchte, hatte ich eine Vorahnung, dass ich ein schlimmes Erlebnis haben würde. Irgendwie stieg eine unbewusste Angst in mir auf, und dennoch vertraute ich ihr und ließ mich in einen hypnotischen Zustand versetzen.

Mein Geist löste sich während der Hypnose von meinem Körper, und ich ging den Schulweg von Nico entlang. Schlagartig wechselte die Umgebung, und ich befand mich in einer mir fremden Wohnung, die ich mir genau ansah. Bettina riet mir, aus einem der Fenster zu sehen, um die Umgebung möglicherweise zu erkennen. Ich sah eine vielbefahrene Straße und Menschen mit Einkaufstaschen, und als ich wieder geistig in den Flur der Wohnung zurückging, stand dort ein wunderschöner Engel. Er signalisierte mir, dass dies meine Wohnung sei und er auf mich warten würde. Das wäre fast zu schön, um wahr zu sein, dachte ich, denn diese Wohnung war energetisch sehr hell, außerdem stand sie leer und war frisch renoviert.

Nun wollte mich Bettina aus meiner Trance zurückholen, aber bei mir machte sich Panik breit. Bettina hatte keine Erklärung dafür und riet mir, mich umzuschauen, um herauszufinden, was mir Angst machte. Da sah ich ihn – der schwarze Mann stand plötzlich vor mir! Es war wieder derselbe Mann, der mich schon so oft erschreckt hatte – der Alptraum aus Kindertagen – und derjenige, der damals in meinem Auto auf dem Rücksitz saß. Schnell holte mich Bettina aus diesem Zustand, und sowie ich wieder in meinem Körper war, verschwand er sofort. Bettina konnte mir auch nichts Näheres über ihn sagen, hatte aber das Gefühl, dass ich irgendwann herausfinden würde, wer er war.

Sie gab mir an diesem Tag noch eine Telefonnummer von einer Hellseherin namens Lena und sagte, dass sie mir vielleicht in meiner spirituellen Entwicklung weiterhelfen können. Ich hatte ein gutes Gefühl bei dieser Frau und rief sie in den nächsten Tagen an. Schon bei dem ersten

Gespräch mit Lena war ich begeistert, denn sie konnte fast mein ganzes vergangenes Leben wiedergeben, so als würde sie mich schon ewig kennen. Ich fragte sie nach meiner Berufung und nach meiner Lebensaufgabe, und sie antwortete: *„Sie sind sehr hellsichtig und sehen und spüren Dinge, die nicht jeder wahrnimmt. So werden Sie mit Verstorbenen reden und mit Energien arbeiten sowie für andere Menschen hellsehen. Ihr Leben ändert sich von Grund auf, aber ein langer Weg liegt noch vor Ihnen, auf dem Sie auch Ihre eigenen Themen bearbeiten müssen.“* Abschließend bot sie mir an, dass ich sie immer anrufen zu könnte, wenn ich Fragen hätte, worauf ich gerne zurückkommen wollte.

Über das Lesen von Fachliteratur eignete ich mir viel Wissen an, und mit der Zeit änderte sich meine Wahrnehmung. Alltägliche Dinge, denen ich zuvor wenig Beachtung schenkte, schaute ich mir näher an und gab zum Beispiel kranken Bäumen Reiki, wodurch ich zum ersten Mal wahrnahm, dass die Natur genauso lebendig ist wie ich und alles eine bestimmte Energieform hat. Des Weiteren änderte sich meine Einstellung gegenüber meinem Umfeld so gravierend, dass sich alte Beziehungen und Freundschaften auflösten, denn es gab nicht mehr die Gemeinsamkeiten von früher. Ich konnte keinen oberflächlichen Smalltalk mehr halten und nicht mehr schlecht über Menschen reden, die nicht anwesend waren, weil ich es ungerecht fand, dass sie sich nicht wehren konnten. Auch mein Vertrauen in das Leben wuchs in dieser Zeit kontinuierlich, deshalb konnte ich zum Beispiel meine Kinder leichter „loslassen“ und das Leben so annehmen, wie es ist. Ich lernte, bewusster mit meinen Fähigkeiten umzugehen, sie in meinem Leben umzusetzen, und ich folgte mehr und mehr meiner Intuition.

Ebenso an einem Morgen nach den Sommerferien, als ich meinen jüngsten Sohn zur Schule brachte: Auf dem Weg dorthin fiel mir auf, dass in einem Haus auf der gegenüberliegenden Straßenseite Sanierungsarbeiten stattfanden. Es sah nach Sanierung bzw. Umbau aus, und ein Gefühl sagte mir, ich sollte dort nach einer freien Wohnung fragen. Ich brachte Nico in die Schule und folgte meinem Gefühl, indem ich auf dem Rückweg direkt zu dem Haus ging. Wie es der „Zufall" wollte, traf ich auf die Eigentümerin des Hauses, und ganz „zufällig" kannten wir uns, denn ihre Tochter ging früher mit Nico gemeinsam in den Kindergarten. Sie zeigte mir die Wohnung, und ich staunte nicht schlecht. Es war nämlich genau die Wohnung, in der ich bereits in dem Trancezustand gewesen war, und alles sah wirklich genau so aus, wie in der Hypnose – unglaublich!

Auch meinem Mann gefiel die Wohnung, und wir waren sehr froh, als wir die Zusage bekamen, weswegen wir sofort nach Unterzeichnung des Mietvertrages unsere Wohnung kündigten. Endlich dort raus! Doch der verstorbene frühere Hausbesitzer glaubte nicht, dass er uns wahrhaftig loswerden würde und tyrannisierte mich schlimmer denn je mit immer mehr verstorbenen Seelen, die er ins Haus holte. Bilder flogen von der Wand, und Gegenstände fielen plötzlich aus dem Regal, obwohl niemand in der Nähe war. So oft konnte man diese Wohnung gar nicht reinigen, wie er sie wieder energetisch verschmutzte, und keiner wurde mehr Herr über die dunklen Energien.

Ich lenkte mich von dem ganzen Spuk mit Packen und Aussortieren unseres Inventars ab, wobei ich auf Anraten von Lena all das aussortierte, was mit meiner Vergangenheit negativ verbunden war. Beim Aussortieren passierte dann Folgendes, was wieder einmal aufzeigt, wie nahe Gut und Böse zusammenliegen: Ich sortierte das Bücherregal im Wohnzimmer aus, wischte die Regalböden ab und war ganz in meine Arbeit versunken, als ich ein Geschenk bekam – so jedenfalls kam es mir vor. Ein Buch, welches ich völlig vergessen hatte, fiel mir aus dem Regal direkt vor meine Füße. Meine Großmutter hatte mir das Buch vor etwa dreißig Jahren geschenkt, doch ich konnte nie etwas damit anfangen, behielt es aber als Erinnerung an sie. Es war ein Buch über Geister, über Verstorbene und das Leben nach dem Tod. Die Bilder darin mochte ich in jungen Jahren nicht, aber jetzt wollte ich es gerne lesen, denn es passte genau in diesem Moment zu meiner geistigen Ausbildung.

Ich hatte mich noch nicht fertig gefreut, als es in der Zimmerecke, in welcher das Regal stand, einen immens lauten Knall gab. Es roch schlagartig ganz ekelhaft nach verbranntem Fleisch und war wohl ein Gruß vom bösartigen alten Hausbesitzer. Der Gestank war derart penetrant, dass dieser trotz stundenlangen Lüftens nicht weichen wollte. Er war so stark, dass sogar der ungläubige Hans ihn riechen konnte.

Der Tag des Umzuges kam, und ich freute mich bereits auf das Leben in der neuen Wohnung, doch leider mussten wir dann nochmals in die alte Wohnung zurück zur Schlüsselübergabe, was mir wirklich schwerfiel. Wir warteten dort auf den Eigentümer, wobei ich einen Moment Zeit hatte, um die Räume nochmals energetisch auf mich wirken zu lassen. Daher sah ich, dass alle Mühen der mehrfachen Wohnungsreinigungen umsonst gewesen waren, denn es kam mir vor, als würde der griesgrämige verstorbene Hausbesitzer immer mehr und mehr Geister in die Wohnung holen, um die alte negative Energie wiederherzustellen bzw. hervorzurufen, und man konnte regelrecht zusehen, wie die Räume stetig dunkler und negativer wurden.

Jetzt fiel mir auch der schwarze Mann wieder ein, der mir in dieser Wohnung immer wieder Schreckmomente beschert hatte. Nachdem ich ihn über mein geistiges Auge in der Wohnung entdeckt hatte, band ich ihn geistig mit einer dicken Kette an die Heizung und sicherte alles mit einem Schloss, denn ihn wollte ich nicht mit in die neue Wohnung nehmen. Erst wenn ich herausgefunden hätte, wer er war und was er wollte, würde ich alles auflösen, doch bis dahin wollte ich einfach nur Ruhe vor ihm.

Als alle Formalitäten mit dem Vermieter erledigt waren und wir endgültig das Haus verließen, erinnerte ich mich an den Rat von Lena, dem Hausbesitzer für seine Quälereien zu danken, damit ich zukünftig Ruhe vor ihm habe, und so sprach ich zum Abschied zu ihm: *„Danke, dass ich bei Dir diese wertvollen Erfahrungen und diesen Lernprozess machen durfte!“* Nach diesem Satz drehte ich mich endgültig um und ging für immer aus diesem Haus.

Später erfuhr ich, dass es alle Nachmieter höchstens ein Jahr in der Wohnung ausgehalten hatten. Mich wunderte das nicht, denn man brauchte wirklich nicht viel Feingefühl, um sich dort unwohl zu fühlen.

Erste Erfahrungen als Medium

Es war herrlich! Die erste Nacht in der neuen Wohnung war wunderbar, und zum ersten Mal seit Jahren hatte ich durchschlafen können. Es gab keine Störungen von negativen Seelen und keine Alpträume, denn die Energien dort waren sehr harmonisch, rein, klar und ruhig. Um wirklich ganz sicher zu gehen, dass mein alter Alptraum nicht mit eingezogen war, schaute ich geistig nach und sah, dass der schwarze Mann noch immer an der Heizung festgekettet war. Sehr erleichtert darüber, genoss ich die wohlverdiente Ruhe in unseren neuen Räumen.

Irgendwann beschloss aber wohl mein Engel, dass ich nun genug Ruhe gehabt hätte. Ich lag bereits im Bett und war gerade am Einschlafen, als ich eine Stimme hörte, woraufhin ich sofort das Licht anmachte und mich umschaute. Mein Engel stand vor meinem Bett und sprach zu mir: *„Du musst nicht erschrecken, ich bin es, der zu Dir spricht."* Ich konnte es kaum glauben, dass ich ihn jetzt auch hören konnte, und ich brauchte noch ein paar Tage, um zu verarbeiten, dass mein Hellhören so plötzlich eingesetzt hatte. Es war aber wunderschön, diese sanfte, vertraute Stimme von ihm endlich wieder hören zu können.

Nun sollte die Zeit kommen, in der ich anderen Menschen mit meinen Fähigkeiten helfen konnte. Ich tat dies noch nicht offiziell, aber ich traf hin und wieder auf Menschen, die in schwierigen Situationen steckten und denen ich helfen konnte und sollte, so wie bei der folgenden Begegnung: Eine alleinstehende Mutter zog mit ihrem sechsjährigen Sohn in die Wohnung unter uns. Wir trafen uns oft im Treppenhaus, lernten uns somit etwas näher kennen, und schon bald fasste sie Vertrauen zu mir und erzählte, dass sie ein Problem mit ihrem Sohn habe und mit ihm deswegen zu einem Arzt gehen wolle. Sie wüsste zwar, dass er ihn dann für verrückt erklären würde, aber sie sah keinen anderen Ausweg mehr. Sie berichtete mir zögerlich, dass ihr Sohn mit Geistern reden würde, und zu ihrer Überraschung wendete ich mich mit einer Frage direkt an ihn: *„Was wollen denn die Geister von Dir, und wo siehst Du sie?"* Er antwortete: *„Sie sind in unserer Wohnung und wollen,* *dass ich mit ihnen rede und ihnen helfe. Jede Nacht kommen sie und lassen mich nicht schlafen. Meine Mutter im Himmel schickt sie dann weg, aber sie kommen immer wieder.*“

Seine Mutter berichtete daraufhin, dass er genau diese Geschichte immer erzählen würde und wollte nun von mir wissen, wen er mit der himmlischen Mutter meinen könnte. Nachdem ich den beiden diese „Mutter“ sehr detailliert beschrieben hatte, machte der Junge große Augen und sagte, dass sie genau so aussehen würde, woraufhin ich ihm erklärte, dass dies sein Schutzengel sei, der ihn vor den bösen Geistern schützen wolle, und dass er immer an seiner Seite wäre, um auf ihn aufzupassen.

Um den Jungen zu befreien, empfahl ich eine Energie-Umstellung(3) in der Wohnung, in die ich mittlerweile direkt von meinen Engeln eingeweiht worden war. Die Frau willigte ein, und ich reinigte ein paar Tage später energetisch ihre Wohnung, wobei mir der Junge viele Fragen stellte und sehr interessiert an meiner Arbeit war. Kaum war ich fertig, rief er mit Begeisterung, dass jetzt alle Geister weg wären und fragte, wie ich das geschafft hatte. Ich sagte zu ihm, dass er das später einmal ebenso wie ich können würde, und er strahlte über das ganze Gesicht.

Ich nahm noch jemand anderen in seiner Nähe wahr und fragte ihn nach seiner Schwester, worauf seine Mutter augenblicklich anfing zu weinen. Sie erzählte, dass ihre Tochter im Alter von acht Jahren gestorben war. Ich hatte eine Botschaft für sie von ihr, die ich übermittelte: *„Liebe Mama, ich verzeihe Dir, dass Du mich nicht behalten hast.“*

Die Frau schilderte mir daraufhin, dass ihre Tochter sehr krank gewesen war und sie die Pflege nicht hatte übernehmen können, worüber sie all die Jahre sehr traurig war. *„Ihre Tochter möchte sich von Ihnen verabschieden.“*, sagte ich, *„Sie ist nun frei, weil sie das mit Ihnen klären konnte.“* Die Mutter wirkte nun wie von einer schweren Last befreit, und ich sah, wie die Tochter ins Licht gehen konnte.

Einige Zeit später traf ich die beiden wieder und fragte den Jungen, ob die bösen Geister weg wären, und er erzählte wohlgelaunt: *„Ja, keiner mehr da, und meine Mutter im Himmel – nein: mein Schutzengel –*

sagt, die können nicht mehr in die Wohnung, weil Du sie gereinigt hast. Das ist cool."

Ich musste bei seinen Worten lachen und freute mich sehr für ihn. Erst viel später wusste ich, dass die Vermittlung zwischen der Mutter und ihrer verstorbenen Tochter mein erstes Channeling(4) war.

Mein Lernprozess ging weiter und ich durchlebte oft unangenehme Lektionen. Zum Beispiel hatte ich immer wieder das Gefühl, dieses Leben so oder ähnlich schon einmal gelebt zu haben. Dieses Gefühl war anders als hellzusehen, es war mehr ein inneres Wissen, denn zum Beispiel war mir klar, dass ich mich in einem früheren Leben von einer Brücke gestürzt hatte, über die ich im jetzigen Leben immer wieder lief.

Eines Nachmittags musste ich wieder über diese Brücke, und mir wurde gezeigt – diesmal wiederum mit meiner hellseherischen Gabe –, wie ich dort ums Leben kam. Ich stand direkt neben einer Frau, von der ich wusste, dass ich das selbst in einem früheren Leben war. Diese Frau weinte bitterlich aus Verzweiflung, kletterte, ohne zu zögern, auf das Geländer und sprang in die Tiefe. Ich wusste, sie hatte zuvor etwas Schreckliches erfahren, was sie zu diesem endgültigen Schritt bewogen hatte. Solche Einblicke in meine früheren Leben hatte ich von da an öfter, und ich lernte, dass diese Erinnerungen bei jedem Menschen im Unterbewusstsein verankert, diese Geschehnisse jedoch nicht auf bewusster Ebene und mit dem Verstand abrufbar sind.

In dieser Zeit traf ich auf eine Frau, zu der ich früher durch unsere gleichaltrigen Kinder hin und wieder Kontakt hatte. Wir redeten eine Weile über Alltägliches, und sie fragte mich nach meiner beruflichen Tätigkeit, woraufhin ich ihr von meiner Berufung erzählte und bemerkte, dass ihr das etwas unheimlich war. Dennoch berichtete sie mir von ihrer Freundin und deren Tochter, denn sie machte sich Sorgen um das Mädchen. Sie war seit etwa zehn Jahren in psychiatrischer Behandlung und musste sogar ein Jahr in einer geschlossenen Abteilung einer Psychiatrie verbringen. Weiter erzählte sie, dass das Mädchen Gestalten sehen würde, die sonst keiner sehen könne, doch niemand war in der Lage, ihr zu helfen. Obendrein musste sie Unmengen an Psychopharmaka schlucken, um einigermaßen leben zu können. Ich war entsetzt und bot meine Hilfe an

Kurz darauf vereinbarte die Mutter des Mädchens bei mir einen Beratungstermin, und weil ich die Verzweiflung spüren konnte, empfing ich die beiden schon am nächsten Tag. Sofort konnte ich wahrnehmen, dass das Mädchen hellsichtig war und einen schlimmen Leidensweg hinter sich hatte. Sie erzählte mir aufgebracht, dass die Geister um sie herum sie ständig bedrängten, Dinge zu tun, die sie nicht wollte, doch keiner würde ihr glauben. Zum Beispiel forderten sie das Mädchen auf, dass sie ihr Zimmer schwarz streichen und sich schwarz kleiden solle. Überall wären sie, und nirgends sei sie vor ihnen sicher, zudem wollten sie immerzu, dass sie schwarze Magie ausübe.

Ich nahm sie in den Arm und erzählte ihr etwas über mich und mein Leben mit den Geistern, wobei sie aufmerksam zuhörte und allmählich ruhiger wurde. Ihr fiel eine große, schwere Last von den Schultern, als ich ihr bestätigte, dass ich „ihre“ Geister auch sehen konnte. Für die Zeit bis zu meiner Energie-Umstellung in ihrem Haus gab ich ihr die Rat, keine Angst vor ihnen zu zeigen und auf keinen Fall zu machen, was sie verlangten. Die Energie-Umstellung war sehr anstrengend, denn in dem Gebäude waren viele Seelen von einst bösartigen Menschen anwesend. Vor allem ein Mann drohte mir immer wieder, mich zu vernichten, wenn ich nicht aufhören würde, doch ich hatte keine Angst vor ihm, denn damit war mir schon so oft gedroht worden, aber bisher hatte es kein Geist geschafft, mir etwas Schlimmes anzutun.

Nach der Energie-Umstellung waren alle Geister verschwunden, die das Mädchen so sehr geplagt hatten, und Mutter und Tochter kamen von da an regelmäßig zu Reiki-Anwendungen zu mir. Außerdem lehrte ich das Mädchen, mit ihrer Gabe umzugehen und wie sie sich am besten vor unangenehmen Geistern schützen konnte.

Seitdem brauchte sie keine Medikamente mehr zu nehmen, und ihre schulischen Leistungen wurden auch immer besser. Sie hatte außerdem gut gelernt, mit ihrer Fähigkeit umzugehen und lebte daraufhin wie ein ganz normales sechzehnjähriges Mädchen.

In dieser Phase meines Lebens begann ich, für andere Energie-Umstellungen, Reiki-Anwendungen und Beratungen durchzuführen. Meine Arbeit machte mir sehr viel Freude, und es war ein wunderbares Gefühl, den Menschen, die mich um Rat fragten, helfen zu können. Mein Beratungsspektrum sollte jedoch noch erweitert werden, und so kam es zu meinem ersten geführten Channeling. Ab jetzt wurde ich fallbezogen geschult, das heißt mein Engel war bei den Beratungsgesprächen immer an meiner Seite, führte mich zu den Ursachen der Blockaden und leitete mich.

Bei dem folgenden Ereignis durfte ich somit Vermittlerin sein zwischen einem Verstorbenen und seiner traurigen Ehefrau und meinem Schutzengel. Es geschah bei einem Besuch im Haus meiner Schwägerin Waltraud, wo ich neben einer Bekannten von ihr saß, die ebenfalls eingeladen war. Lange hielt ich es in ihrer Nähe nicht aus, denn das Atmen fiel mir immer schwerer, ich hatte Beklemmungen in der Brust und starke Schmerzen im Bereich der Nieren. Ich ging in die Küche, um erst einmal Abstand zu ihr zu gewinnen. Waltraud hatte mir angesehen, dass etwas nicht stimmte, folgte mir und fragte, was denn los sei, und sofort nachdem ich erzählte, was ich wahrgenommen hatte, holte sie ihre Bekannte dazu.

Der verstorbene Mann dieser Frau war ganz in ihrer Nähe, sogar in ihrer Aura. Ich berichtete ihr, was ich sah und übermittelte eine Botschaft von ihm an sie. Weinend fragte sie, woher ich das wissen könne, denn alles, was ich gesagt hätte, würde zutreffen, und ich erklärte ihr, dass ich ein Medium wäre und ihr helfen wolle, wenn sie das möchte. So fragte ich sie, ob sie denn in letzter Zeit Luftnot und Schwierigkeiten im Nierenbereich gehabt hätte, was sie mir bestätigte. Sie sagte, dass sie genau seit drei Wochen diese Beschwerden habe, und sofort bekam ich die Information von meinem Engel, dass dies die Symptome ihres verstorbenen Mannes waren, was wiederum den Tatsachen entsprach, denn bei ihrem Mann hatten die Nieren versagt, und er hatte schlussendlich Erstickungsanfälle, die zu seinem Tod führten.

Die Frau überwand seinen Tod nicht und konnte ihn nicht gehen lassen, lud ihn gedanklich jeden Abend ein, in ihrem Bett zu schlafen, rief ständig seinen Namen und sprach immerzu mit ihm. Dies alles ermöglichte ihrem Mann, in ihre Aura einzutreten, wodurch er die nötige Kraft bekam, um ihrem Wunsch zu entsprechen und bei ihr zu bleiben. Allerdings war das auch der Grund für ihre Beschwerden, denn durch seine Nähe übernahm sie diese von ihm.

Ich fragte sie, ob sie in genau diesem Moment auch Schmerzen habe, und sie bestätigte es. Ihren verstorbenen Mann bat ich daraufhin, Abstand zu ihr zu nehmen und diesen auch zu wahren, bis sie ihn richtig loslassen konnte, sonst würde er ihr Schmerzen zufügen. Natürlich wollte er seiner geliebten Frau nicht schaden und trat aus ihrer Aura, worauf im selben Moment all ihre Beschwerden verschwanden – die Atemnot und die Nierenschmerzen waren wie weggeblasen.

Ich erklärte ihr weiter, dass es nicht gut ist, wenn die Seelen Verstorbener an den Hinterbliebenen haften, weil die körperlichen Symptome des Verstorbenen auf den Menschen übertragen werden können.

Der verstorbene Mann schilderte mir nun, dass er früher manchmal für längere Zeit beruflich unterwegs war und sie sich in solchen Zeiten der Trennung immer Briefe geschrieben hatten. Er bat mich, sie zu fragen, ob sie ihm wieder Briefe schreiben könne, um ihren Emotionen Raum zu geben und ihn somit irgendwann loslassen zu können. Seine Frau schaute mich verwundert an und fragte, woher ich das nur wissen könne und bejahte, froh darüber, einen besseren Weg der Kommunikation gefunden zu haben. Sie versprach, ihre Trauer in den Briefen zu verarbeiten und hoffte, ihn bald wirklich loslassen zu können.

Der verstorbene Mann erschien mir nochmals auf meinem Heimweg und bedankte sich bei mir für meine Hilfe. Während des Channelings war mein Schutzengel die ganze Zeit anwesend und schützte mich. Er machte die Verbindung erst möglich und gab mir zudem wichtige Informationen.

Von da an suchten viele Menschen über mich den Kontakt zu einem ihnen nahestehenden Verstorbenen. Ich vermittelte zwischen ihnen und gab Botschaften weiter. Viele Konflikte, Trauer und Ungewissheit konnte ich auf diese Weise auflösen.

Abschied

Es kam die Zeit, in der meine geistige Ausbildung zu Ende ging und mein Engel mir erklärte: „*Du hast schon viele Leben gehabt, in denen Du selbst entschieden hast, sie frühzeitig zu beenden. In einigen früheren Leben bist Du nicht älter als fünfunddreißig Jahre alt geworden, weil Du zu schnell aufgegeben hast, und Du kennst die Stellen jetzt, an denen Du Dir jeweils das Leben genommen hattest. Heute darfst Du vieles ausgleichen, was Du in anderen Leben falsch gemacht hast. Sei glücklich darüber, dass man Dir die Möglichkeit gibt, alles wieder in Ordnung zu bringen.*

Ein anderer Grund für Dein schweres Schicksal ist, dass Du viele Situationen durchleben musstest, um anderen helfen zu können, die in einer ähnlichen Krise stecken, denn nur durch Deine Erfahrungen kannst Du den Menschen besser helfen. Begib Dich jetzt bitte in Meditation, denn Deine Ausbildung mit mir ist abgeschlossen. Du wirst einen neuen Schutzengel bekommen, der Dich dann eine ganze Weile durch Deinen neuen Lebensabschnitt begleiten und führen wird.

Ich habe meine Dienste bei Dir erfolgreich ausgeführt, denn Du hast es mir auch immer leicht gemacht und warst eine sehr gute Schülerin. Für die Menschen bist Du jetzt selbst ein Lehrer, und Du brauchst einen neuen geistigen Führer für Deine nächsten Aufgaben, einen, der Dich weiterbilden wird. Was ich Dich lehren konnte, habe ich Dich gelehrt. Begib Dich bitte in Meditation, ich stelle Dir Deinen zukünftigen Begleiter vor.“

Mich überkam eine unendliche Traurigkeit, und etwas verwirrt war ich ebenso, denn er war so viele Jahre an meiner Seite. Wir hatten zusammen gelacht, manchmal sogar etwas gestritten, wenn ich diesen anstrengenden Weg nicht mehr gehen wollte. Mein geliebter Engel war immer für mich da, und nun sollte der Abschied kommen. Ich wollte es nicht wahr haben und zögerte diese Meditation etwas hinaus, wusste aber, dass ich es damit nicht verhindern konnte und ging letztendlich dann doch traurig, aber auch mit Neugier auf den neuen Engel in meine Meditation.

In dieser Meditation erschien mir mein Schutzengel erneut und sagte, ich solle nicht traurig sein, denn immer, wenn ich ihn bräuchte, wäre er in meiner Nähe. Tränenüberströmt verabschiedete ich mich von ihm: *„Mein lieber Engel, ich danke Dir für die gute Führung, für Deinen Schutz und die gute Ausbildung. Ich danke Dir von ganzem Herzen, dass Du immer an meiner Seite warst – trotz all der Mühen, die ich Dir manchmal machte."*

Bevor er mich verließ, streichelte er mir sanft über meinen Kopf und stellte mir meinen neuen Schutzengel, Beschützer, Begleiter und Ausbilder vor.

Ein großer blau-grün schimmernder Engel stand auf einmal neben mir und begrüßte mich mit den Worten: *„Ich bin Dein neuer Engel."* Seine Stimme klang ganz anders, als die meines ersten Schutzengels. Sie klang eher ernst und fest, und er strahlte eine große Klarheit aus. Ich dachte zwar, dass es mit ihm längst nicht so lustig werden würde, spürte aber direkt die enge Verbundenheit zu ihm, sein Mitgefühl, seine Wärme und seine Liebe zu mir. Des Weiteren wusste ich, dass er durch die blau schimmernde Farbe seines Gewandes einen großen Schutz vor negativen Energien für mich darstellte. Die grün schimmernde Farbe stand für meine weitere Ausbildung, wie schon bei meinem ersten Engel. Ich wusste allein durch diese beiden Farben, was auf mich zukam: Eine Ausbildung über die dunkle Seite, damit ich für meine zukünftige Arbeit lernte, mit den dunklen Mächten umzugehen.

Ein neuer Lebensabschnitt

Unsere Wohnung war mittlerweile zu klein geworden, und ich brauchte dringend ein Arbeitszimmer, in dem ich ungestört Klienten empfangen und meine Energiearbeit machen konnte. Wir suchten schon seit einiger Zeit vergebens nach etwas Passendem, als ich eines Abends von einem Geistwesen namens „Paul“ besucht wurde. Er nahm wie selbstverständlich auf der Couch neben mir Platz und erklärte mir: *„Du suchst eine Wohnung, und ich habe den Auftrag, Dir dabei zu helfen. Lass Dich einfach mal überraschen, Du wirst schon sehen.“*

Ich staunte nicht schlecht über diesen jungen, selbstbewussten Geist und war gespannt, was er wohl damit meinte. Zwei Wochen später entdeckte ich in der Zeitung eine Annonce, und die Beschreibung der Wohnung gefiel mir so gut, dass ich dort gerne anrufen wollte. Allerdings war es sehr früh am Morgen, und ich wollte noch etwas warten, doch da erschien mir wieder Paul und sagte, ich solle bitte sofort dort anrufen. Ich vertraute ihm, griff zum Telefon und tat wie angewiesen, woraufhin sich ein Mann verwundert meldete, denn so früh hatte er nicht mit Interessenten gerechnet. Höflich bat er mich um zehn Uhr nochmals anzurufen, er sei gerade bei seinem morgendlichen Waldlauf. Mir war der frühe Anruf im Nachhinein nun doch sehr unangenehm, doch Paul grinste nur.

Es war erst acht Uhr, und ich musste noch zwei lange Stunden warten, bis ich ihn wieder anrufen konnte. Als es endlich so weit war und ich ihn erneut am anderen Ende der Leitung hatte, wusste der Mann nicht mehr, wer ich war, denn zwischenzeitlich hatten wohl an die hundert Interessenten angerufen. Erst als ich erwähnte, dass ich diejenige sei, die ihn frühmorgens im Wald gestört hatte, erinnerte er sich, und wir konnten die Wohnung noch am gleichen Tag besichtigen, weil ich die erste Interessentin war, die angerufen hatte. Nachmittags trafen wir uns mit ihm und schauten die Wohnung an. Meinem Mann und mir gefiel sie auf Anhieb, und auch energetisch waren alle Räume in Ordnung, sodass wir sie gerne mieten wollten. Der Vermieter war einverstanden, und bereits zwei Tage später durften wir den Vorvertrag unterschreiben und einen Tag später den Mietvertrag. Als wir die Verträge unterzeichnet hatten, nahm ich nochmals Kontakt mit Paul auf und fragte ihn, ob er hier das Rad ein bisschen schneller gedreht hätte. Er lachte nur und bot mir an, dass ich ihn immer rufen könne, wenn ich Unterstützung bräuchte, wofür ich mich von Herzen bei ihm bedankte.

Im März 2003 zogen wir in diese neue Wohnung, und alles ging sehr schnell, weil der komplette Umzug reibungslos klappte, und schon nach zwei Tagen war alles ausgepackt und an seinem Platz. Wieder bedankte ich mich bei der Schlüsselübergabe in der alten Wohnung bei dem Hausgeist, dass ich auch in diesem Haus Lernprozesse machen durfte. Hier hatte ich meine komplette geistige Ausbildung als Medium bei meinem ersten Schutzengel absolviert.

Nun hatte ich ein schönes, größeres Arbeitszimmer, und ich freute mich, dass ich so vielen Menschen helfen konnte, die meine Hilfe suchten. Leider ging jedoch nach einiger Zeit die Ehe mit Hans in die Brüche, denn wir hatten uns auseinandergelebt und gingen unterschiedliche Wege. Demzufolge musste ich schon wieder umziehen und meisterte nun mein Leben erstmal alleine, was mir gut gelang, denn ich hatte durch meinen Beruf mein finanzielles Auskommen, und meine Söhne waren mittlerweile erwachsen und lebten ihr eigenes Leben.

Einige Jahre gingen ins Land, als ich Falk, einem langjährigen Klienten, der hin und wieder meinen Rat suchte, empfahl, für seine Weiterbildung ein Feng-Shui-Seminar zu besuchen. Ich selbst interessierte mich auch für diese Art der Energiebetrachtung in Häusern oder Wohnungen, denn damit konnte ich meinen Klienten zusätzlich zu der Energie-Umstellung detaillierte Hilfestellungen zur aktiven Verbesserung ihres Raumklimas geben.

Ich kannte bis dahin lediglich seine Stimme vom Telefon, hatte ein Bild von ihm, welches er mir zur ersten Beratung geschickt hatte, und wusste, dass er ein sehr sympathischer und spirituell offener Mann war. Als er jetzt bei diesem Seminar das erste Mal vor mir stand, erwachten wieder die Schmetterlinge in meinem Bauch. Ihm schien es genauso zu gehen, und er fragte mich nach diesem Tag, ob wir gemeinsam noch ein weiteres Seminar beim gleichen Ausbilder besuchen wollten, was wir dann auch taten.

Von da an gingen wir unseren Lebensweg gemeinsam und zögerten nicht lange damit, zusammenziehen. Damit jeder mit seiner eigenen Vergangenheit abschließen konnte und für unseren gemeinsamen Neustart entschieden wir uns, nach Vaals in den Niederlanden zu ziehen, wo wir ein wunderschönes Haus fanden.

Dort beschloss ich – müde von den vielen Beratungen –, eine längere berufliche Pause zu machen und gönnte mir eine Auszeit.

Wir fuhren oft nach Bayern in die Berge, weil wir beide diese Gegend sehr mochten und leidenschaftlich gerne wanderten, was dazu führte, dass wir vor ein paar Jahren dann unseren Traum Wirklichkeit werden ließen und ganz nach Bayern zogen. Hier fühlen wir uns sehr wohl, fast scheint es, als hätten wir beide endlich unsere Heimat gefunden.

In den Beratungsgesprächen, die Falk früher bei mir hatte, erzählte ich ihm mehrfach, dass er irgendwann einmal ein Haus in den Bergen haben würde. Ich konnte das deutlich sehen – nichtsahnend, dass auch ich mit in diesem Haus wohnen sollte…

Und so lebe ich heute mit ihm in Bayern, führe meine Berufung, anderen mit meinen Fähigkeiten zu helfen, mit Freude fort und bilde zusätzlich in Seminaren Menschen aus, ihre Medialität zu entdecken bzw. zu leben.

Der schwarze Mann

Ich wollte nun endlich wissen, was es mit dem schwarzen Mann auf sich hatte, denn obwohl er nicht mehr bei mir auftauchte, dachte ich noch regelmäßig an ihn. Jetzt wollte ich endlich Gewissheit, wer er war und warum er mich seit meiner Kindheit verfolgt hatte. Ich wusste, dass ich Gefahr lief, eine Tür zu öffnen, die mich an den Rand der Verzweiflung bringen könnte, doch nur so konnte ich erfahren, was dieser schwarze Mann von mir wollte. Es war mir zu gefährlich, im Trancezustand in dieses Thema einzutauchen, deshalb setzte ich mich an den Küchentisch und bat meine Engel um Schutz und Führung. Mit Hilfe der Techniken aus dem zweiten Reiki-Grad wurde ich daraufhin in die Ausgangssituation geführt. Mir wurde geistig ein Ort gezeigt, den ich aus meiner Kindheit kannte. Wir wohnten damals in der sechsten Etage eines Hochhauses, und hinter dem Haus war ein kleiner Spielplatz, den ich jetzt erkennen konnte.

An einem sonnigen Nachmittag – ich war etwa fünf Jahre alt – spielte ich auf dem Spielplatz im Sand, als plötzlich ein Schatten meine Sicht verdunkelte. Ich schaute nach oben und sah einen in schwarz gekleideten Mann vor mir stehen, der außerdem einen schwarzen Umhang und einen schwarzen Hut trug. Er packte mich am Arm und wollte, dass ich mit ihm ging, woraufhin ich geschockt und voller Angst schrie: „*Mama, Mama, hilf mir schnell!*“

Meine Mutter kam ans Fenster und schrie ihn an, er solle mich sofort loslassen, woraufhin er tatsächlich von mir abließ, doch bis meine Mutter die vielen Treppenstufen hinuntergerannt war, war er bereits verschwunden.

Man führte mich jetzt in eine neue Situation. Ich war elf Jahre alt, und wir wohnten zu dieser Zeit in einem anderen Mehrfamilienhaus. Es war Abend und schon dunkel, als ich gerade den Schlüssel ins Schlüsselloch stecken wollte. Ich bemerkte eine Gestalt im Gebüsch neben der Haustür, und zitternd vor Angst versuchte ich, die Tür aufzuschließen. Als ich es endlich geschafft hatte, schlüpfte ich schnell ins Haus und verschloss die Tür von innen. Durch die Glastür schaute ich nach draußen und sah den in Schwarz gekleideten Mann mit dem schwarzen Umhang und dem schwarzen Hut auf dem Kopf, und seine Verkleidung erinnerte mich an ein Zorro-Kostüm. Das war das zweite Mal, dass ich diesem Mann begegnete und er mir Angst einflößte.

Man hatte mir mit diesen Bildern meine ersten Begegnungen mit diesem Mann gezeigt, aber richtig einordnen konnte ich das alles noch nicht. Weil es mir jedoch keine Ruhe ließ, ob jemand noch etwas über diesen Mann wusste oder ihn früher gesehen hatte, fragte ich am nächsten Tag meine Tante, die damals ebenso in unserem Viertel wohnte, nach ihm, und sie erinnerte sich tatsächlich an jemanden, der so aussah. Er wäre etwas verrückt gewesen mit seinem Kostüm, sagte sie, aber harmlos. Weiter fiel ihr ein, dass er in der Karnevalszeit bei einem Unfall ums Leben gekommen war. Sie vermutete, dass das etwa fünfunddreißig Jahre zurückliegen müsse.

Diese Erkenntnis musste ich erst einmal verarbeiten. Er war also kurze Zeit nach der Sache auf dem Spielplatz ums Leben gekommen, was bedeutete, dass er bereits tot war, als ich ihn in dem Gebüsch neben der Haustür gesehen hatte.

Ich hatte jetzt den nötigen Mut, um mit ihm direkt Kontakt aufzunehmen und bat meine Engel, die Verbindung zu ihm herzustellen. Noch immer war er an der Heizung in der alten Wohnung angekettet.

„*Was wolltest Du die ganzen Jahre von mir?*“, fragte ich ihn. Er sah traurig aus, als er sprach: „*Als ich Dich als Kind im Sandkasten habe spielen sehen mit Deinen blonden, fast weißen Haaren, wollte ich Dich unbedingt ganz allein für mich haben. Es tut mir leid, wenn ich Dich damals erschreckt habe, doch Du warst so süß, da konnte ich nicht widerstehen. Ich habe Dich nach Eurem Umzug gesucht und nicht gefunden. Erst ein paar Jahre später, als Ihr wieder in diese Gegend gezogen seid, hatte ich Dich wiederentdeckt. Danach verfolgte ich Dich, wohin ich nur konnte, und einige Male konntest Du mich sehen. Doch Du warst die Einzige, die mich wahrnahm, und das gab mir etwas. Auch wenn ich nicht weiß, was es war, so trieb es mich doch immer wieder dazu, Dich in Angst und Schrecken zu versetzen!*“

Was sollte ich jetzt nach dieser Erkenntnis mit ihm machen? Ich übergab die Angelegenheit kurzerhand an die Engel, denn sie sollten über sein weiteres Schicksal entscheiden. Das lag nun nicht mehr in meiner Macht. Mir genügte die Gewissheit, aufgeklärt zu haben, wer er war und dass ich für immer Ruhe vor ihm hatte.

TEIL 2

Meine geistige Ausbildung

Mein Ausbildungsweg, Reiki und die Engel

Ihnen, liebe Leserinnen und Leser, möchte ich jetzt im zweiten Teil des Buches von meiner Ausbildung erzählen. Ich werde Sie – wie schon in Teil I des Buches – teilhaben lassen an vielen Episoden und Geschichten, die mir so wirklich passiert sind. Viele Informationen und viel Wissen, welches ich bei meiner geistigen Ausbildung erhielt, werde ich hier ebenso mit Ihnen teilen. Zum besseren Verständnis habe ich immer wieder kurze oder längere Erklärungen eingefügt, die grau hinterlegt sind.

Im Laufe der Zeit las ich viele spirituelle Bücher diverser Fachrichtungen, ich besuchte Seminare sowie Fortbildungen und absolvierte zudem eine Ausbildung in Antlitz-Diagnose, um die Probleme meiner Klienten noch besser zu erkennen. Außerdem lernte ich über ein Fernstudium das Autogene Training und durfte zum besseren Erlernen zwei Jahre bei einem praktischen Arzt und Sportmediziner hospitieren. Den größten Teil meiner Ausbildung übernahm jedoch mein Schutzengel, denn er leitete mich an, wie ich in Meditation gehen sollte, um in diesem tranceähnlichen Zustand meine Lektionen auf höherer Ebene zu lernen. Hierzu sollte ich mich entspannen, eine bestimmte Meditations-Musik hören, die Augen schließen und mich von ihm durch die jeweilige Meditation bzw. Lektion führen lassen.

Auf unserer weltlichen Ebene führte er mich zu den Büchern, die ich lesen sollte und die für meine Ausbildung wichtig waren. Oft lieferten die Inhalte der Bücher wichtige Hintergrundinformationen zu den dann anstehenden Meditationen bzw. geistigen Lektionen. Mein Schutzengel führte mich ebenso zu Seminaren, die ich besuchen sollte oder brachte mich mit Menschen zusammen, die mir auf meinem Weg weiterhalfen oder mich etwas lehrten, und ich folgte hierbei immer meiner Intuition bzw. meiner inneren Stimme. Zum Beispiel führten sie mich über meine Schwägerin Waltraud, von der ich einen ersten Einblick in die „Geheimnisse des Übersinnlichen“ bekam, zu Bettina, meiner ersten großen spirituellen Lehrerin und Helferin in der Not. Ich bin mir heute sicher, dass mein Schutzengel all die Begegnungen erst möglich gemacht hatte.

Schließlich brachte man mich mit einer Frau zusammen, bei welcher ich wiederum Reiki-Seminare mit den entsprechenden Einweihungen besuchte.

Reiki ist der japanische Begriff für Lebensenergie, der in anderen Kulturkreisen auch als Orgon, das Licht, Ki oder Chi bekannt ist. Diese Energie ist immer in und um uns herum. Sie steht jederzeit allen Lebewesen und Pflanzen zur Verfügung und lässt uns und die Natur wachsen und gedeihen. Reiki als Heilsystem bedeutet, diese Energie zu kanalisieren und weiterzugeben. Dr. Mikao Usui entdeckte diese Methode des Energie-Gebens Mitte des 19. Jahrhunderts wieder und gab sie später seinen Schülern weiter.
Ist man in dieses Heilsystem eingeweiht, stellt man sich als Kanal für die Lebensenergie zur Verfügung und ist somit in der Lage, diese Energie gebündelt weiterzugeben – an andere Menschen, Tiere, Pflanzen, an Orte, Situationen u.v.m. In dem Moment, in dem die Energie durch den Anwender fließt, fühlt man eine Wärme, die über die Hände in das Energiesystem des Klienten eindringt. Meist werden dabei die Hände des Anwenders spürbar warm bis heiß, je nachdem, wie viel Energie der Klient benötigt oder aufnehmen möchte.
Bei einer Reiki-Anwendung werden die Hände auf bestimmte Körperstellen aufgelegt bzw. darüber gehalten. Reiki-Energie strömt nun in das Körpersystem des Klienten ein. Hierbei wird dessen System ausgeglichen, die Selbstheilungskräfte werden aktiviert, körperliche, seelische und geistige Blockaden gelöst und Stress abgebaut. Durch eine Reiki-Anwendung kann man die Ursachen der Blockaden erreichen. Hierdurch erfährt man eine tiefe Entspannung, das komplette Energiesystem wird ausgeglichen, und Wohlbefinden kann sich wieder einstellen.
Jedoch ist Reiki keine mystische Exklusiv-Wunder-Methode und kann von jedem erlernt werden. Es gibt drei Reiki-Grade, in welche der Reiki-Lehrer seinen Schüler einweihen kann. Eine Einweihung bedeutet, dass der Kanal beim Einzuweihenden durch bestimmte Techniken für

diese Energie geöffnet wird, er in Zukunft damit arbeiten kann und Kanal wird für diese Energie. Jeder Grad hat eine andere, höhere Energie und spricht andere Ebenen an. Reiki ist Bewusstseinsarbeit, und die verschiedenen Reiki-Grade sind den entsprechenden Entwicklungsgraden des Menschen zugeordnet. So wird beim 1. Grad die Körper- bzw. die grobstoffliche Ebene angesprochen, beim 2. Grad vor allem die Mental- bzw. feinstoffliche Ebene. Nach der Einweihung in den 3. Grad, dem Meistergrad, wird der Kanal zur Astralebene geöffnet, man arbeitet dann auf Seelenebene.
Mit der Einweihung zum Reiki-Meister kann man in der Folge durch den Abschluss des Lehrer-Seminars selbst Schüler einweihen und ausbilden.

Ich machte alle Seminare mit einer jeweils größeren Zeitspanne dazwischen, wurde Reiki-Meister und als Reiki-Lehrer ausgebildet. Man spürt, wenn die Zeit reif ist für Reiki bzw. für die nächsthöhere Stufe.

Nachdem die geistige Ausbildung mit meinem ersten Schutzengel abgeschlossen war, begann der nächste Ausbildungsabschnitt mit meinem neuen Engel. Konkret hieß das, dass viele Menschen zu mir kamen, die Besetzungen hatten, und ich konnte direkt von meinem Engel lernen, wie ich diese abzulösen hatte. (*Worum es sich genau bei Besetzungen handelt, werde ich in einem der folgenden Kapitel erklären.*) Er war bei jedem Klient an meiner Seite, schützte mich und leitete mich genau durch die einzelnen Abläufe einer Ablösung. Später kamen Menschen zu mir, die Kontakt mit einem ihnen nahestehenden Verstorbenen suchten, und auch hier wurde ich genau von meinem Schutzengel instruiert, der mir auch bei den Kontaktaufnahmen half.

So ging es mit verschiedenen Themengebieten weiter, und ich lernte, Flüche, Gelübde und Verwünschungen zu erkennen und aufzulösen. Es war eine anstrengende Ausbildungszeit, in der mich mein Schutzengel oft davon abhielt, einfach aufzugeben.

Heute arbeite ich immer noch mit den verschiedenen Themen, und regelmäßig kommen neue hinzu. Zu jeder Zeit bin ich geführt von den Engeln, die mir immerzu helfen und mich schützen. Dafür und für meine tiefgreifende, erfüllende Arbeit bin ich jeden Tag aufs Neue sehr, sehr dankbar. Bevor mein Schutzengel jedoch überhaupt in Meditationen Kontakt mit mir aufnehmen konnte, um mich meine Lektionen zu lehren, musste ich üben, klar und offen zu werden für die Botschaften aus der geistigen Welt. Um diesen entspannten Zustand zu erreichen, bekam ich die folgende Meditationsübung mitgeteilt, die Sie gerne ausprobieren können (bei allen Meditationen und Übungen habe ich als Anrede die „Du"-Form gewählt):

Meditation: Loslassen von Gedanken und Alltag

Mache es Dir an einem ruhigen Ort gemütlich, lege oder setze Dich bequem hin, und sorge dafür, dass Du nicht gestört wirst. Um Deinen Geist zu beruhigen, kannst Du sanfte Musik hören, Dir ein Räucherwerk und eine Kerze anzünden.

Schließe Deine Augen, und achte auf Deinen Atem, wie er immer ruhiger und gleichmäßiger wird. Wenn Du das Gefühl hast, dass Du Deinen persönlichen Ruhezustand erreicht hast, beginne geistig mit der Übung.

Über Dir erscheinen schöne weiße Wolken. Sie ziehen sanft über Dich hinweg und nehmen all Deine Gedanken, Deine Gefühle, Deine Probleme und Sorgen mit.

Bewerte es nicht, sondern übergib alles, was Dich im Moment beschäftigt oder sorgt, diesen Wolken, und lass sie damit weiterziehen.

Je mehr Du abgibst, desto leichter und freier fühlst Du Dich. Wenn Du das Gefühl hast, alles abgegeben zu haben, bist Du offen für die geistige Welt.

Lege jetzt all Deine Erwartungen auf eine Wolke, gib Deine ganze Erwartungshaltung damit ab, und lass sie ziehen. Jetzt bist Du bereit.

Stelle Dir nun eine goldene Treppe vor, die von Deinem Platz aus hoch in den Himmel führt. Du siehst, wie sie in einem wunderschönen, goldenen Licht strahlt. Bitte einen Engel, Dich zu begleiten.

Gehe mit ihm die Treppe hinauf, und lasse Stufe um Stufe alle Sorgen und Probleme hinter Dir. Von Stufe zu Stufe merkst Du, wie Du immer leichter und unbeschwerter wirst.

Wenn Du oben angekommen bist, schaust Du auf eine prächtige Wiese mit wunderschönen bunten Blumen. Du riechst den Duft der Blumen und des satten, grünen Grases.

Atme nun bewusst ein und aus, sodass Du mit Deinem Atem die wunderbar reine Luft dort aufnimmst.

Wenn Du magst, lege Dich nun auf diese Wiese, und schau Dir den schönen blauen Himmel an, durch den ganz sanft weiße Wolken ziehen. Die Wolken nehmen wieder Deine Gedanken, Gefühle und Sorgen mit. Du fühlst Dich hier sehr wohl und leicht.

Genieße die Ruhe, und schaue Dir die Bilder an, die in Dir aufsteigen, die Gedanken und Gefühle, die aufkommen. Schaue all dies völlig bewertungsfrei an, und lass es weiterziehen. Genieße immer wieder die Ruhe und die Schönheit dieses Ortes.

Wenn Du das Gefühl hast, die Zeit für den Rückweg sei nun gekommen, gehe wieder zu der goldenen Treppe. Dein Engel hat dort die ganze Zeit auf Dich gewartet. Er begleitet Dich jetzt wieder zurück, Stufe um Stufe bringt er Dich sicher zurück zu Deinem Platz auf der Erde.

Wenn Du an Deinem Platz angekommen bist, atme dreimal kräftig ein und aus, strecke Dich, zähle bis drei, und kehre zurück in das Hier und Jetzt.

Familienmuster

Einleitend möchte ich gerne an einem Beispiel verdeutlichen, warum auch ein Medium – ein hellsichtiger, hellfühlender oder hellhöriger Mensch – nicht davor gefeit ist, in Schicksalsfallen zu tappen. Schon oft wurde ich auf dieses Thema angesprochen, denn meist wird vermutet, dass ich schon immer ein leichtes, freies Leben führte und dass das auch für immer so bleiben wird, doch nun kennen Sie meine Geschichte und meinen beschwerlichen Weg zum Medium. Heute lebe ich natürlich freier und selbstbestimmter, aber auch ich bekomme noch meine Lektionen im Leben erteilt und muss meine Lebensprozesse meistern.

Viele glauben, dass das Leben mit einem Engel an der Seite, den man dazu noch hören und sehen kann, leicht und unbeschwert verläuft, kann man ihn doch jederzeit fragen, welchen Weg man gehen soll und welche Entscheidungen die richtigen sind. Auf meinem Weg bin ich einigen anderen Medien begegnet, die alle einen mehr oder weniger schweren Lebensweg hinter sich hatten. Diese Hürden im Leben zu meistern, ist wohl vonnöten, um zu einem wirklich guten Medium zu werden und um die Menschen, die Hilfe benötigen, auch dort abholen zu können, wo sie stehen, und sich in sie hineinversetzen zu können.

Oft weiß ein Mensch in jungen Jahren nicht, dass er einmal übersinnliche Wahrnehmungen haben wird und lebt sein Leben vor sich hin. Erst durch einen Schicksalsschlag oder zum Beispiel eine Krankheit fängt das Umdenken an. Man sieht vieles im Leben mit anderen Augen und sucht dann meist Hilfe bei Gott – und genau dann beginnt das bewusste, spirituelle Menschsein, und die Wende zu einem erfüllten Leben kann eingeleitet werden.

Des Weiteren treffen Engel keine Entscheidungen, sie können uns jedoch anleiten und unterstützen, diese zu treffen. Manchmal fällt unser Blick auf etwas, das uns die Entscheidung erleichtert, wie eine Zeile in der Zeitung oder in der Werbung. Man hat dann das Gefühl, dass zum Beispiel der Werbeslogan genau die Antwort auf eine Frage ist. Ein Telefonat, ein Lied im Radio, eine Bemerkung eines Mitmenschen – all das können zum Beispiel Hinweise sein, die unsere Engel uns durch das Umfeld zukommen lassen. Ein Beispiel: Wir sind mit unserem Auto auf dem Weg nach Hause und denken darüber nach, ob die soeben angeschaute Wohnung die richtige für uns ist. An einer Ampel müssen wir anhalten, und unser Blick fällt auf ein großes Werbeplakat, auf dem steht „Nutzen Sie die Chance" – ein Hinweis für Sie, welcher Ihre Frage beantwortet.

Hier sollten wir natürlich auch bereit sein, uns führen zu lassen sowie den Antworten, die wir bekommen, zu vertrauen – und wir sollten wissen, dass es eine dunkle Seite gibt, die versucht, uns vom rechten Weg abzubringen.

Eines ist ganz sicher: Wir haben alle einen Schutzengel an unserer Seite, der uns unendlich liebt, schützt und führt. In dem Moment, in dem wir eine Entscheidung getroffen haben, unterstützt uns der Schutzengel bei der Umsetzung. Zum Beispiel können wir die Entscheidung, den Arbeitsplatz zu wechseln, nur selbst treffen. Ist in unserem Lebensplan vorgesehen, dass wir dies auch tun sollten, und dass es besser für uns ist, dann wird unser Schutzengel alles tun, um uns die nötigen Hinweise in die richtige Richtung zu geben.

Haben wir uns dann entschieden, erschafft er Möglichkeiten, damit wir eine neue Arbeitsstelle bekommen, wie zum Beispiel einen Hinweis von einem Freund auf eine freie Stelle. Allerdings müssen wir dann auch tätig werden und die nötigen Schritte in diese Richtung machen – zum Beispiel die Bewerbung auch wirklich schreiben und absenden.

Wenn wir uns in unserem Lebensplan vorgenommen haben, die Erfahrung „Mobbing" zu machen, vielleicht weil wir etwas aus einem früheren Leben ausgleichen wollen, dann wird auch hier der Schutzengel dafür sorgen, dass wir diese Erfahrung machen und somit die Möglichkeit haben, dieses Thema zu bereinigen. Somit hat alles aus einer höheren Sicht einen Sinn – auch die negativen Erlebnisse in unserem Leben. Wir sehen dies hier auf Erden mit unserer eingeschränkten Sichtweise oft nicht, tappen erstmal quasi „betriebsblind" durch Situationen und wissen erst viel später, wozu dies alles gut war.

So war es auch bei mir: Meine ersten Kindheitsjahre wuchs ich bei meinen Großeltern auf und wurde auch von ihnen, von ihren Mustern, Blockaden, Lebenseinstellungen, Glaubenssätzen usw. mehr geprägt als durch meine Eltern.

Hierzu sollte man wissen, dass diese Prägung in den ersten sechs Lebensjahren stattfindet und eine Person dauerhaft in seinem Leben zu hundert Prozent beeinflussen kann. Kinder übernehmen gerne Themen und somit die Verantwortung von nahestehenden Personen, um deren Leben zu erleichtern. Diese Lasten tragen die Kinder dann weiter, können sie aber nicht lösen, weil es ja nicht die eigenen Themen sind. Manchmal ist es auch umgekehrt, und man bekommt Themen übergestülpt, ohne dass man dies so wollte. In beiden Fällen leben Kinder in der Folge die Energien der anderen, bis dies erkannt und aufgelöst wird.

So übernahm ich im Kindesalter die Muster und das Partnerschaftsthema meiner Großmutter. Sie kam oft mit zu Tanzturnieren und zum Training und sah mir gerne beim Tanzen zu. Eines Tages kam Rolf zum Training, und sie lernte ihn kennen, unterhielt sich angeregt mit ihm und erklärte ihn zum optimalen „Schwiegerenkel". Ich wollte diesen Mann eigentlich nicht, ließ mich aber meiner Oma zuliebe auf ihn ein. Durch eine Bemerkung meiner Mutter, dass ich meiner Großmutter das Herz brechen würde, wenn ich ihn nicht heirate und sie damit ins Grab bringen könnte, ließ ich mich sogar unbewusst auf eine von mir eigentlich ungewollte Hochzeit mit Rolf ein. Ich spürte intuitiv, dass dieser Mann nicht gut für mich war, doch mit der übergestülpten Energie meiner Großmutter war ich wie ferngesteuert und heiratete ihn. In solchen Situationen merkt man oft selbst nicht, dass man unbewusst wie ferngesteuert handelt und Entscheidungen so trifft, wie andere es von einem erwarten.

Die Art und Weise, wie sich dieser Mann gab, erinnerte meine Großmutter an ihre große Liebe, mit der sie sogar zwei Kinder bekam, die mein Großvater als Kuckuckskinder großzog – denn er hat nie etwas davon erfahren.

Für meine Großmutter gab es in der damaligen Zeit keinen Weg für ein gemeinsames Leben mit ihrer großen Liebe, und sie war in der Ehe mit meinem Großvater gefangen. Genauso sperrte sie mich ein und hoffte, durch mich ihre Sehnsucht ausleben zu können und bemerkte nichts von meinem Unglück. Auch ich wusste zu dieser Zeit natürlich noch nicht, was mit mir geschah, denn erst später konnte ich mir mit Hilfe eines Therapeuten meine Situation von außen anschauen und das Muster erkennen und schließlich auch lösen.

Man kann sich das so vorstellen, dass die übergestülpte Energie – die ich unbewusst aus Liebe zu meiner Großmutter angenommen hatte – nun um mich herum ein Eigenleben führte und über mich bestimmte.

Ist man von solch einer Energie fremdbestimmt, wird man handlungsunfähig, und man geht Wege oder trifft Entscheidungen, die man tief im Inneren ablehnt, weil man spürt, dass sie einem nicht gut tun.

Vor diesem Hintergrund konnte die Ehe nicht gut gehen, zumal sie viel zu früh geschlossen wurde. Mit der Trennung war nun allerdings diese Energie nicht aufgelöst, und ich verliebte mich unter den gleichen fremdenergetischen Bedingungen in meinen zweiten Mann. Es war zwar diesmal besser, aber dennoch waren es die gleichen Muster und Blockaden, die diese Ehe später belasteten. Irgendwann fühlte es sich an, wie bei meiner ersten Ehe, als wäre ich in etwas gefangen, was ich nicht wollte, und so gingen wir beide nach zwanzig Jahren getrennte Wege.

Als ich mit meinem dritten Mann zusammenkam, fiel mir auf, dass er sich verhielt und sprach wie mein Großvater – ganz so, als würde mein Großvater in ihm weiterleben. Doch dies war nicht der Fall, das konnte ich zum Glück sehen, dennoch verblüffte mich die Ähnlichkeit mit ihm, denn er hatte die gleiche Art zu essen, sich zu bewegen, die gleichen Werte und Überzeugungen. Es war richtig unheimlich.

Ich wollte nun mehr über die seltsamen Phänomene meiner Partnerschaften wissen und ging – selbst betriebsblind – zu einem spirituellen

Therapeuten. Mit seiner Hilfe konnte ich die Verstrickungen erkennen und die Gefangenschaft in den alten Mustern. Vor allem aber konnte ich sie mit seiner Unterstützung auflösen und fühlte mich endlich frei. Es fühlte sich an, als hätte man mich zu guter Letzt endlich aus dem Gefängnis befreit.

Endlich kannte ich die Ursache hinter meinen gescheiterten Beziehungen: Es war die auferlegte Energie meiner Großmutter, die letztendlich dazu führte, dass ich nach fünfunddreißig Jahren „meinen Großvater" heiratete. Unbewusst wollte ich ihr damit einen Teil ihrer unglücklichen Partnerschaft abnehmen.

Wir alle handelten unbewusst – meine Großmutter, meine Ehemänner und auch ich.

Ich weiß, dass viele Menschen in einer solchen Partnerschaft leben. Sieht man sich die Muster von außen an, kann man erkennen, wer welche Rolle lebt, und man sieht, dass der Hilfesuchende die Muster derer übernommen hat, bei denen er aufgewachsen ist. Es sind keine genetischen Erbmuster, es sind tatsächlich übernommene Rollen. So kann zum Beispiel auch ein adoptiertes Kind die Muster seiner Adoptiveltern übernehmen, ohne mit ihnen verwandt zu sein.

Unbewusst durchlaufen die Kinder die Prägungen der Eltern, und dies zu erkennen und aufzulösen, ist nicht ganz einfach, denn es braucht Zeit und Übung oder eine spezielle Ausbildung.

Geistige Chirurgie

Jetzt war die Zeit gekommen, um von der geistigen Welt Techniken zu lernen, die man geistige Chirurgie nennt.

Eine Klientin, die ich schon länger kannte, brauchte meine Hilfe, denn ihr jüngster Sohn hatte sich bei einem Sportunfall das Schlüsselbein gebrochen. Weil er enorme Schmerzen hatte, bat sie mich, ihm Reiki zu geben, und ich sagte: *„Ich kann das gerne machen, es wird ihm auch sicher gut tun und seine Schmerzen lindern, aber Du weißt, dass ich keine Wunderheilerin bin.“*

Direkt nach dem Telefonat verband ich mich mit der geistigen Welt und der Reiki-Energie und begann, dem Jungen Energie zu geben.

Ist man in den zweiten Reiki-Grad eingeweiht, kann man bei Anwendung der entsprechenden Symbole Zeit und Raum überwinden, und die Energie erreicht den Hilfesuchenden dann genauso, als wäre er direkt vor Ort.

Nachdem ich schon eine Weile Energie gegeben hatte, fragte ich meinen Engel, was ich denn noch für den Jungen tun könne und bat um Unterstützung, denn ich spürte seine starken Schmerzen und wollte ihm gerne noch effektiver helfen.

Kurz darauf geschah etwas Unglaubliches, was ich bis zu diesem Zeitpunkt noch nie erlebt hatte. Auf geistiger Ebene kamen Engel auf mich zu, die ähnlich aussahen wie Ärzte in einem Operationssaal. Sie trugen ein blaues Gewand, hatten alle einen Mund- und Kopfschutz und trugen Handschuhe. Die Engel stellten sich um die Liege in meinem Arbeitszimmer, und ich konnte sehen, wie sich der Junge sofort bereitwillig und voller Vertrauen auf diese Liege legte. Ich beobachtete das Geschehen und fragte, was ich denn nun tun solle.

Ein Engel dieses „geistigen Ärzteteams“ sprach zu mir: *„Richte geistig den Bruch, damit er gut verheilen kann, dann nutze das Symbol aus dem zweiten Reiki-Grad, und lege es um diese Stelle, ähnlich einer festen Schiene.“*

Danach erklärten sie mir, dass in der Wunde noch ein Schmerzfädchen stecke, welches ich herausziehen sollte. Ich sah dieses Fädchen, zog es vorsichtig heraus und versorgte die Wunde anschließend mit einem blauen Verband, wie es mir das geistige Ärzteteam gesagt hatte. Die blaue Farbe des Verbandes hatte eine kühlende sowie reinigende Wirkung und baute einen Schutz auf, damit der Bruch in Ruhe heilen konnte. Ich gab noch weiter Energie auf die Wunde und war gespannt, ob diese geistige Operation sich auf der Körperebene zeigen konnte und freute mich sehr, als meine Klientin mir bereits am nächsten Tag berichtete, dass ihr Sohn fast schmerzfrei sei. Mein Engel wies mich an, den geistigen Verband jeden Tag zu wechseln und die Wunde energetisch zu versorgen, was ich befolgte.

Eine Woche später rief sie mich erneut an und berichtete mir von dem Besuch beim Arzt. Der Arzt traute seinen Augen kaum, als er das Röntgenbild sah, denn so etwas hatte er noch nie erlebt und konnte es sich auch nicht erklären: Der Bruch war nach einer Woche komplett verheilt! Meine Klientin sagte weiter nichts dazu, weil die meisten Ärzte dieser energetischen Arbeit leider sehr skeptisch gegenüberstehen.

Durch dieses Erlebnis lernte auch ich mal wieder, welche Wunder geschehen können, wenn man mit der geistigen Welt zusammenarbeitet. Geistige Chirurgie ist also möglich. Ein Eingriff auf geistiger Ebene wirkt sich auf der Körperebene zu hundert Prozent aus, wenn die Zeit dazu reif ist und die körperlichen Beschwerden beim Klienten aufgelöst werden dürfen.

Bis heute durfte ich immer wieder solche Anwendungen durchführen, und die Erfolge waren jedes Mal verblüffend.

Ein Gespräch mit Gott

Es gab eine Zeit, in der meine Ausbildung sehr schwer war, und gleichzeitig starben liebe Angehörige sowie liebgewonnene, nahestehende Menschen aus meinem Umfeld. Unter anderem starb meine Mutter nach einer schweren Krankheit, meine Großmutter ging von uns, mein Lieblingsonkel verstarb plötzlich und auch mein Vater, nachdem er längere Zeit ebenfalls ein Pflegefall war. Ich war sehr traurig und verfiel nach und nach in eine Verbitterung, wobei ich mit meinem schweren Schicksal haderte. Die Traurigkeit um die verlorenen Menschen wollte nicht aufhören, und ich zweifelte an Gott und an Jesus Christus.

Wo waren sie, wenn ich sie brauchte? Warum nur ließen sie so viel Elend auf der Welt zu, so viele schlimme Krankheiten, Schicksalsschläge und Kriege? Ich fühlte mich von ihnen vollkommen getrennt und alleine gelassen. In meiner großen Verzweiflung hatte ich plötzlich den Impuls, in die Kirche zu gehen. Nicht alle Kirchen sind energetisch rein und klar, manche sind sogar besetzt von schwarzer Magie, jedoch kannte ich eine, die eine hohe Schwingung hatte und energetisch sehr rein war.

Ich setzte mich auf eine der Kirchenbänke, schaute nach oben und fragte in Gedanken: „*Lieber Himmel, lieber Gott, wo bist Du? Warum lässt Du mich so alleine? Warum lässt Du zu, dass so viele meiner geliebten Menschen so tragisch ihr Leben verlieren? Warum kannst Du nicht die Traurigkeit von mir nehmen?*“

Der tiefe Schmerz in mir ließ mich bitterlich weinen, doch irgendwann hatte ich das Gefühl, aufschauen zu müssen, und ich war erstaunt über das, was ich dort sah. Über dem Altar schwebte eine große, bunte Energieform im Durchmesser von etwa zwei Metern. Man könnte sie mit einer riesengroßen Seifenblase vergleichen, denn sie schillerte in allen möglichen Pastelltönen und war wunderschön anzusehen.

„*Wer bist Du?*“, fragte ich, und diese Energie antwortete mir: „*Liebes Kind, Du bist nicht alleine. Ich bin da. Ich werde Dich behüten und beschützen und Dir den Weg weisen, wo immer Du auch bist.*“

Die Energie breitete sich daraufhin in der ganzen Kirche aus und umhüllte auch mich. In diesem Moment spürte ich keine Traurigkeit mehr, alle Verzweiflung wich von mir, und ein Gefühl der Geborgenheit und Erleichterung stellte sich ein. Ich fragte mich, welche Energie das wohl war. War das göttliche Energie? Sah so Gottes Segen aus? Oder war das letztendlich sogar Gott selbst?

Es war eine Art Schutzschild, der mich durchdrang und mein Innerstes berührte, sodass nun meine Augen feucht waren von Freudentränen. Ich war absolut fasziniert von dieser Energie – so etwas hatte ich bis dahin noch nie gesehen.

Plötzlich durchströmte diese Energie verstärkt meinen Kopf und sprach zu mir: *„Ich bin Gott. Ich bin der, den Du gerufen hast. Du bist nicht alleine. Hab Vertrauen, und gehe zurück ins Leben, erfülle Deine Aufgabe."*

Zu dieser Zeit wusste ich noch nicht ganz genau, wie diese Aufgabe einmal aussehen sollte, aber ich nahm in diesem Moment, berührt von den Wortes Gottes, von ganzem Herzen den göttlichen Auftrag an. Bevor sich die Energieform wieder auflöste, wollte ich noch eine Frage stellen. Sie brannte mir mehr denn je unter den Nägeln: *„Warum hast Du alle Menschen von mir genommen, all die Menschen, die ich so geliebt habe?"*

Gott antwortete mir: *„Jeder hat sein eigenes Schicksal. Jeder geht, wann er es für richtig hält, wenn seine Zeit gekommen ist und wie es im Lebensplan der Seele steht. Ganz so, wie diese Seele bereits vor der Geburt ihr Schicksal geplant hat, wird es auch umgesetzt und geschehen."*

Ich durfte noch weitere Fragen stellen und sprach mit einem leichten Vorwurf in der Stimme: *„Warum leiden so viele Menschen auf der Erde, warum lässt Du das zu?"* Bis dahin war mein fester Glaube, dass Gott und Jesus Christus uns viele Prüfungen und Schicksalsschläge auferlegen, die wir durchlaufen müssen, und so fragte ich weiter: *„Wo ist Deine Hilfe, wo die von Jesus in entscheidenden Momenten?"*

Gott sprach: *„Liebes Kind, ich bin nicht derjenige, der irgendetwas auferlegt. Das seid Ihr Menschen selbst. Ihr entscheidet, welche Lernprozesse Ihr durchlaufen möchtet, welche Krankheiten Ihr haben werdet. Bereits vor eurer Geburt fällt Ihr die Entscheidungen zu Eurem Lebensplan, in welche Familie, in welche Lebensumstände Ihr geboren werden möchtet. Eure Seele entscheidet vor dem Leben auf der Erde, was sie lernen und erledigen möchte, welche Lebensumstände sie für ihre Weiterentwicklung und zum Lösen ihrer Themen braucht oder benötigt."*

Und weiter: *„Ich bin bei Euch. Ich unterstütze die Menschen bei dem, was sie sich ausgesucht haben. Ich bin bei Euch, wenn es schwierig wird, wenn die Themen und Prozesse zu heftig für Euch werden. Du sollst wissen, mein liebes Kind, dass in jedem Menschen ein göttlicher Funke lebt und Ihr ein Teil von mir seid."*

Noch eine Weile blieb ich in der Kirche, dachte über das soeben Gehörte nach und schaute zu, wie sich die Energie langsam auflöste. Vieles wurde mir an diesem Tag bewusst, denn ich konnte mir jetzt die Zusammenhänge erklären und konnte sehr viele Ereignisse in meinem Leben und auch bei anderen verstehen. Das Gespräch war wirklich hilfreich für mich und mein Leben, weil ich jetzt eine andere Sichtweise auf die Zusammenhänge hatte. Ich war erleichtert, wieder ein Stück schlauer und begriff so vieles mehr.

Wir sind selbst verantwortlich für unser Leben und entscheiden mit unserem freien Willen, wie unser Leben verläuft. Wir sind es, die schon vor der Geburt festlegen, welche Situationen, Ereignisse und sogar Schicksalsschläge wir durchleben möchten. Wir alleine sind es, die sich unser Umfeld ausgesucht haben, unsere Eltern, unsere Großeltern, unsere Kinder. Ganz allein wir entscheiden mit unserem freien Willen, wie unser Leben zu verlaufen hat, und dieser freie Wille ermächtigt uns, unser Leben stets selbstbestimmt und eigenverantwortlich zu leben. Es ist niemals Gott, der dafür verantwortlich ist, es sind immer wir selbst, denn zu jeder Zeit können wir uns für oder gegen unser Leben entscheiden, und zu jeder Zeit können wir mit unserem freien Willen unser Le-

ben zum Positiven oder zum Negativen verändern – immer in der Bewusstheit, dass wir uns für genau dieses Leben entschieden haben.

Man könnte nun meinen, dass wir, wenn wir diesem einen Lebensplan folgen, doch keine Wahl haben, denn wir müssen diesen einen Plan leben und danach bestimmt sich unser Schicksal.
Die Seele kreiert sich jedoch, bevor sie inkarniert, mehrere Lebenspläne, weswegen wir zu jeder Zeit einen Plan B, C und mehr haben. Dies geschieht, damit wir immer die Wahl haben, uns neu zu entscheiden.
Man kann es sich wie ein Straßensystem vorstellen, bei dem es mit der Geburt einen Startpunkt gibt und ein Ziel in weiter Ferne, welches man sich vorgenommen hat zu erreichen. Zwischen Start und Ziel liegen viele Straßen und Lernprozesse, die miteinander verbunden sind und die wir bereits vor der Geburt festgelegt haben. Man kann nun zu jeder Zeit entscheiden, welchen Weg man nehmen möchte und geht somit manchmal den direkten Weg, manchmal über Umwege zum Ziel. Welchen Weg wir dabei gehen wollen, ist unserem freien Willen überlassen.

In diesem Sinne konnte ich mein Leben und meine Eigenverantwortung dafür nun annehmen. Und das Erlebnis in der Kirche und das neu erlangte Wissen stärkten mein Vertrauen auf einzigartige Weise – mein Vertrauen in meinen Schutzengel, meine himmlischen Begleiter, mein Vertrauen in Gott und letztendlich mein Vertrauen in mich.

Für Sie, liebe Leserinnen und Leser, folgt an dieser Stelle eine Meditations-Übung, die Sie mit der Quelle Gottes – mit der göttlichen Energie – verbindet:

Meditation: Reise zur Quelle Gottes

Mache es Dir an einem ruhigen Ort gemütlich und sorge dafür, dass Du nicht gestört wirst. Du kannst Dich bequem hinsetzen oder legen. Und um Deinen Geist zu beruhigen, kannst Du sanfte Musik hören. Gerne kannst Du Dir ein Räucherwerk und eine Kerze anzünden.

Schließe Deine Augen, und achte auf Deinen Atem, wie er immer ruhiger und gleichmäßiger wird. Wenn Du das Gefühl hast, dass Du Deinen persönlichen Ruhezustand erreicht hast, beginne geistig mit der Übung.

Noch bevor Du die Augen geistig öffnest, weißt Du, dass über Dir wieder die weißen Wolken all Deine Gedanken und Sorgen mitnehmen.

Ein Engel kommt zu Dir. Er möchte mit Dir einen Spaziergang machen. Voller Vertrauen gehst Du mit dem Engel mit. Ihr geht durch eine wunderschöne Landschaft. Schöne, bunte Schmetterlinge flattern um Dich herum, und Du fühlst Dich an diesem Ort geborgen.

Ihr kommt an einen Wald, und Du siehst, wie ein schöner, hell leuchtender Weg durch diesen Wald führt. Der Engel führt Dich durch diesen Wald, und Du atmest die herrlich saubere und frische Luft dort ein. Vielleicht siehst Du Tiere am Wegesrand – Rehe, Hasen, Vögel und andere Waldbewohner.

Der Weg führt Euch jetzt wieder hinaus aus dem Wald. Du fühlst Dich frisch, klar und gereinigt. Vor Dir und Deinem Schutzengel liegt nun eine schöne, saftige Wiese. Dort wachsen herrliche Blumen, und sie duften wundervoll und haben prächtige, leuchtende Farben.

Mitten auf dieser Wiese entdeckst Du einen schönen rot-goldenen Königsstuhl. Du gehst auf diesen Stuhl zu und setzt Dich darauf. All Deine Erwartungen und Gedanken kannst Du wieder mit den Wolken ziehen lassen.

Gehe mit Deiner Aufmerksamkeit in Dein Bauchgefühl und spüre, wie lebendig und offen es sich hier auf dieser Ebene anfühlt. In diesem Moment bemerkst Du, wie über Dir ein goldenes Licht entsteht und durch Deinen Scheitel in Dich hineinfließt.

Es erfüllt Deinen Kopf und fließt weiter in Deinen Hals, in Deine Schultern, Arme und Deinen Rücken. Dein ganzer Oberkörper und alle Organe werden von dieser goldenen Energie durchflutet. Sie fließt weiter in Deinen Unterleib, in Deine Beine und Füße.

Durch Deine Fußsohlen tritt die goldene Energie nun aus, und Du siehst, wie goldene Fäden langsam bis zum Erdmittelpunkt fließen. Ähnlich wie Wurzeln wachsen sie durch Deine Füße bis tief in die Erde hinein.

Eingehüllt in dieses goldene Licht, fühlst Du Dich sehr wohl. Sprich nun geistig in Gedanken die folgenden Worte:
„Ich bitte darum, wieder mit der Urquelle, der Energie Gottes verbunden zu sein. Jesus Christus lass mich bitte wieder eins sein mit Dir. Ich bitte Dich darum."

Bleibe eine Weile auf diesem Stuhl sitzen, und genieße die Energie dort. Du bist jetzt verbunden mit der göttlichen Urquelle, der Energie Gottes.

Wenn es für Dich stimmig ist, begleitet Dich Dein Schutzengel zurück zu Deinem Platz auf der Erde. Du nimmst Deinen Körper wieder wahr, streckst Dich, bewegst Dich und kommst mit drei kräftigen Atemzügen wieder zurück ins Hier und Jetzt.

Du kannst gerne noch etwas liegen oder sitzen bleiben und die wunderbare Energie, in der Du Dich immer noch befindest, genießen.

Verwünschungen und Flüche

Geistig geschult wurde ich unter anderem zu den Themen Verwünschungen und Flüche. Hierbei war es immer so, dass ich etwas erlebte, und mein Schutzengel half mir, die Situation zu verstehen oder lehrte mich in einer Meditation mehr darüber. Manchmal war es auch umgekehrt: Ich wurde während der Meditation in neues Wissen eingeweiht und bekam dann Klienten mit genau dieser Thematik, wie bei den folgenden Geschichten.

Ein Klient rief mich an und bat mich um Hilfe, und noch während unseres Gespräches sah ich bei ihm einen Konflikt mit seinem Sohn und sprach ihn darauf an. Er wunderte sich, dass ich dieses Thema erwähnte und stimmte mir zu, dass er sich oft sehr über ihn aufregen würde, denn er war nicht einverstanden mit dem Lebensweg und der Lebenseinstellung seines Sohnes. Ich spürte, dass er ihm mit seinem permanenten Genörgel die Luft zum Atmen nahm, denn nichts konnte der junge Mann seinem Vater recht machen, immer wieder fand er etwas zu meckern. Die Ursache hierfür lag tiefgründiger, aber die Auswirkungen waren klar zu erkennen und fallen unter das Thema **Verwünschungen**.

In diesem Zusammenhang sind Verwünschungen der negativen Art gemeint, wenn man jemandem etwas Negatives wünscht. „Soll er doch an seinem Geld ersticken.“, wäre zum Beispiel eine Verwünschung aus Neid. Oder: „Für diese Arbeit ist sie eh zu ungeschickt, nicht dass sie sich die zarten Finger bricht.“
Tritt dann ein, was man demjenigen gewünscht hat, heißt es meist: „Das habe ich doch gleich gewusst.“
In Wahrheit ist allerdings genau das eingetreten, was man demjenigen indirekt gewünscht hat, und man glaubt, man habe damit nichts zu tun.

So auch in diesem Fall: Ich warnte den Mann, nicht so negative Dinge über seinen Sohn zu sagen, ja noch nicht einmal zu denken, denn diese hätten sich bereits manifestiert. Erst wollte er dies nicht unbedingt wahrhaben, doch dann fiel ihm ein Beispiel dazu ein, welches er mir erzählte. Er war sauer auf seinen Sohn, weil er in seinen Augen mal wieder versagt hatte. Den ganzen Tag sprach er abfällig über ihn. Er war sehr wütend auf den jungen Mann und konnte dieses Gefühl nicht abstellen. Immer und immer wieder kochte die Wut in ihm hoch, und seine Litanei über den vermaledeiten Sohn fing stets von vorne an. Da er es nicht wissen konnte, erklärte ich ihm, dass diese ständigen Wutausbrüche, die auch energetisch in Richtung seines Sohnes gingen, wie eine „Wut-Energie“ im Raum stehen würden – eine negative Verwünschung. Als sein Sohn abends wieder nach Hause kam und kurz im Wohnzimmer mit der Mutter reden wollte, ergoss sich diese verwünschte „Wut-Energie“ förmlich über ihn. Er trat mit einem Fuß falsch auf, knickte um und fiel nach hinten auf eine schwere Bodenvase. Außer einer kaputten, teuren Vase, ein paar Kratzern am Rücken und blauen Flecken war zum Glück nichts passiert. Der Vater war damals allerdings davon überzeugt, dass dieser tollpatschige Vorfall nur eine weitere Episode seines „missratenen“ Sohnes war.

Er fragte mich, ob dies wirklich eine Verwünschung von ihm war, ob es das war, was ich mit dem „Konflikt“ gemeint hätte und ob man das auflösen könne. Ich bestätigte es ihm und versprach, diese negative Energie in den Räumen und bei dem Jungen aufzulösen. Allerdings sagte ich ihm auch, dass er in Zukunft auf die Gedanken und Worte achten solle, die er seinem Sohn gegenüber hat. Seine negativen Gedanken zu kontrollieren, bereitete dem Vater große Anstrengung und erforderte etwas Übung, doch nach einer ganzen Weile hatte er seine Gedanken unter Kontrolle, was ich bei einem späteren Telefonat mit ihm erkennen konnte.

Zum Thema **Flüche** erlebte ich unter anderem Folgendes:

Simon, ein guter Freund, war bei mir zu Besuch und beklagte sich über Knieschmerzen, über Schmerzen in den Unterarmen und sein nachlassendes Gedächtnis. Er war noch relativ jung und hatte große Angst, an Demenz zu erkranken, und weil ich mir Sorgen um ihn machte, bot ich ihm an, einmal in einer Meditation genauer nachzusehen, was mit ihm los sei.

Noch am selben Abend tat ich dies ganz in Ruhe, wobei ein Engel mir eine Gruppe von Zigeunern zeigte. Mein Freund musste im Alter von fünfundzwanzig Jahren Kontakt zu ihnen gehabt haben, denn man zeigte mir einen Streit zwischen ihnen. Ich sah Simon mit seinem Auto davonfahren, woraufhin ein Zigeuner ihm etwas hinterherschrie und ihn damit verfluchte. Gedanklich wurde er von ihm in ein viel zu kleines Fass gesetzt, und er saß wie zusammengepresst darin. Ihm wurden regelrecht die Glieder zusammengedrückt, weshalb er sich nicht bewegen konnte.

Ich rief Simon an und schilderte ihm, was man mir gezeigt hatte, und er konnte sich tatsächlich an einen Streit mit Zigeunern erinnern, der schon viele Jahre zurücklag. Für ihn allerdings war es nur eine kurze Episode in seinem Leben, und er wusste nicht einmal mehr den Auslöser des Streites.

In einer weiteren Meditation versuchte ich, ihn von diesem Fluch zu befreien, indem ich geistig die Ringe des Fasses zerbrach und Simon auf diese Weise aus dem Fass befreite. Zusätzlich gab ich ihm noch Reiki, und es ging ihm von Tag zu Tag besser. Die Schmerzen verschwanden, und er hatte schnell wieder seine volle Gedächtnisleistung. Wäre der Fluch unerkannt geblieben, hätte ihn das mehr und mehr den Verlust seiner Gesundheit gekostet.

Auch ich selbst war einmal von einem Fluch betroffen, als ich mir in der Karnevalszeit mit meiner Familie den Rosenmontagszug ansah. Es war bitterkalt, und ich hatte irgendwie kein sehr gutes Gefühl dabei, denn es wurde geschubst und gedrängelt, als die Bonbons aus den Karnevalswagen geworfen wurden. Hinter mir war eine Gruppe, die sehr rücksichtslos war, und ich drehte mich meckernd um. Dort stand eine ganze Gruppe Zigeuner – ganz real – und fühlte sich von mir ertappt. Eines von drei Mädchen sah mich böse an und sagte irgendeinen Spruch auf, während die anderen Mädchen hämisch lachten. Verstehen konnte ich nichts bei dem Lärm, aber ich hatte ein sehr ungutes Gefühl, bei dem, was hier geschah.

Ich beobachtete das Geschehen über mein geistiges Auge und sah ein großes, schwarzes Kreuz hinter mir, das so groß war wie ich selbst. Egal, wo ich hinging, das Kreuz hing an meinem Rücken, und dieser schmerzte mit der Zeit auch immer mehr. Man hatte mir einmal bei einem Seminar gesagt, man solle Flüche direkt an den Absender zurücksenden, doch das wollte ich nicht, denn ich wollte nicht Negatives mit Negativem vergelten.

Ich bat meinen Engel, das Kreuz zu entsorgen. Kaum hatte ich dies ausgesprochen, stand es schon am Straßenrand, und die Engel lösten es auf, woraufhin sich mein Rücken direkt leichter anfühlte. Hätte ich es nicht bemerkt, wäre ich mit der Zeit vermutlich sehr krank geworden.

Durch diese und weitere Lektionen lernte ich, wie sich Flüche zeigen und wie man sie erkennen und lösen kann. Viele Menschen suchen nach den Hintergründen ihrer Beschwerden, finden aber keine Lösung, weil in vielen Fällen tatsächlich ein Fluch die Ursache ist. Denn einen Menschen zu verfluchen, kann schon mit nur einem böse gemeinten Satz passieren.

Es gibt allerdings auch Völkergruppen, in denen sogar von Generation zu Generation gelehrt wird, wie man jemanden mit einem Fluch belegt. Dies sind meist sehr, sehr negative Flüche, für deren Auflösung ich einige Zeit benötige.

Je nachdem in welchem Bereich Flüche ausgesprochen werden, können sie die verfluchte Person tatsächlich ruinieren – sei es finanziell, gesundheitlich oder familiär. Ganz wichtig zu erwähnen ist, dass ein ausgesprochener oder gedachter Fluch irgendwann in vielfacher Form auf einen selbst zurückfällt, es sei denn, es dient zum Karma-Ausgleich.

Naturgeister

Während meines Lebensabschnittes in Vaals in den Niederlanden, durfte ich einem verzweifelten Waldgeist helfen. Mit meinem Mann ging ich gerne und viel Wandern, und in der Nähe unseres Wohnortes gab es einen Wander- bzw. Spazierweg, der durch einen Wald führte. Als wir diesen Weg zum ersten Mal bewanderten, bekam ich in diesem Wald ein ganz mulmiges Gefühl, denn die Bäume waren zum Teil kaputt und wirkten auf mich krank – so wie der ganze Wald. Als ich gerade darüber nachdachte, dass ich dem Wald helfen wollte, erschien ein Waldgeist vor mir und stellte sich als „Falke" vor. Er war etwa einen Meter groß, hatte ein ganz verrunzeltes Gesicht, und seine Schuhe waren nach oben gebogen. „*Kannst Du bitte den Wald heilen?*", fragte er verzweifelt, und ich versprach ihm, mir zu überlegen, wie ich ihm am besten helfen konnte. Wir unterhielten uns noch eine Weile, und es war ein sehr schönes Gefühl, mit diesem Naturwesen reden zu dürfen.

Ich beschäftigte mich eine Zeit lang mit dem Wald und erfuhr durch Ortskundige und das Internet, was es mit dem Wald auf sich hatte: Der Schutz des Waldes wurde früher genutzt, um Zigaretten und Alkohol zu schmuggeln, vor allem nach Deutschland. In früheren Jahren hieß sogar der Weg, den wir entlanggelaufen waren, „Schmuggelweg". Durch das illegale Schmuggeln hatte sich dort über die Jahre hinweg ein negatives Energiefeld aufgebaut. Hinzu kam die Energie der vielen Touristen, die diesen alten Schmuggelweg entlangwandern. An manchen Plätzen im Wald wurden zusätzlich noch wilde, laute Partys gefeiert, und die Natur konnte irgendwann diesen Energien nicht mehr standhalten und verkümmerte allmählich.

Mit diesem Hintergrundwissen machte ich eine Energie-Umstellung in diesem Gebiet, und sofort erschien der Wald viel lichtvoller. Ich wusste, dass die Natur jetzt wieder aufleben würde. Falke bedankte sich sehr herzlich bei mir, und sogar andere Waldgeister standen lächelnd und dankbar vor mir. Es war ein sehr schönes Erlebnis, denn aus allen Richtungen kamen sie herbei, um ihre Dankbarkeit auszudrücken.

Von da an kam der Waldgeist öfter zu mir und bat mich um Hilfe. Nach und nach zeigte er mir weitere leblose Stellen in dem Wald, und ich machte auch dort Energie-Umstellungen oder hob die Energie mit Edelsteinen an.

Erst jetzt fiel meinem Mann und mir auf, dass die Menschen, die uns auf dieser Wanderstrecke begegneten, mit der Zeit viel freundlicher wurden. Sie lächelten mehr, grüßten freundlich, und es ergab sich sogar das ein oder andere Gespräch. Vorher hatten die Spaziergänger und Wanderer immer verkniffene Gesichter, grüßten kaum und sahen zu, dass sie schnell weiterkamen. Es war sehr auffällig, wie diese jetzt positive Energie auch auf die Menschen überging und sich eine sichtbare Wandlung bemerkbar machte.

Naturgeister sind Wesen, die es sich zur Aufgabe gemacht haben, der Natur und den Tieren zu helfen. Es gibt verschiedene Naturwesen, die jeweils andere Aufgaben oder Zuständigkeitsbereiche betreuen.
Naturgeister halten die Natur lebendig und lichtvoll, sie hüten und schützen, was ihnen unterstellt ist, und sie leiten lichtvolle Energien in die Natur und entsorgen alte, verbrauchte Energien.
Alles, was ein guter Gärtner auf der Erdenebene macht, beschäftigt die Naturwesen auf geistiger Ebene. Ein Gärtner versorgt die Pflanzen mit Nährstoffen und Wasser, beseitigt Schädlinge und sorgt für gutes Wachstum. Der Naturgeist versorgt die gleichen Pflanzen mit Energie, entsorgt negative Energien – soweit möglich – und sorgt für gutes, geistiges Wachstum der Pflanzen.
Es gibt verschiedene Naturgeister, die zwar alle die Aufgabe erfüllen, sich um das Wachstum und Gedeihen der Natur zu kümmern, die aber dennoch unterschiedliche Zuständigkeiten haben. Zum Beispiel sind Elfen den Devas unterstellt. Devas leiten lichtvolle Energien in die Pflanzen und sorgen dafür, dass diese Pflanzen genau nach ihrem Bauplan wachsen können, genau so, wie von Gott gedacht. Durch ihre magischen Kräfte verleihen Elfen den Pflanzen die Heilkraft. Sie sorgen dafür, dass sich die spezielle Energie einer jeden Pflanze voll entfalten kann.

In der Natur findet man offenen Auges die Eingänge in diese andere Welt, zum Beispiel in Höhlen, zwischen Wurzeln, in Baumlöchern, zwischen Steinen, in einem klaren Bergbach usw.

Als mein Mann und ich nach Bayern umzogen, verabschiedete ich mich von Falke und der Waldgeister-Gruppe, und alle waren traurig, dass ich nun weg ging. Kaum in Bayern angekommen, erschien mir eines Tages wieder Falke, und ich war sehr überrascht, ihn an diesem Platz zu sehen. Seine Aufgabe und die seiner Waldgeister-Gruppe in den Niederlanden war erledigt, und Falke fragte, ob ich ihn mit seinem ganzen Team ebenfalls nach Bayern in meine Nähe umsiedeln könne. Nachdem mein Schutzengel zugestimmt hatte, tat ich Falke gerne den Gefallen und stellte eine Lichtsäule auf, welche als Transportmittel dienen sollte. Es sah aus wie eine Lichtbrücke, auf der nun etwa fünfzehn Waldgeister ihren Weg nach Bayern fanden, wo dann alle versammelt vor mir standen und sich bei mir bedankten. Danach gingen sie in verschiedene Richtungen zu ihren neuen Aufgaben.

Waldgeister, Elfen und Feen sind sehr empfindsame Wesen. Ein bisschen Feingefühl, Achtung und Respekt ihnen gegenüber, und Sie werden sehen, sie werden sich Ihnen zeigen…

Die Medialität von Tieren

Mittlerweile haben viele Menschen erkannt, dass nicht nur er, sondern auch jedes Tier eine Seele hat, und für viele sind ihre Haustiere mehr als tierische Begleiter, denn sie können unter anderem einen förderlichen Einfluss auf unser Wohlbefinden und Leben haben, wenn wir sie aufmerksam beobachten oder ihnen „zuhören". Ich selbst habe eine Katze, die sehr sensibel und spirituell ist, denn sie nimmt lange vor mir energetische Schwingungen auf und zeigt mir mit ihrem Verhalten, wenn ich besser vorsichtig bzw. aufmerksam sein sollte, wie in dem folgenden Beispiel.

In unserem Haus standen Handwerksarbeiten an, und ein Handwerker hatte sich für diesen Tag angekündigt. Ich wartete auf ihn, und etwa fünfzehn Minuten bevor er kam, wurde meine Katze extrem unruhig. Sie sprang in der Küche auf die Arbeitsplatte (was sie noch nie gemacht hatte) und tigerte, ununterbrochen am Miauen, von einer Seite zur nächsten, und es kam mir vor, als wolle sie mir etwas mitteilen.

Als es klingelte, machte sie einen Satz und lief wie der Blitz in die oberen Räume und verkroch sich für den Rest des Tages unter einem Bett. An diesem Tag hatte ich jedoch so viel zu tun, dass ich es zwar registrierte, mich aber nicht weiter darum kümmern konnte.

Am nächsten Tag das gleiche Drama: Meine Katze war außer sich und nicht zu beruhigen, bevor der Handwerker kam. Sie hatte regelrecht Angst, und als der Mann klingelte, verschwand sie sofort wieder unter dem Bett im oberen Stockwerk – nur weit genug weg von ihm.

Nun wollte ich der Sache auf den Grund gehen und sah mir über mein geistiges Auge den Handwerker genauer an. Ich sah, dass er einen Dämon bei sich hatte, und dieser war es, der meine Katze das Fürchten lehrte. Zum Glück war der Handwerker offen für meine Arbeit, und ich durfte diese Besetzung bei ihm sofort lösen – keine fünf Minuten später kam eine wieder sehr gut gelaunte und entspannte Katze die Treppe hinunter. Ich fand es sehr spannend, was Tiere für eine gute Wahrnehmung haben.

Hunde sind ebenso sehr sensible und mediale Tiere, was das nächste Beispiel beweist. Ein Klient bat mich um Hilfe, weil er sich in seinem Haus unwohl fühlte, und es fiel ihm auf, dass sein Hund immer an der gleichen Stelle ins Stolpern kam, denn es schien, als käme er nicht über die Schwelle bei der Terrassentür, ganz so, als wäre dort ein unsichtbares Hindernis. Ich machte eine Energie-Umstellung, und die Energie im Haus war wieder rein und klar. Alles Negative war verschwunden, und auch der Hund konnte problemlos über diese Schwelle gehen.

Jahre später rief mich dieser Klient erneut an und berichtete mir, dass die Energie in dem Haus noch sehr gut wäre, aber der Hund wieder sein altes Problem hätte, denn er stolpere wie zuvor über dieselbe Schwelle. Ich schaute mir direkt an, was los war und sah einen Wünschelrutengänger in dem Haus. Mein Klient erzählte daraufhin, dass sie mit diesem Rutengänger in einer anderen Sache etwas versuchten und er das komplette Haus vermessen hätte. Dieser Mann hatte mit seiner Wünschelrute unbewusst meine Versiegelung aufgebrochen, welche die negative Wirkung einer dort unterirdisch entlanglaufenden Wasserader unterband. Der Hund spürte jetzt wieder die Strahlung der Wasserader und stolperte jedes Mal darüber. Noch während der Klient am Telefon war, konnte ich die Versiegelung wieder aufbauen und störungsfrei energetisch ausloten. Ein paar Tage später berichtete er mir, dass alles wieder in Ordnung sei.

Tiere haben mediale Fähigkeiten und nehmen viel mehr übersinnliche Dinge wahr als wir. Alle Hunde sind hellsichtig, und beobachtet man seinen Hund aufmerksam, kann er einen zu allen negativen Plätzen im Haus führen und Geister anzeigen.
Katzen können spirituell sein oder negativ behaftet, denn es gibt Katzen, die beißen, kratzen und viel kaputt machen. Spirituell hoch entwickelte Katzen erkennt man dahingegen an ihrer liebevollen Art. Sie machen nicht mutwillig etwas kaputt, sondern zeigen uns sogar durch ihr Verhalten, wann wir aufmerksam und vorsichtig sein sollen. Katzen können außerdem negative Energien in positive transformieren, wie zum Beispiel bei einer Kollegin, denn bei ihr möchte die Katze mit auf

die Behandlungsliege, wenn sie einem Klienten Reiki gibt und dieser nichts dagegen einzuwenden hat. In diesem Moment hilft sie, negative Energien zu transformieren und sie somit aufzulösen.
Hunde sind dafür bekannt, dass sie sich ihren „Herrchen und Frauchen" anpassen, sogar äußerlich. Viele Hunde sehen ihren Besitzern tatsächlich ähnlich oder verhalten sich wie sie, haben die gleichen Vorlieben oder Abneigungen.
Hunde neigen ebenso dazu, Krankheiten von ihren Besitzern abzunehmen, deshalb kann man oft bei kranken Menschen, die sich einen Hund zulegen, eine schnelle Genesung beobachten. Es ist gut, wenn man seinen Hund genau beobachtet und auch auf eventuelle Defizite achtet, denn daraus kann man Rückschlüsse auf sich selbst ziehen und gegebenenfalls positiv entgegenwirken.
Katzen dagegen übernehmen keine Krankheiten. Sie können jedoch sehr gut negative Energien transformieren, sodass sie manche beginnende Krankheiten bereits im Keim ersticken können, wenn dies im Einklang mit Gottes Willen ist.

Mit einer Seminar-Gruppe machte ich eine Energie-Umstellung in einer sehr negativ wirkenden Wohnung. Es war eine bunt gemischte Gruppe von Menschen, die bereits spirituell arbeiteten und sich fortbilden wollten und solchen, die noch am Anfang standen und erst wenig spirituelles Wissen hatten. Unter anderem war ein Ärzte-Ehepaar unter meinen Schülern, das sehr interessiert und gespannt folgende Geschichte miterlebte: Wir befanden uns alle in der Wohnung, und die Seminarteilnehmer konnten die extrem negativen Schwingungen dort wahrnehmen. In einem der Zimmer war eine Frau an Krebs verstorben, und ihre Tochter berichtete uns, dass sie nicht gerne und nur selten dieses Zimmer betreten würde. Sie erzählte weiter, dass ihr Hund überhaupt nicht in das Zimmer ging, er würde noch nicht einmal daran vorbeigehen, was der Frau einige Probleme bereitete. Am liebsten sei der Hund draußen im Garten, und sie hätte immer Schwierigkeiten, ihn wieder zurück in die Wohnung zu holen.

Geistig nahm ich Kontakt zu dem Hund auf, denn es interessierte mich, was er dazu zu sagen hatte. Er übermittelte mir, dass ich ihm bitte helfen möge. Er hielt es in der Wohnung nicht aus, weil zu viele negative Seelen und Geister darin herumschwirrten. Ich versprach ihm, mein Bestes zu tun, und zusammen mit meinen Schülern machte ich die Energie-Umstellung, während der Hund entspannt auf dem Sofa lag und uns und das Geschehen beobachtete. Nach der Energie-Umstellung sprang er auf und lief mit einer Selbstverständlichkeit, als wolle er uns beweisen, dass alles wieder in Ordnung ist, in das Zimmer, um welches er zuvor einen Riesenbogen gemacht hatte. Für meine Schüler und mich war das der beste Beweis dafür, wie wichtig diese energetische Arbeit ist, und wir waren glücklich über den sofortigen Erfolg.

An diesem Tag freute mich abschließend ebenso sehr darüber, dass das Ärzte-Paar nun endgültig davon überzeugt war, die Energie-Umstellung als festen Bestandteil in ihr Angebot aufzunehmen.

Auch wenn Menschen und Tiere völlig andere Sprachen sprechen, können sie auf geistiger Ebene kommunizieren. Es gibt Menschen, deren besondere Fähigkeit genau diese Kommunikation zwischen Mensch und Tier ist.
Über die mentale Ebene übersetzt die geistige Welt quasi die Gedanken bzw. die Energieschwingung des jeweils anderen, und man könnte die geistige Welt hierbei als Dolmetscher bezeichnen.

In diesem Zusammenhang erlebte ich die folgende Begebenheit: Meine Schwägerin Renate mag ich sehr, vor allem ihre bodenständige, liebevolle Art, und zum Glück wohnte sie damals in Düren ganz in meiner Nähe, weshalb ich sie oft besuchte. Sie hatte eine Schäferhündin, die auf den Namen Monika hörte, und immer, wenn ich kam, begrüßte sie mich kurz, schenkte mir allerdings nie große Beachtung.

Als ich wieder einmal an einem Nachmittag meine Schwägerin besuchte, empfing mich die Hündin überschwänglich, denn sie sprang an mir hoch, lief kläffend um mich herum und war nicht zu bändigen. Ich versuchte, sie zu beruhigen und nahm geistig Kontakt mit ihr auf, da ich instinktiv wusste, dass sie mir etwas sagen wollte. Monika war so aufgeregt, dass ich erst nicht verstand, was sie mir mitteilen wollte, sie überschlug sich förmlich beim „Reden“, woraufhin ich sie bat, etwas ruhiger zu werden, während ich ihr versicherte, dass ich ihr schon helfen würde. Die Schäferhündin bat mich, ihr Frauchen zu warnen und ihr mitzuteilen, dass sie sie in der nächsten Zeit unbedingt beim täglichen Spazierengehen an der Leine führen solle. Auf gar keinen Fall dürfe sie wie bisher frei nebenher laufen, das wäre ganz, ganz wichtig, denn sonst würde mit ihr etwas Schreckliches passieren. Nachdem ich die Botschaft genau so weitergegeben hatte, beruhigte sich Monika und ließ von mir ab.

Meine Schwägerin vertraute mir und meinen Fähigkeiten zu hundert Prozent und nahm die Schäferhündin in den nächsten Tagen immer an die Leine, wenn sie mit ihrer Nachbarin und deren Hund ihre täglichen Runden drehte. Beide Frauen ließen eigentlich ihre gut erzogenen Hunde frei neben sich herlaufen, doch Monika wurde von da an angeleint und ließ es auch gerne zu.

Einige Zeit später rief mich meine Schwägerin aufgeregt an, denn sie war entsetzt über das soeben Erlebte, aber auch froh, auf meine übermittelte Botschaft gehört zu haben. An diesem Tag waren beide Frauen wieder mit den Hunden unterwegs, und erst einmal war alles wie immer, als sie ihren gewohnten Weg entlanggingen. Plötzlich aber preschte der Hund von der Nachbarin, der frei lief, wie von Sinnen los, und beide Frauen konnten sich auch später nicht erklären, warum er das tat. Impulsiv wollte die Schäferhündin meiner Schwägerin hinterherlaufen, was die Hundeleine allerdings verhinderte. Der andere Hund schoss wie wild über die Bahngleise und wurde von einem Zug erfasst – er hatte leider keine Chance.

Wäre die Schäferhündin nicht angeleint gewesen, hätte sie diesen Spaziergang ebenfalls nicht überlebt. Nach diesem Vorfall war alles wie immer, wenn ich meine Schwägerin besuchte. Monika begrüßte mich kurz, schenkte mir aber weiter keine Beachtung, denn es gab ja jetzt keinen Grund mehr.

Hin und wieder kommt es vor, dass ich Anfragen bekomme, wenn ein Haustier spurlos verschwunden ist. Meist betrifft dies Katzen, wie in den folgenden Beispielen: Die Katze einer Klientin war seit Tagen spurlos verschwunden und war trotz großer Suchaktion nirgends auffindbar. Sie erzählte, dass sie bereits alle Tierheime im Umkreis angerufen und seit Tagen Flugzettel in ihrem Dorf sowie in Nachbarorten ausgeteilt hätte – alles ohne Erfolg. Die Frau berichtete weiter, dass das Tier immer frei umherlaufen konnte und gerne durch die umliegenden Felder stromerte. Nun war sie von einem dieser Ausflüge nicht zurückgekehrt, und meine Klientin machte sich große Sorgen.

Sie schickte mir ein Bild der Katze per Email, und ich ging in Meditation. In diesem Zustand wurde ich geistig mit der Katze verbunden, war urplötzlich in ihrem Kopf und konnte durch ihre Augen den kompletten Weg verfolgen, den die Katze gelaufen war. Ich sah, wie sie eine Landstraße überquerte und über Felder streifte, und es war tatsächlich so, als würde ich in der Katze ihren eingeschlagenen Weg nochmals entlanglaufen und alles aus ihrer Sicht verfolgen.

Nach einiger Zeit sah ich einen Bauernhof, wo ein Bauer und seine Frau wohnten, allerdings hatten sie den Betrieb eingestellt. Sie lagerten ihre Maschinen und Traktoren in einer angrenzenden Scheune und gingen nur selten dort hinein. Meist blieb das Tor verschlossen. Ich konnte sehen, dass dieses Tor nun vom Bauern geöffnet wurde und er hineinging, wobei die Katze durch die Öffnung hindurch huschte und in die Scheune lief. In dem Moment ging der Mann auch schon wieder hinaus, verschloss das Tor, und die Katze war darin gefangen – dies teilte sie mir durch unsere Verbindung mit. Weiterhin konnte ich sehen, dass seine Frau selbst viele Katzen hatte, die auf dem Hof lebten.

All dies schilderte ich meiner Klientin und schlug vor, sie dort hinzuführen, woraufhin sie sich in ihr Auto setzte und losfuhr. Ich beschrieb ihr, was ich sah, und anhand meiner Beschreibungen wusste sie genau, wo sie entlangfahren musste und fand so über die befahrbaren Feldwege den Weg zu dem alten Bauernhaus. Tatsächlich war dort eine Scheune, deren Tor verschlossen war, und es liefen viele Katzen umher.

Meine Klientin sprach mit der Bäuerin und erzählte ihr, warum sie dort war und fragte, ob sie die Scheune für sie öffnen könne, weil sie dort ihre Katze vermute. Etwas ungläubig, aber freundlich kam die Bäuerin den Wünschen der ihr unbekannten Frau nach und öffnete das Tor. Wir waren froh, dass die Frau keine weiteren Fragen stellte, denn sie bekam ja mit, dass meine Klientin über das Handy von mir gelotst wurde. In der Scheune fand sie dann wirklich ihre verängstigte Katze, und meine Freundin konnte ihr Glück kaum fassen, sie endlich wiederzuhaben.

Ein anderes Erlebnis hatte ich bei einer Familie aus München. Auch ihre Katze war verschwunden, und auch hier konnte ich mich geistig mit dem Tier verbinden. Doch anders als im vorherigen Fall, wollte diese Katze auf gar keinen Fall zurück nach Hause. Die Katze sprach zu mir: „*Ich will nicht mehr nach Hause. Ich bin dort misshandelt worden.*“

Mit dieser Information konfrontierte ich die Besitzerin, doch sie konnte erst überhaupt nichts mit dieser Aussage anfangen, bis ihr einfiel, dass die Katze vor kurzem krank war. Der Tierarzt hatte ihr Tabletten verschrieben, die sie nicht einnehmen wollte, woraufhin die Tochter mehrfach die Katze nahm und ihr mit Gewalt die Tabletten in das Maul schob und dieses fest zuhielt, bis die Katze die Medizin schluckte.

Dies war von der Tochter sicher gut gemeint, sie wollte ja, dass das Tier wieder gesund wird und wusste sich keinen anderen Rat. Dennoch war es für die Katze ein Schock, die Medizin gegen ihren Willen eingeflößt bekommen zu haben. Damit dies nicht noch einmal passierte, lief sie davon und fand eine andere nette Familie, die sie bei sich aufnahm. Sie wollte bei dieser neuen Familie bleiben und nicht mehr zurückkommen. Mehr konnte ich hier nicht machen, und die Familie musste die Entscheidung der Katze akzeptieren.

Helfen konnte ich wiederum einer anderen Klientin, deren Katze von einem nächtlichen Ausflug nicht mehr nach Hause kam. Ich nahm die Katze völlig orientierungslos an einem Waldstück wahr und sah, dass sie den Weg zurück nicht mehr finden konnte. Das Tier hatte sich tatsächlich verlaufen und schien mir sehr hilflos und verzweifelt.

Geistig band ich der Katze nun ein goldenes Halsband mit einer goldenen Leine um und führte das verängstigte Tier Stück für Stück nach Hause, wie es mir von meinem Schutzengel empfohlen wurde. Am nächsten Morgen rief mich die überglückliche Tierbesitzerin an, denn ihre Katze saß morgens völlig ausgehungert vor ihrer Haustüre. An diesem Tag wusste meine Klientin noch nichts von der Überraschung, die die Katze von ihrem Ausflug mitgebracht hatte – erst einige Zeit später war klar, dass bald Katzenkinder ihr Leben bereichern sollten.

Im Tierhimmel

Mein Engel bat mich zu meditieren, denn die geistige Welt wollte mir etwas zeigen. Als ich in dem erwünschten Ruhezustand war, kam Wanda zu mir, reichte mir ihre Hand, und wir schritten gemeinsam durch einen rosafarbenen Vorhang. (*Wanda ist eine hochentwickelte Seele, die mich oft auf meinen Reisen in die jenseitige Welt begleitet.*) Hinter dem Vorhang sah ich eine aus rosa Licht bestehende Brücke, über die wir jetzt zu einer Wendeltreppe aus Gold schritten, welche ich hinter Wanda hochstieg. Je höher wir kamen, desto leichter wurde ich. Oben angekommen, erwartete uns eine wunderschöne, saftige Wiese, und ich zog spontan meine Schuhe aus, um die herrlich frische Energie des Grases mit bloßen Füßen zu spüren. Wanda sah mir dabei zu, lachte und ließ mich eine Weile diesen Ort genießen.

Als wir weitergingen, entdeckte ich viele Blumen und Tiere, die eine wundervolle Energie ausstrahlten. Wir kamen an einem Gebäude vorbei, das wie ein Bauernhof aussah und das wir uns näher ansahen. Als ich die Tür öffnete, kam mir ein Engel entgegen und erklärte mir, dass sich in diesem Gebäude Tierseelen befänden, die betreut werden müssten. „*Was ist mit diesen Tieren geschehen?*“, fragte ich Wanda, und sie antwortete: „*Sie sind durch einen Unfall ums Leben gekommen. Diese Tierseelen benötigen Ruhe und Betreuung durch die Engel.*“

Ein Hund raste auf mich zu, und ich empfing ihn kniend, spielte eine Weile mit ihm und entdeckte dabei einen Stall, in den ich hineinging. Dort stand in einer Box ein kleines Kälbchen, und ich schaute Wanda fragend an, die mir erklärte: „*Dieses Kalb ist nach der Geburt gestorben, weil seine Mutter es nicht angenommen hat.*“ Es tat mir leid, und ich streichelte es eine Weile, wobei ich wahrnehmen konnte, dass es hier seinen Schmerz hatte ablegen können und es ihm sehr gut ging.

Wir gingen weiter, und der Hund – ich erfuhr, dass er auf den Namen Jackie hörte – begleitete uns. Unser Weg führte uns durch eine Art Zoo ohne Zäune, ohne Gitter, ohne Wassergräben – keine einzige Absperrung war weit und breit zu sehen. Ich traute meinen Augen kaum, als ich sah, dass hier tatsächlich alle Tiere der verschiedensten Rassen friedlich und harmonisch zusammenlebten, denn es gab keinen Jagdtrieb und keine Rangordnung. Ich sah Kaninchen zwischen Wölfen spielen und Tiger, Löwen und Kleintiere zusammenstehen – so bildeten alle Tiere eine friedliebende Gemeinschaft. Auf der Erde wäre dies nicht möglich.

Wanda erklärte mir: „*In diesem Bereich befinden sich Tierseelen, die schon häufig auf der Erde waren, um den Menschen einen Lernprozess zu bescheren. Hier im Jenseits verstehen sich alle Tierseelen gut untereinander, egal welcher Rasse sie angehören.*"

Jackie schmiegte sich die ganze Zeit an mich und suchte meine Aufmerksamkeit und Zuneigung, woraufhin Wanda sagte: „*Er ist auf Erden sehr einsam gewesen, und seine Besitzer haben ihn gequält. Liebe und Zuneigung hat Jackie zu Lebzeiten nicht kennengelernt. Auf dieser Ebene bekommt er nun, was er zu Lebzeiten vermisst hat.*" Ich drückte und streichelte ihn, ließ ihn meine Liebe spüren, und Wanda lächelte.

Mit Jackie an meiner Seite kamen wir zu einer Wiese, auf der die unterschiedlichsten Blumen in einer wundervollen Farbenpracht blühten, und unzählige, wunderschöne Schmetterlinge tanzten über diese prächtige bunte Fläche. Ein Bienenschwarm flog auf uns zu, und ich erschrak mich sehr. Wanda musste lachen und erklärte mir, dass auf dieser Ebene die Bienen nicht stechen würden, ich müsse keine Angst haben, und so schwirrten sie friedlich und sanft um mich herum, fast so, als würden sie mich begrüßen wollen. Erstaunt genoss ich einmal mehr den Frieden und die liebevolle Energie auf dieser Ebene. „*Wie schön es die Tiere hier in dieser wunderbar gesunden und kraftvollen Natur haben.*", sagte ich zu Wanda. Es machte mich glücklich zu wissen, dass unsere verstorbenen Tiere an so einem schönen Ort weiterleben dürfen.

Auf unserer Reise durch diese wunderbare Welt kamen wir nun zu einem Wald. Eine traumhafte Ruhe umgab mich, die nur vom Zwitschern der Vögel unterbrochen wurde. Der Vogelgesang klang wie ein wunderschönes Lied, und vor Ergriffenheit traten mir Tränen in die Augen.

Eine winzige, zarte Elfe flog auf mich zu und ließ sich auf meiner ausgestreckten Hand nieder, und ich bewunderte, wie weich und zart sie sich anfühlte. Ich kam mir vor wie in einem Märchen. Eine Art pastellfarbener Lichtschlauch schwebte auf mich zu, umkreiste mich einmal und verwandelte sich neben mir zu einem Kobold, der ungefähr einen Meter groß war. Seine Schuhe waren spitz und lang, und er trug eine knielange Hose sowie ein kurzes Jäckchen und hatte eine Zipfelmütze auf dem Kopf. „*Wie heißt Du?*“, fragte ich ihn, und er antwortete: „*Ich bin Tilian, gehöre einer Gruppe von Waldgeistern an und hüte den Wald.*“ Er nahm meine Hand, führte mich in den Wald hinein und deutete nach oben. Ich schaute hinauf. Ein bunter Vogel saß in den Zweigen, dessen farbiges Gefieder wie buntes Licht leuchtete.

„*Der Vogel ist ein Beobachter. Sobald in diesem Wald etwas nicht in Ordnung ist, teilt er mir das mit.*“, vertraute Tilian mir an, und ich fragte erstaunt: „*Was soll denn hier nicht in Ordnung sein?*“

Tilian lachte und erklärte mir: „*Nicht, was Du darunter verstehst, hier gibt es keinen Streit oder negative Vorfälle, dennoch kann es vorkommen, dass ein Baum oder eine Pflanze Hilfe braucht, und wir Waldgeister sorgen dafür, dass es dem Wald an nichts mangelt. Die Beobachter informieren uns augenblicklich, wenn wir gebraucht werden. Auch auf der Erde existieren Kobolde, Elfen und Feen, die sich um die Wälder kümmern.*“ (Hier möchte ich an den Waldgeist ‚Falke' erinnern, den ich kennenlernen und dem ich helfen durfte.)

Wir traten allmählich den Rückweg an, was mich etwas traurig stimmte, denn hier wäre ich gerne noch etwas geblieben. Es war so friedlich und schön an diesem Ort. Zum Abschied knuddelte ich noch einmal den Hund, den ich inzwischen in mein Herz geschlossen hatte, und ich war sehr dankbar, dass ich diese Ebene des Jenseits kennenlernen durfte.

Wir können sicher sein, dass sich unsere verstorbenen Haustiere nach ihrem Tod auf einer sehr schönen Ebene des Jenseits befinden, es ihnen dort sehr gut geht und sie bestens versorgt werden. Von dieser Ebene aus können sie jederzeit wieder in ein Leben auf der Erde inkarnieren.

Was mich ebenso getröstet hat, war die Tatsache, dass die Tiere, die auf der Erde sehr viel Leid durchlebt haben, im Jenseits einen Ausgleich erfahren. Sie werden dort so lange mit einer unbeschreiblich großen Liebe gepflegt, bis die Seele wieder von all den Traumata und Schmerzen befreit ist.
Das rechtfertigt allerdings nicht einen schlechten und grausamen Umgang mit den Tieren auf der Erde. Es rechtfertig außerdem keine Tiermisshandlung, wie sie täglich geschieht, zum Beispiel bei Massentierhaltung, weil man Tiere wie seelenlose Gegenstände behandelt.
Es kann aber ein schöner Trost für alle Tierliebhaber sein, dass sich um diese Tierseelen liebevoll gekümmert wird und sie ihre Leiden ausgeglichen bekommen.

Engel und ihr Farbenspiel

Wie Sie bereits wissen, bekam ich im Laufe der Zeit einen anderen Schutzengel, und entgegen der weit verbreiteten Meinung, dass ein Schutzengel für immer an der Seite eines Menschen bleibt, musste ich auch zahlreiche Klienten darüber aufklären, dass der Schutzengel wechseln kann.

> *Wir haben zwar ununterbrochen einen Schutzengel an unserer Seite, aber er kann je nach Lebenssituation und Lernprozess ausgetauscht werden.*

Ich war damals an einem Punkt angelangt, an dem mich mein erster Schutzengel alles gelehrt hatte, was er konnte, und um mich weiterentwickeln zu können, brauchte ich einen Engel, der dies gewährleisten konnte. Dieser neue Schutzengel bot mir den nötigen Schutz und das Wissen, das ich für meine weitere Aufgabe brauchte. Mit seiner Hilfe lernte ich, noch besser mit den dunklen Mächten umzugehen, denn er half mir sehr, bei meinen Klienten Verstrickungen, Besetzungen usw. aufzulösen. Manche Menschen kamen mit so vielen Problemen auf einmal zu mir, dass diese Hilfe wirklich notwendig war, da ich alleine oft nicht gewusst hätte, wo ich anfangen sollte. Dieser Engel zeigte mir dann, wie ich die unterschiedlichsten Probleme auflösen konnte, wo der Anfang und der Ursprung der Probleme lag und wie alles miteinander verknüpft war. Ich lernte die unterschiedlichsten Menschen mit den verschiedensten Auflösungsprozessen kennen, aber alle miteinander hatten mit den dunklen Mächten zu kämpfen, hatten Besetzungen, oder ihnen lasteten heftige Flüche an. Es war keine leichte Lernphase, die ich aber dank meines Schutzengels gut überstand.

Wie ich bereits in Teil I des Buches erwähnte, hatte mein erster Schutzengel eine grüne Farbschwingung und erschien mir in einem grünen Gewand mit Stickerei.

Mein zweiter Schutzengel wiederum hatte eine grünlich-blaue Farbschwingung. Mal erschien er mir mit einem eher grün schimmernden Gewand, mal mit einem blau schillernden.

In einer Lehr-Meditation wurde ich über die verschiedenen Farbschwingungen bei Engeln unterrichtet. Demzufolge konnte ich bei meinen Klienten aufgrund der Farbe des Schutzengels besser sehen, auf welcher Schwingungsebene sich diese befanden und welche Themen zu bearbeiten waren:

Blau	*Reinigung, schwierige und problematische Situation, viel Negativität in der Umgebung der Person, Schutz*
Rot	*ein kraftvoller Engel, Energieverlust, Energielosigkeit, die Person wird durch den Engel mit Energie versorgt*
Grün	*die Person benötigt Heilung, Ausbildungs-Engel, Weiterentwicklung*
Gelb	*Die Person ist empfindsam, sensibel und benötigt Schutz im Solarplexus (ein Chakra oberhalb des Nabels), in welchem Übersinnliches aufgenommen wird.*
Schwarz	*die Farbe des Todesengel. Er hat ein schwarzes Gewand und ist körperlos, er hat keine richtige Struktur, sondern besteht aus Licht.* *Die Person befindet sich in Gefahr oder ihr Schicksal soll verändert werden.* *Ist der Todesengel bei einer Person, heißt es nicht zwangsläufig, dass sie jetzt sterben wird.*

Engel erkennt man an ihren seidigen Gewändern, sie erscheinen leicht und unbeschwert, sehen wunderschön aus und haben eine zarte, feine Haut und ebensolche Gesichtszüge. Ihnen sind schöne, schmale Füße und Hände zu eigen, und ihre gesamte Körperkontur ist weich und geschmeidig.

In meiner Ausbildungszeit musste ich lernen, die lichten Engel zu erkennen und sie von dunklen Mächten zu unterscheiden – nicht immer ein einfaches Unterfangen.
Geistwesen, die Gewänder aus schwerem, grobem Stoff haben, ähnlich gewebten, schweren Tischtüchern mit großen Mustern, sind von der dunklen Seite Gesandte und keine Engel!

Unsere Schutzengel haben unter anderem den göttlichen Auftrag, uns zu schützen, vor allem vor Gefahren, wenn zum Beispiel ein Unfall nicht in unserem Lebensplan steht. Wir sollten – im Gegensatz zu mir in dem folgenden Beispiel – immer unserem Gefühl und unserer Intuition trauen, wenn uns unser Schutzengel vor etwas warnen möchte.

Ich hatte mir für diesen Tag vorgenommen, Gardinen zu waschen, musste zuvor allerdings einkaufen gehen, denn ich brauchte dafür ein spezielles Waschmittel. Im Laden kaufte ich dann ein paar Zutaten für das Mittagessen und was sonst noch so fehlte. Kaum zu Hause angekommen, fiel mir ärgerlich auf, dass ich doch tatsächlich vergessen hatte, Gardinenwaschmittel zu kaufen, also musste ich nochmals los. Mein Schutzengel aber warnte mich, ich solle nicht gehen und alles auf den nächsten Tag verschieben, doch ich quengelte, dass ich das heute machen wollte und morgen andere Unternehmungen geplant wären. Trotzdem warnte und bat er mich inständig, zu Hause zu bleiben, aber trotzig, wie ich war, hörte ich nicht auf ihn und ging nochmals los.

An einer Stelle des Weges überquerte ich die Straße, obwohl von rechts ein Auto heranfuhr, doch meines Erachtens war es noch weit genug entfernt und fuhr sehr langsam auf den Fußgängerüberweg zu. Als ich über die Straße ging, war mein Blick nach links gerichtet, und so bemerkte ich erst in der Mitte der Straße, dass das von rechts kommende Auto nicht bremste. Es war schon zu spät für mich, um auszuweichen, deshalb schlug ich völlig geschockt auf die Motorhaube des Wagens. In dem Moment erst trat die Fahrerin erschrocken auf die Bremse, sie war wohl abgelenkt und hatte mich übersehen.

Zitternd und schlotternd ging ich zur anderen Straßenseite. Mein Schutzengel sagte mir dann: *„Jetzt weißt Du, warum ich Dir geraten hat-*

te, zu Hause zu bleiben." Reumütig entschuldigte ich mich für mein stures Verhalten und dankte ihm, weil er dennoch so gut auf mich aufgepasst hatte, da mir klar war, dass er meinen Blick rechtzeitig auf das Auto gelenkt hatte.

Ich lernte daraus und gab an einem der nächsten Tage sofort dem Drängen meines Schutzengels nach, in eine Buchhandlung zu gehen. Wieder einmal ließ mich von ihm in die Esoterik-Ecke führen, wo ich mich umschaute. Ich überlegte, welches Buch ich nun nehmen sollte, denn nichts konnte mein Interesse anziehen. Wieder bat ich meinen Engel um einen Hinweis und mit einem Knall fiel daraufhin ein ganzes Bücherregal zusammen, wobei ein Buch geöffnet vor meinen Füßen landete. Es war ein Buch über Engel und ihre verschiedenen Farben, Tätigkeiten, Aufgaben und Namen. Dieses Buch kam – wie sollte es anders sein – genau zum richtigen Zeitpunkt und passte zu meinem Ausbildungsabschnitt.

Ich erinnerte mich, dass dies hier bereits schon einmal passiert war. Damals fiel ein einzelnes Buch direkt vor mir auf den Boden, welches ich dann auch kaufte. Die Verkäuferin, die mittlerweile versuchte, das Chaos zu beseitigen, sagte, dass sie nichts mehr wundere, denn dies würde in der Esoterik-Ecke häufiger passieren.

Ich lernte von diesem Buch(5)*, dass in der Engelwelt Namen irrelevant sind, denn Engel sind reine Energie, und diese hat keinen Namen. Um uns Menschen jedoch die Unterscheidung und die Anrufung zu erleichtern, haben sie teilweise Namen angenommen.*
Es ist aber nicht schlimm, wenn man die Namen nicht genau weiß, weil es ausreicht, den Engel um Hilfe zu bitten, der für die jeweilige Situation zuständig ist.
Oft geht die Umsetzung oder Wunscherfüllung dann verblüffend schnell, und sogar Bücherregale können Engel dann zum Einsturz bringen…

Wichtig ist, dass wir unseren Schutzengel bitten, uns zu helfen, denn Engel respektieren unseren freien Willen und würden nie eingreifen, ohne gebeten zu werden.
Dies kann jeder, denn alle Menschen können zu jeder Zeit mit ihrem Schutzengel in Kontakt treten. Auch wer ihn nicht bewusst wahrnehmen kann, wer ihn nicht sofort spürt, kann immer mit ihm reden, ihn um Hilfe bitten und ihm auch öfter „Danke" sagen.
Ganz wichtig für die Engel und auch für die lichte, geistige Welt ist, dass wir glücklich sind und Spaß haben in unserem Leben. Sie lieben es, wenn wir lachen und fröhlich sind. Je fröhlicher wir sind und je mehr wir lachen, umso mehr Engel ziehen wir in unser Umfeld.

Neben den Schutzengeln gibt es ***Erzengel****, die eine etwas höhere Schwingung haben. Erzengel sind immer eine Gruppe von Engeln mit der gleichen Schwingung und der gleichen Energie. Ein gutes Beispiel hierfür ist der bekannteste Erzengel – Michael. Er wird von tausenden, wenn nicht Millionen Menschen gleichzeitig angerufen bzw. um Hilfe gebeten, und weil selbst ein Erzengel nicht gleichzeitig überall sein kann, braucht er Unterstützung.*
Aus menschlicher Sicht kann man sich das in etwa so vorstellen: Die Erzengel-Gruppe Michael hat eine blaue Farbschwingung. Der „Chef" dieser Gruppe ist tatsächlich Erzengel Michael und hat „Mitarbeiter", die genau die gleiche Energie wie er aufweisen und genau die gleichen Aufgaben haben, und so könnte man sie auch „Abgesandte" nennen.
Man zeigte mir den Unterschied zwischen dem „Boss" dieser Gruppe und seinen Erzengeln in der Farbschwingung. Erzengel Michael, der seinen Abgesandten vorsteht, hat ein etwas dunkleres Blau als die ihm unterstellte Gruppe.
Wir sollten hier aber nicht in unseren menschlichen Hierarchien denken, sondern wissen, dass wirklich alle in dieser Gruppe die gleiche Energie haben.

Ich fasse hier die wichtigsten Erzengel-Energien zusammen, so wie sie mir gezeigt wurden:

***Erzengel Zadkiel:** violette Farbschwingung-Transformation*

***Erzengel Michael:** blaue Farbschwingung; trennt Gut und Böse*

***Erzengel Gabriel:** weiße Farbschwingung; löst alte Muster auf*

***Erzengel Uriel:** rubinrote Farbschwingung; Kraft und Liebe*

***Erzengel Jophiel:** goldene Farbschwingung; führt zur Urquelle*

***Erzengel Raphael:** grüne Farbschwingung; Heilung*

***Erzengel Chamuel:** rosa Farbschwingung; Liebe*

Die Heimat der Engel

Eines Morgens begab ich mich in Meditation, und mir erschien Wanda, die mich mit auf eine Reise nehmen wollte. Neugierig fragte ich sie, wohin es denn gehen würde, und sie antwortete nur, ich solle mich überraschen lassen. Ein transparenter, goldener Vorhang erschien vor meinem geistigen Auge, und dahinter befand sich eine strahlende, goldfarbene Treppe. Hand in Hand stiegen wir diese Treppe hinauf, als Wanda mir mitteilte: „*Wir werden heute den Ort besuchen, an dem die Engel zu Hause sind.*" Darüber freute ich mich sehr, denn schon immer wollte ich gerne die Heimat der Engel kennenlernen. Eine Gruppe von mindestens acht Engeln schwebte uns entgegen, und ich konnte an ihren blauen Gewändern erkennen, dass es eine Engelgruppe von Erzengel Michael war.

Was ich jetzt auf der Ebene der Engel zu sehen bekam, war unglaublich und ist kaum mit Worten zu beschreiben. Es war so still und friedlich hier. Die Energie schien wie ein leicht transparent-goldener Vorhang, und die Luft war unendlich rein und klar. Eine beachtliche Anzahl weißer Engel schwebte an uns vorbei. Alle hatten einen Auftrag übernommen, und Wanda erklärte dazu: „*Sie sind unterwegs zur Erde, um den Menschen zu helfen.*"

Eine Elfe begleitete uns eine Weile auf unserem Weg. Sie hatte pastellfarbene Flügel, und man konnte durch sie hindurchschauen. Ihr Gesicht war ausgesprochen zart und hellrosa, und ihre Augen leuchteten wie grüne Edelsteine. Sie trug ein schneeweißes Kleid, und ihre innere, energetische Leuchtkraft strahlte in allen Pastellfarben, sogar durch ihr Kleid hindurch. „*Ich bin Leywana, die Elfe der Blumen, und zur Zeit habe ich die Aufgabe, die Blumen hier im Jenseits zu betreuen.*", stellte sie sich vor, und ich bemerkte erst jetzt, dass sie nach verschiedenen Blumen duftete.

Unser Weg war gesäumt mit wunderschönen, hoch gewachsenen, bunten Blumen, von denen eine schöner blühte als die andere, und alle hatten prächtige Farben und dufteten betörend.

Die Frage von Leywana, ob ich eine solche Pracht schon mal auf Erden gesehen hätte, musste ich verneinen. Plötzlich rieselte von oben eine leichte Brise Goldpuder auf die Blumen, und die Elfe erklärte: *„Die Blumen werden auf diese Weise genährt. Das geschieht regelmäßig. So wie die Menschen die Blumen regelmäßig wässern, so werden sie hier mit Goldstaub versorgt. Mach das einmal gedanklich mit den Blumen bei Dir zu Hause, und Du wirst sehen, sie werden hervorragend blühen."*

Wir gingen weiter durch eine traumhafte Landschaft, und ich sah unzählige Engel, als wir uns einem Dorf näherten. Beim ersten Haus angekommen, wurden wir von einer himmlischen Musik empfangen. Feinste Harfen- und Glockenklänge waren zu hören, und ich weinte vor Ergriffenheit. Wanda bat mich in das Haus und lud mich ein, mich zu setzen, woraufhin die Engel in diesem Raum ebenfalls Platz nahmen und sich einer sogar neben mich setzte. *„Hier leben die Engel, die darauf warten, einen Auftrag von den Menschen zu erhalten. Sie warten, bis die Menschen sie rufen. Erst dann können sie ihre Arbeit aufnehmen."*, erklärte mir Wanda.

Im Raum war es so hell, dass ich Mühe hatte, alles zu erkennen. Die Engel unterhielten sich über ihre Aufgaben und Aufträge und beratschlagten sich, wie sie am besten helfen könnten. Auf diese Art zeigten sie mir, wie sie arbeiteten. Ihre Stimmen klangen weich, sanft und harmonisch, und gerne wäre ich noch eine Weile hier geblieben und hätte ihnen zugehört, aber Wanda drängte zum Aufbruch.

Ich verabschiedete mich und ging mit Wanda zu unserer nächsten Station, wobei Leywana uns wieder begleitete. Als wir vor einem großen Tor ankamen, teilte Wanda mir mit, dass dies der Ort sei, wo Erzengel Michael und seine Helfer zu Hause wären. Ich bat um Einlass, und wir betraten ein parkähnliches Gelände. In der Mitte stand eine Art Burg, und je näher wir diesem Gebäude kamen, desto dichter wurden die Energien. Ich bemerkte hier eine hohe blaue Schwingung, die von dem Gebäude ausging, und mein gesamter Körper fühlte sich an, als würde er gereinigt.

Ein Engel in einem blauen Gewand stand am Eingang, begrüßte uns, und als er die Tür öffnete, erblickte ich inmitten des Raumes Erzengel Michael. Sein Gewand hatte ein etwas dunkleres Blau, aber ich wusste, dass er es war, und wie zur Bestätigung meiner Gedanken sprach er: *„Ja, ich bin es, denn meine Helfer tragen ein etwas helleres Gewand.“*

Mit einem Mal versammelten sich einige Engel von Erzengel Michaels Gruppe in dem Raum. Ich spürte ihre überwältigenden Energien, und wie ein angenehmer Windzug durchströmte eine reinigende Brise meinen Körper und umhüllte meine Aura. Ich fühlte mich währenddessen so beschützt, wie nie zuvor.

Wir mussten uns jedoch schon nach kurzer Zeit wieder verabschieden, um unseren Weg weiter fortzusetzen, denn Wanda hatte noch eine Überraschung für mich. Dafür müssten wir allerdings den Rückweg antreten, erklärte sie mir. Ich wäre gerne noch länger auf dieser wunderbaren Ebene geblieben, aber die Neugier siegte, und so ging ich mit. Wir gingen den Weg, den wir gekommen waren, zurück und stiegen ein paar Stufen auf der Treppe hinab. Auf einer Zwischenebene hielten wir an, und Wanda führte mich zu einem Gebäude der Engel, die auf dieser Ebene zu Hause waren. Vor einem weißen Gebäude mit offen stehender Eingangstür blieben wir stehen. Es war niemand zu sehen, auch das Gebäude war leer. *„Wo sind denn die ganzen Engel?“*, fragte ich Wanda. *„Hab noch einen Augenblick Geduld.“*, antwortete sie liebevoll und lächelte.

Ein Engel trat seitlich an mich heran, ich drehte mich um und erfuhr einen unglaublichen Moment der Liebe. Ich konnte nur noch weinen, so ergriffen war ich, denn vor mir stand tatsächlich mein geliebter Schutzengel, der mich vor vielen Jahren ausgebildet und mich durch sehr schlimme Zeiten meines Lebens geführt hatte. Ich war überglücklich, ihn wiederzusehen, und drückte ihn so fest ich konnte, wobei mir bewusst wurde, wie sehr ich ihn vermisst hatte…

„Dein Lachen, Deine Scherze und Witze haben mir so gefehlt, mein lieber Engel.“, sagte ich überwältigt vor Glück, dass ich ihn hier noch einmal treffen durfte. Er sprach zu mir: *„Wenn Du mich brauchst oder mit*

mir reden möchtest, dann rufe mich einfach, und ich werde zu Dir kommen."

Ich bedankte mich bei Wanda, dass sie mich zu ihm geführt hatte, und musste mich leider auch schon wieder von ihm verabschieden.

Zurück von dieser Reise, angekommen in meinem Tagesbewusstsein, dachte ich noch lange glücklich an meine Erlebnisse, die mir sehr viel Kraft und noch mehr Vertrauen gaben.

Erdenengel

Eine achtzigjährige Dame, die ich kennenlernen durfte, ging mir nicht mehr aus dem Kopf. Ich hatte Mitgefühl mit ihr, denn sie hatte viel durchgemacht, was man ihr mittlerweile körperlich ansah. Sie war klein und sehr zierlich, hatte feine Hände und ging in gebückter Haltung, und ich wusste, es ging ihr nicht gut.

Ich begab mich in Meditation und wollte wissen, ob ich ihr denn helfen konnte und durfte. Mein Engel ließ mich über mein geistiges Auge sehen, dass diese nette, alte Dame große Flügel am Rücken hatte und einer davon gebrochen war. Er erklärte mir dazu, dass sie ein Mensch mit einer bewegten Vergangenheit wäre. Sie hätte früh ihre Eltern verloren, die schrecklichsten Seiten des Krieges erlebt und wäre in einer lieblosen Ehe gefangen gewesen.

Sie sei ein Engel, der geschickt worden war, etwas Gutes zu bewegen, etwas mehr Licht auf die Erde zu bringen, doch durch zahlreiche Demütigungen brach ihr Flügel. Die Lasten, die sie in ihrem Leben tragen musste, wären im Laufe der Zeit immer schwerer geworden, erklärte mein Schutzengel weiter. Ich fragte ihn natürlich, warum ihr nicht bei ihrer Aufgabe geholfen wurde, und er antwortete: *„Noch immer ist sie ein wunderschöner Engel. Der gebrochene Flügel zeigt nur, dass sie ein schweres Schicksal hatte und als Engel zur Welt kam. Ob sie ihre Aufgabe als Erdenengel erfüllen konnte, wirst Du sehen, wenn sie die Erde verlässt.“*

Als sie einige Zeit später starb, ging ich zur Beerdigung, um zu schauen, was der Engel damit wohl gemeint hatte. Es waren sehr viele Menschen in der Kirche, und vor dem Altar war ein Meer aus Blumen aufgebaut. Im Laufe der Trauerfeier sah ich ihr Gesicht über dem Altar. Ich konnte sie hören, als sie sagte: *„Ist das schön. So viele Menschen sind gekommen. Und die vielen, herrlichen Blumen… wunderschön.“*

Sie hatte in ihrem Leben mit ihrer liebevollen Art so viele Menschen berührt und etwas in ihnen zum Leuchten gebracht, dass nun alle hier waren, um sie zu verabschieden. Damit gaben sie ihr unbewusst so etwas wie ein Dankeschön zurück, worüber sie sich sehr freute. Dann sah ich einen weißen Engel hinter ihr und ein helles Licht und so etwas wie einen Tunnel. Sie verabschiedete sich von mir und ging in dieses Licht. Dabei sagte sie zu mir: „*Martina, wir sehen uns bald wieder.*"

Sehr viele Jahre später, wir wohnten bereits in Bayern, kam sie noch einmal zu mir, um mich zu besuchen, und ich freute mich, sie wiederzusehen. Sie schaute sich bei uns im Haus um und spazierte durch unseren Garten. Dieser einstige Erdenengel wollte sich davon überzeugen, dass es meinem Mann und mir gut ging. Da sie immerzu lächelte und einen sehr glücklichen Eindruck machte, nahm ich an, dass sie zufrieden war mit dem, was sie wahrnahm und in diesem Wissen jetzt endgültig gehen konnte.

Einige Zeit später durfte ich noch einen weiteren Erdenengel erkennen. Ein Bekannter von mir hatte zwei Mädchen und zwei Jungs, und er sagte schon immer, dass sich die eine Tochter anders verhalten würde als ihre Geschwister. Sie würde sämtliche Erziehungsversuche ignorieren und wäre immun gegen Gemecker und Geschimpfe. Zum Beispiel prallten die üblichen Aufforderungen, etwas zu tun, weil es eben so üblich ist, an ihr ab. Mit Sätzen, die anfingen mit „*Man tut dies nicht, weil…*" oder „*Du musst aber, das macht man so…*" erreichte man bei ihr nichts. Dennoch war sie ein sehr liebevoller Mensch, den man gerne um sich hatte, sie missachtete nur ständig Regeln, die wir als Menschen hier auf der Erde aufgestellt haben. Sogar im Kindergarten befolgte sie keine allgemeinen Regeln, doch tat sie dies weder bösartig noch verletzend. Sie war außerdem bildhübsch, hatte eine zarte Haut, rote Haare, schöne Locken und ein feines Gesicht. Ihre Augen funkelten und strahlten, und sie kam mit ganz viel Leichtigkeit daher.

Als ich eines Tages bei meinem Bekannten zu Besuch war, zeigte mein Schutzengel mir ihre Flügel. Jetzt konnte ich mir und ihrem Vater die Umstände ihres „Andersseins" erklären.

Engel inkarnieren auf der Erde, um den Menschen eine andere Sicht auf verschiedene Dinge aufzuzeigen. Ähnlich wie sog. „Indigo-Kinder" wollen sie unsere harten Strukturen und Muster durchbrechen, damit wir alte Konventionen loslassen können. Sie zeigen uns eine Sicht auf die positiven Dinge im Leben und lenken unsere Aufmerksamkeit weg vom Negativen. Weder ermahnen sie uns dazu, noch wollen sie uns überreden – sie leben es uns vor. Sie jammern nicht, sie meckern nicht, sie kennen keine Schuldzuweisungen und können, wenn wir es zulassen, zu einem Vorbild von uns werden. Wir können uns durch sie leiten lassen und tatsächlich von ihnen ihre Leichtigkeit, durch das Leben zu gehen, übernehmen.

Engel-Anwärter

Seit langer Zeit fragte ich mich, ob ein Engel schon immer ein Engel gewesen ist oder „man“ auch ein Engel werden könne. Mein Ausbilder – also mein Schutzengel – wollte mir diese Frage wohl gerne beantworten und ließ mich die Antwort direkt spüren.

Ich war in der Innenstadt zum Einkaufen und hatte es eilig, weil ich abends noch einen Beratungstermin hatte. Demzufolge ging ich – in Gedanken schon bei dem Termin – schnellen Schrittes um eine Ecke und rannte förmlich in einen Engel. Er stand einfach plötzlich vor mir, und ich erschrak heftig, woraufhin auch der Engel erschrocken schaute. Ich hatte leider keine Zeit und konnte nicht direkt nachfragen, was dieses Ereignis nun wieder sollte. Im Gehen drehte ich mich jedoch noch einmal zu dem Engel um. Irgendwie machte er auf mich einen betrübten und etwas verzweifelten Eindruck.

Mir ging dieser Vorfall nicht mehr aus dem Kopf, und gleich am nächsten Morgen ging ich in Meditation und fragte meinen Schutzengel, was denn mit diesem Engel los gewesen sei. Er antwortete: *„Er ist ein Engel-Anwärter, denn noch ist er kein vollständiger Engel, und damit er seine Flügel bekommt, muss er viele Prüfungen bestehen. Das ist ähnlich wie bei Euch auf der Erde. Ihr müsst, wenn Ihr Euch für einen Beruf entschieden habt, eine Ausbildung machen, damit Ihr Euch viel Wissen über eure späteren Aufgaben aneignen könnt. Während dieser Zeit und am Ende der Lehre müsst Ihr Prüfungen bestehen. Nur wenn Ihr diese besteht, dürft Ihr die gewählte Berufsbezeichnung tragen. Wollt Ihr zum Beispiel Tischler werden, könnt Ihr Euch auch erst nach bestandener Prüfung bzw. nach der Ausbildung Tischler nennen, und Ihr bekommt eine Urkunde oder ein Diplom. Wollt Ihr noch mehr in diesem Beruf lernen, könnt Ihr Euch weiterbilden, um Euch dann eventuell Meister nennen zu dürfen. Je mehr Ihr euch weiterbildet, umso besser werdet Ihr Eure Aufgaben erledigen können.*

Ähnlich ist das auch bei den Engeln. Wer ein guter Engel werden möchte, muss durch eine Art Engelschule und einige Prüfungen bestehen, bevor er sein Diplom in Form von Flügeln bekommt. So in etwa kann man es sich bildlich vorstellen. Er bekommt nach erfolgreicher Beendigung seiner Ausbildung eine Einweihung zum Engel.

Der Engel, der Dich ziemlich erschreckt hat, ist ein Engel-Anwärter. Er schaute betrübt, weil er wiederholt eine Prüfung nicht bestanden hatte. Die Aufgabe war, sich einem Menschen vorsichtig und sanft zu nähern, damit sich dieser nicht erschrickt und er keine Angst verspürt. Das ging ja dann gründlich daneben. (Hier konnte sich mein Engel ein Schmunzeln nicht verkneifen.) Aber im Gegensatz zu den Prüfungen auf der Erde, hat der Engel unendlich viele Möglichkeiten, diesen Test zu bestehen."

Geistig wünschte ich diesem Engel-Anwärter ganz viel Erfolg, diese Prüfung bald zu bestehen, denn schließlich war es ausgerechnet ich, die er so erschrocken hatte und an der er gescheitert war.

Geisterbeschwörung und der Engel des Todes

In diesem Kapitel möchte ich auf das Thema Gläserrücken und *Witchboards* (auch *Hexenbrett* oder *Ouija-Brett* genannt) eingehen. Beides sind Hilfsmittel, um mit Geistern in Kontakt zu treten. Diese Art der Kontaktaufnahme funktioniert leider besser als mancher Laie glaubt. Meist sind es Jugendliche, die sich auf ihrem Weg durch die Entwicklung zum Erwachsenen neugierig an diesen Geisterbeschwörungen versuchen. Aufgrund der Veränderungen und der Zerrissenheit, welche die Pubertät mit sich bringt, sind die Kinder sehr offen. Die dunkle Seite nutzt diesen Zustand und versucht, die jungen Menschen negativ zu beeinflussen. Sie nutzt die Neugier für alles Übersinnliche und Verbotene sowie das Interesse an Unheimlichem.

Wenn man mit der geistigen Welt arbeitet, steht der Schutz vor negativen Energien an erster Stelle. Selbst wenn man mit lichten, hochschwingenden Energien arbeitet, ist man feinstofflich in einem geöffneten Zustand. Ungeschützt haben jetzt auch niedere Geistwesen und negative Energien Zutritt zu unserem System. Hat man sich einen guten Schutz aufgebaut, ist man davor geschützt.
(Am Ende dieses zweiten Buchteils werden Sie Übungen finden, um einen wirkungsvollen Schutz aufbauen zu können.)

Wenn nun eine Person, die von alldem nichts weiß, völlig unbedarft über das Gläserrücken oder das Witchboard mit einem Geist, also einem Verstorbenen, Kontakt aufnehmen möchte, hat die dunkle Seite gewissermaßen freien Eintritt bzw. Zugang zu ihr. Auf diese Art wird man dann tatsächlich die Geister, die man rief, so schnell nicht mehr los...

Nach solchen spiritistischen Sitzungen hat man schon oft erlebt, dass sich die „Geisterbeschwörer“ danach sehr zum Negativen verändert haben. Viele Jugendliche können das Geschehen nicht einordnen und haben danach Angstzustände.

Eine Klientin berichtete mir einmal, dass ihre Tochter sich schlagartig in ihrem Verhalten geändert hätte. Sie wollte nachts nicht mehr alleine schlafen und wich ihrer Mutter auch am Tage nicht von der Seite. Nach mehrmaligem Nachfragen rückte sie mit der Sprache heraus: Mit einigen ihrer Schulfreunde hätte sie das Gläserrücken ausprobiert, und dabei wären seltsame Dinge geschehen. Das Licht habe geflackert, sie hatten alle plötzlich das Gefühl, nicht mehr alleine zu sein, es knackte überall in der Wohnung, und ihnen allen wurde es eiskalt. Zum Glück hatten sie an dieser Stelle das Gläserrücken abgebrochen – die Angst jedoch blieb.

Ich konnte ihre Tochter von den negativen Energien, die sie sich damit in ihr System gezogen hatte, reinigen. Glücklicherweise konnte ich sehen, dass sie dabei keine Besetzung abbekommen hatte.

Bei diesen Methoden der Kontaktaufnahme mit der jenseitigen Welt kommt man in der Regel nur mit niederen, erdgebundenen Geistwesen in Kontakt, die nur eines im Sinn haben – die Teilnehmer zu besetzen, um durch sie Energie zu bekommen, ihr Unwesen zu treiben und noch mehr negative Energien zu verteilen.
Ein gut ausgebildetes Medium braucht diese Methoden nicht, um Kontakt mit der geistigen Welt aufzunehmen. Wenn man Fragen an einen verstorbenen Menschen hat, sollte man ein solches Medium um Hilfe bitten.

Während meiner Ausbildungszeit erschien mir der *Engel des Todes*. Ich erschrak, als ich ihn das erste Mal sah, aber er konnte mich schnell beruhigen, indem er mir erklärte: *„Du brauchst keine Angst zu haben, Deine Zeit ist noch nicht gekommen. Ich bin hier, um Dich zu lehren, dass es in der geistigen Welt Ebenen gibt, die sehr niedrig schwingen und in denen sehr viel Negativität herrscht. Weißt Du noch, mein Kind, als Dein Sohn in der Schule im Religionsunterricht das Thema Satanismus hatte und zum Gläserrücken gezwungen wurde?“*

Ich nickte, daran konnte ich mich noch sehr gut erinnern. Er sprach: *„Du hast Dich damals sehr darüber aufgeregt – zu Recht. Gläserrücken und Satanismus gehören prinzipiell nicht auf den Lehrplan."*

Ich wäre damals am liebsten in die Schule gegangen, um die Lehrer darüber aufzuklären, welcher Gefahr sie die Kinder ausgesetzt hatten und was das für schlimme Folgen haben könnte. Meinem Sohn zuliebe tat ich es nicht. Er hatte Angst, dass er dann benachteiligt und ausgelacht werden würde.

„Siehst Du", erklärte mir der Engel des Todes, *„Du bist nicht die Einzige, die darüber hinweggeschaut hat. Es ist aber sehr wichtig, vor den Gefahren zu warnen, denn durch spiritistische Sitzungen haben viele Kinder Seelen an sich haften, die nicht zu ihnen gehören.*

In der Schulklasse Deines Sohnes waren auch viele junge Menschen, die anschließend nicht mehr klarkamen und sich negativ veränderten. Kannst Du Dich erinnern, in welch einem schlimmen Zustand Dein Sohn war? Seine Laune war unerträglich, und Du hattest viel Mühe, diese Besetzung bei ihm zu lösen."

All dies stimmte. Es ist wichtig, die Menschen über die Gefahren aufzuklären. Manch einer würde die Hände davon lassen, wenn er frühzeitig über die schlimmen Folgen informiert wäre. Dies erinnerte mich an eine Begebenheit mit zwei Jugendlichen: Mein Engel führte mich wieder einmal in die bereits erwähnte Buchhandlung, und wie gewohnt sollte ich in der spirituellen Ecke nach einem neuen Buch schauen. Unfreiwillig bekam ich ein Gespräch von zwei jungen Mädchen neben mir mit. Ich konnte hören, dass sie auf der Suche nach einem Witchboard waren. Damit wollten sie sich einen unterhaltsamen Abend mit Freunden machen. Ich fragte beide, ob sie sich denn bewusst darüber wären, auf was sie sich da einließen und welcher Gefahr sie sich aussetzen würden. Sie schauten mich nur ungläubig und genervt an und sagten, sie wollten doch nur einen netten Abend damit verbringen und ein bisschen Spaß haben. Wahrscheinlich dachten sie, ich wäre verrückt. Ich beließ es dabei, bezahlte mein Buch und verließ das Geschäft.

Der Engel des Todes erklärte mir dazu: *„Siehst Du, das war die Idee einer verstorbenen Seele, welche die beiden Mädchen ins Verderben reißen wollte. Es steht nicht in ihrem Lebensplan, sich mit solchen Dingen zu beschäftigen. Die jungen Teenager werden für sehr lange Zeit von Geistern umgeben sein, die sie immer wieder durch das Witchboard rufen. Diese Geister werden ihnen ihr Leben erschweren – und das alles nur, weil sie Spaß haben wollten. Wären sie schon vorher gut informiert gewesen, zum Beispiel durch ihre Eltern oder die Schule, hätten sie es vielleicht erst gar nicht gekauft.“*

Die größte Gefahr bei einer Geisterbeschwörung besteht darin, dass die Praktizierenden Bewusstseinsveränderungen erfahren können und somit nicht mehr sie selbst sind. Auffälliges Verhalten zeigt sich in Aggressionen, Lustlosigkeit und dem Verlust von Lebensfreude, was in schlimmen Fällen bis zu Selbstmordgedanken führen kann.
Ich bin froh, dass dieses Buch mir jetzt die Möglichkeit bietet, auf dieses Thema einzugehen. Klären Sie bitte Ihre Kinder auf, und achten Sie, so gut es geht, darauf, dass sie an solchen Geisterbeschwörungen erst gar nicht teilnehmen. Informieren Sie die Kinder und Jugendlichen frühzeitig über die Gefahren.

Die Schriftrolle

An einem Morgen erledigte ich meine Hausarbeit – was auch einem Medium nicht erspart bleibt. Als ich fertig war und das Mittagessen langsam vor sich hin köchelte, beschloss ich, die Zeit zu nutzen, bis die Kinder aus der Schule kamen, und legte mich in meinen Meditationssessel, hörte über Kopfhörer meine Meditationsmusik und war gespannt auf meine nächste Lektion.

Viele Engel füllten den Raum, und es wurden immer mehr. Als schließlich auch noch einige Feen dazukamen, wusste ich, dass heute etwas ganz Besonderes passieren würde.

Feen sind ganz zarte Licht- und Naturwesen, die sehr scheu sind. Ihre zarten Körper und ihre fast durchsichtigen Flügel lassen auf eine hohe Sensibilität schließen. Sie sind von unterschiedlicher Größe, und die größte Fee, die ich jemals gesehen habe, war etwa fünfzig Zentimeter groß.

Der ganze Raum war nun eingehüllt in eine wunderschöne, von den Lichtwesen ausgehende Farbenpracht, und ich genoss den Anblick sehr. Nun begann die Lektion, und dazu führte mich mein Schutzengel zu einem riesengroßen, weißen, aus Marmor gebauten Palast. Eine riesige Tür öffnete sich, und ich betrat das Gebäude. So etwas hatte ich noch nie gesehen: eine Halle, die so weit und hoch war, wie das Auge reichte, gefüllt mit Tausenden – nein Millionen oder Milliarden – Schriftrollen, Büchern, CDs und sogar DVDs. Es war ein gigantischer Datenspeicher, in dem alle Ereignisse schriftlich und zum Teil auch virtuell festgehalten waren.

Ich nehme an, man zeigte mir dieses Bild, um zu verdeutlichen, dass nicht nur das gesprochene Wort im Jenseits archiviert wird, sondern auch Texte und stattgefundene Geschehnisse, ähnlich einem Lebensfilm. Vielleicht findet sich dort sogar jener Film über das Leben, den man bei seinem Sterbeprozess sieht – so wie dies oft von Menschen beschrieben wird, die ein Nahtoderlebnis hatten.

Ein Engel kam auf mich zu und fragte, ob er mir helfen könne, und ich sagte ihm, dass ich bitte meine Schriftrolle einsehen möchte. Er legte mir daraufhin eine weiße Schriftrolle in die Hände, die er in Sekundenschnelle geholt hatte und welche sehr edel aussah und aus dickerem Papier bestand.

Nachdem er mich alleine gelassen hatte, rollte ich sie auf und begann zu lesen, wobei ich sah, dass mein ganzes Leben von meiner Geburt an dort aufgezeichnet war. Einige Zeilen waren mit einem roten Stift durchgestrichen, und ich wollte von meinem Engel wissen, was dies bedeute. Er erklärte mir, dass ich sehr gut gelernt hätte auf Erden und ich aufgrund dessen von einigen unangenehmen Dingen erlöst worden wäre. Er sagte: „*Nur wenn man auf der Erde Gutes leistet, werden einem hier und da ein paar Katastrophen im Lebensplan gestrichen*."

In meiner Zukunft sah ich verschiedene Neuanfänge auf mich zukommen, doch mein Engel sagte, ich müsse das nicht verstehen und solle mir keine Sorgen darüber machen, es gebe viele Wege, die ich gehen könne. Anschließend übergab ich die Schriftrolle wieder dem Archiv-Engel und wollte von meinem Schutzengel wissen, was es zu bedeuten hatte, dass der Absatz in der Schriftrolle rot durchgestrichen war, demzufolge mein ältester Sohn als Baby ersticken sollte. Die Worte Leid und Trauer waren ebenfalls durchgestrichen.

Mein Schutzengel erinnerte mich an ein Ereignis: Ich brachte meinen Sohn zu Bett und ließ die Tür einen Spalt breit geöffnet, weil ich ein ungutes Gefühl hatte. Eine halbe Stunde später verspürte ich zusätzlich eine starke Unruhe in mir und lief in sein Zimmer, um nach ihm zu sehen. Sein Gesicht war dunkelblau angelaufen, und er atmete nicht mehr! Ich schrie ihn an: „*Bleib bei mir, bleib bei mir!*" Weil er nicht anfing zu atmen, rannte ich mit ihm ins Badezimmer, drehte das kalte Wasser auf und hielt ihn darunter. Mir fiel ein Stein vom Herzen, als er mit einem tiefen Seufzer wieder anfing zu atmen, und ich brach vor Erleichterung in Tränen aus.

Wir fuhren mit ihm sofort in ein Krankenhaus, und ein Arzt stellte fest, dass Marco nur knapp dem Kindstod entgangen war. Erst später wurde mir richtig bewusst, wie knapp er überlebt hatte, und das Erlebnis blieb einer der größten Schocks in meinem Leben, weshalb ich meinen Sohn von da an nicht mehr aus den Augen ließ und nächtelang seinen Atem beobachtete.

Jetzt war ich den Engeln sehr dankbar, dass ein schlimmer Ausgang dieses Vorfalles verhindert wurde und mir dadurch sehr viel Leid erspart blieb.

Jeder Mensch hat eine Schriftrolle oder ein „Buch des Lebens", das in der geistigen Welt archiviert wird. Das ganze Leben steht darin – jedes Erlebnis, jede Krankheit, jeder Unfall, jede Erbschaft, Lottogewinn oder Geldverlust. Alles ist registriert, von der kleinsten Angelegenheit bis zum größten Problem. Hat man Gutes getan, können kleine sowie große Schicksalsschläge gestrichen bzw. gemildert werden.

Karma

Alle unsere Handlungen haben sind gleichzeitig Ursachen und haben eine entsprechende Wirkung, positiv oder negativ. Diese Handlungen können sich sowohl in diesem Leben als auch in einem späteren Leben auswirken. Es kann also durchaus sein, dass wir uns in diesem Leben vorgenommen haben, Handlungen aus unseren früheren Leben auszugleichen. Wenn man sich mein Beispiel mit der Schriftrolle anschaut (*der verhinderte Kindstod*), dann hat man mir in diesem Moment negatives Karma ausgeglichen, denn eine schlimme Katastrophe wurde dank guten Karmas abgewendet. Negatives Karma aufzulösen, kann auch wie folgt aussehen: Der Mann einer Freundin war seit zwei Jahren arbeitslos und litt sehr darunter. Sie kamen finanziell gerade so über die Runden, und er litt unter der Situation, denn er wollte seiner kleinen Familie etwas Besseres bieten. Es war wie verhext, denn egal, wie viele Bewerbungen er schrieb, er bekam keine feste Anstellung. All ihre Freunde und Bekannten hatten Arbeit und waren finanziell abgesichert, was einer der Hauptgründe war, weshalb sich ihr Mann mehr und mehr aus dem gesellschaftlichen Leben zurückzog. Seinen Kummer ertrank er oft im Alkohol, und sein Selbstwertgefühl schwand mehr und mehr. Mit der Zeit litt sowohl die Ehe als auch das Familienleben darunter. Als sich in der Folge durch diese Stress-Situation gesundheitliche Probleme zeigten, konnte meine Freundin nach einiger Zeit ihren Mann überreden, mich schauen zu lassen, was denn die Ursache für diese lange Arbeitslosigkeit sei. Dies tat ich gemeinsam mit ihm während einer Art Rückführung.

Ich konnte erkennen, dass es ein karmisches Problem war und hatte eine Vision, die mir die Ursache aufzeigte, welche zu seiner jetzigen Situation geführt hatte. Demzufolge war er in einem früheren Leben ein sehr reicher Gutsherr mit vielen Angestellten. Für ihn arbeiteten Mägde sowie Knechte, und die Bauern in der Umgebung mussten viel von ihren Ernte-Einnahmen an ihn abgeben. Sowohl der Mann meiner Freundin als auch ich konnten sehen, dass er ein boshafter und cholerischer Mann war, der seine Untergebenen schlecht behandelte und unterbezahlte. Alle in seiner Nähe litten unter diesem Despot, denn er entließ obendrein seine Angestellten nach Lust und Laune und stürzte viele Menschen ins Unglück.

Während dieser sogenannten Rückführung konnte er aus jetziger Sicht natürlich erkennen, dass er viel Unrecht getan und mit diesem Menschen von früher nichts mehr gemeinsam hatte. Daraufhin bat er geistig alle Menschen um Vergebung, denen er so viel Leid zugefügt hatte, und anschließend wurde dieses Thema noch durch eine Reiki-Anwendung transformiert.

Zwei Wochen später schon bekam dieser Mann die ersehnte Arbeitsstelle und ist dort auch heute noch seit mehr als zehn Jahren fest angestellt. Die Zeit war reif gewesen, dieses Karma abzulösen.

Bei all meinen Beratungsgesprächen gehört es dazu nachzuschauen, ob negatives Karma den Klienten belastet, wobei immer ein Elohim anwesend ist. Ein Elohim ist ein Engel, welcher die Macht hat zu entscheiden, ob Karma erlöst oder zumindest erleichtert werden darf. Außerdem kann er sogar über Leben und Tod entscheiden, denn er ist ein Engel der Gnade.

Ein Medium allein hat nicht die Befugnis zu entscheiden, ob und wann der Zeitpunkt für eine Karma-Ablösung gekommen ist, denn Karma muss immer ausgeglichen werden, so wie in dem eben genannten Beispiel. Der Mann musste eine Weile „Buße tun", er musste am eigenen Körper bzw. in seiner eigenen Gefühlswelt erfahren, was es heißt, plötzlich ohne Arbeit dazustehen. Vielleicht waren alle Chefs, die ihn ablehnten, Untergebene aus dem früheren Leben – wer weiß?

Hätte ein Medium zu einem früheren Zeitpunkt eingegriffen, hätte sich der Lebensplan verschoben, weil der Prozess des Ausgleiches nicht hätte stattfinden können.

Die geistige Welt schützt hellsichtige Menschen, indem sie die aktuellen Karma-Auflösungen im Verborgenen hält – es wird einfach nicht gezeigt, sodass ein Medium ganz sicher nur dann Karma auflösen kann, wenn der Zeitpunkt dafür reif ist.

Steckt ein Mensch noch in einem karmischen Auflösungsprozess, passieren Geschichten wie die folgende: Eine Klientin hatte sich in einen Mann verliebt und wollte nun von mir wissen, ob dieser Mann auch gut für sie sei. Die Engel sagten, dass er der richtige wäre, aber sie aufpassen müsse, denn hinter der Beziehung stecke auch ein Lernprozess. Diese Informationen gab ich damals genau so an die Klientin weiter. Nach längerer Zeit rief sie wütend bei mir an und zeterte, was die Engel denn da für einen schlechten Rat gegeben hätten, der Mann habe sie beklaut, und zwar im ganz großen Stil.

Ich schaute mir die Situation nochmals an und bekam erst jetzt gezeigt, dass bei beiden eine Rechnung aus einem früheren Leben offen war und ausgeglichen werden musste. Immer noch sagten die Engel, er wäre dennoch der richtige für sie, und sie solle die finanzielle Angelegenheit doch bitte mit ihm klären. Mir wurde gezeigt, dass dann auch das restliche Karma noch erlöst werden konnte. Demzufolge war es keine falsche Aussage meinerseits, sondern der für sie richtige Weg – auch wenn er für sie steinig und vielleicht erst einmal aussichtslos war.

Sie befolgte den Rat und konnte die Angelegenheit mit ihm klären, denn er bereute zutiefst, was er getan hatte und zahlte ihr alles zurück. Jetzt war auch das Restkarma ausgeglichen, und die beiden wurden daraufhin tatsächlich wieder ein Paar und sind bis heute glücklich zusammen. Wäre mir gleich zu Beginn der Beziehung gezeigt worden, dass der Mann sie beklauen würde, hätte sie sich niemals auf ihn eingelassen. In der Folge hätte sie auch das Karma mit ihm nicht ausgleichen können, was zu Irritationen im Lebensprozess geführt hätte.

Verstorbene Seelen und Geister

Morgens ging ich noch recht verschlafen an meinem Arbeitszimmer, zu dem die Türe offen stand, vorbei und sah einen kleinen, verstorbenen Jungen auf meinem Sofa sitzen. Schlagartig wach, ging ich sofort zu ihm und fragte: „*Wer bist Du? Was machst Du hier?*"

„*Meine Mama kommt doch heute zu Dir. Ich warte hier auf sie.*", antwortete er frei heraus. Ich erinnerte mich, dass ich an diesem Tag abends einen Termin mit einer Frau hatte und er wahrscheinlich sie meinte. Ich war einverstanden, dass er in meinem Zimmer wartete, musste ihn jedoch ermahnen, keinen Unsinn anzustellen, denn er war sehr unruhig und konnte nicht still sitzen. Er machte auf mich einen sehr aufgeregten Eindruck, was ich angesichts seiner Situation allerdings auch gut verstehen konnte.

Die Frau kam abends pünktlich zum Termin, und noch bevor sie mir ihr Anliegen berichten konnte, fragte ich sie, ob sie einen Jungen gehabt hätte, der verstorben wäre und jetzt im Alter von etwa acht Jahren sein könnte. „*Ja*", brachte sie nur schluchzend hervor, „*mein Kind ist vor acht Jahren am plötzlichen Kindstod gestorben. Es war erst drei Monate alt.*" Unter Tränen erzählte sie mir, dass sie wegen ihm zu mir gekommen sei.

Ich erzählte ihr, dass ich ihren Sohn sehen könne, er anwesend sei und mir mitgeteilt habe, dass sie ihn nicht loslassen würde. Somit, erklärte ich, wäre er erdgebunden und könne nicht ins Licht gehen. Ihr Sohn übermittelte mir daraufhin, dass sie einen Altar mit Bildern, Stofftieren, Kerzen und Blumen für ihn errichtet hätte. Jeden Tag seit seinem Tod hätte er einen festen Platz am Tisch, und sie würde sogar zu jeder Mahlzeit für ihn eindecken.

Sie bestätigte mir, dass all dies stimmte und sie ihn nicht loslassen könne, denn sie würde ihn so sehr lieben. Nach seinem Tod habe sie ihn noch stundenlang weinend in ihren Armen gehalten. Sie wollte ihn nicht hergeben, weil sie nicht glauben konnte, dass er nie mehr aufwachen würde.

Mit ihren täglichen Ritualen hielt sie ihn auf der Erde gefangen, was sie jedoch nicht bewusst tat und daher auch nicht wissen konnte. Sie tat einfach so, als würde er noch leben, feierte jeden seiner Geburtstage und hielt somit seinen Platz in der Familie unter den Lebenden aufrecht.

Ich legte ihr nahe, damit aufzuhören, denn ihr Junge wollte nichts sehnlicher, als ins Licht gehen. Sie schaute mich traurig an und antwortete: *„Ich kann das nicht, ich vermisse ihn so sehr."*

„Liebe Angie, Du kannst Dich unterstützen lassen, Du kannst Trauerarbeit machen, Deinen Schmerz verarbeiten und erlösen. Deinem Sohn aber kannst Du nur helfen, wenn Du ihn loslässt. Das ist das Liebevollste, was Du als seine Mutter für ihn tun kannst.", riet ich ihr.

Wir sprachen noch eine Weile darüber, und sie willigte schließlich ein, es wenigstens zu versuchen und nach und nach den Altar aufzulösen. Dem Jungen versprach ich, den Kontakt mit seiner Mutter zu halten und bat ihn um ein wenig Geduld.

In der folgenden Zeit löste ich mein Versprechen ein, hielt den Kontakt mit ihr aufrecht und erkundigte mich jedes Mal, ob sie schon tätig geworden wäre, was sie jedoch immer verneinte.

Erst Monate später rief sie mich an und erzählte, dass sie den Altar aufgelöst und die Stofftiere, die Kerzen, die Duftöle usw. weggeräumt habe, lediglich ein paar wenige und für sie wichtige Andenken und Bilder von ihrem Sohn habe sie als Erinnerung behalten. Des Weiteren konnte sie mit Hilfe von professioneller Trauerarbeit die Rituale aufgeben und war nun bereit, ihren verstorbenen Sohn loszulassen.

Wenig später kam sie erneut zu mir, und wir nahmen in meinem Arbeitszimmer Platz, wo ich Kontakt zu dem Jungen aufnahm. Dabei konnte ich sehen, dass er sich bereits allein durch die Bemühungen seiner Mutter, ihn loszulassen, von der Erde gelöst hatte. Ich fragte die Mutter, ob sie dem Jungen und dem Schicksal vergeben könne, dass er so schnell von ihr gegangen sei, und aus Liebe zu ihrem Sohn verzieh sie ihm von ganzem Herzen und sprach: *„Geh ins Licht, mein geliebter Junge."*

Was dann geschah, war sehr ergreifend, denn eine Lichtsäule baute sich vor uns auf, und der Mutter wurde die Sicht auf diesen wunderschönen Vorgang ermöglicht. Wir konnten nun beide sehen, wie ihr geliebter Sohn den Weg ins Licht ging und dabei langsam und allmählich verschwand. Die Mutter weinte vor Ergriffenheit bis sich die Lichtsäule wieder komplett aufgelöst hatte. Ich konnte sehen, dass sie erleichtert war und in der Gewissheit, dass es ihrem Sohn jetzt gut ging, nun auch ihr eigenes Leben wieder meistern konnte.

Es ist immer schwer, einen geliebten Menschen zu verlieren und auch verständlich, dass man ihn für immer bei sich behalten möchte. Es ist ebenso klar, dass man nicht weiß, dass die Verstorbenen wirklich damit an uns gebunden sind und sie ihren Weg ins Licht nicht gehen können, denn unsere Traurigkeit hält diese Menschen unbewusst wie ein unsichtbares Seil an die Erde gefesselt. Aufgrund dessen ist es wichtig, nach einer angemessenen Zeit der Trauer die geliebten Seelen loszulassen. Das Wissen, dass es ihnen dann besser gehen wird, kann uns dabei helfen, und die Verstorbenen sind uns dankbar, wenn wir sie gehen lassen, denn ansonsten müssten sie weiter als erdgebundene Seelen „umhergeistern".

Andererseits möchten manche Verstorbene nicht wahrhaben, dass sie tot sind, weil ihr Tod zu früh und zu plötzlich kam. Auch sie bleiben dann unter anderem erdgebunden, weil sie keinen Abschied von ihren Angehörigen nehmen konnten.

Manchmal stehen aber auch noch unausgesprochene Worte oder das Vergeben von etwas vor ihrem Weg ins Licht – Dinge, die geklärt werden wollen.

Erdgebundene Seelen sind ebenso Verstorbene, die ihr Hab und Gut nicht loslassen können. Sie hielten dann schon zu Lebzeiten an ihren Reichtümern fest und wollen nach ihrem Tod verhindern, dass diese anderen in die Hände fallen. Mein Schutzengel sagte dazu einmal Folgendes: „Du bekommst eher ein Kamel durchs Nadelöhr, als dass ein Reicher in das Reich Gottes gelangt.", was ich sehr lustig fand.

Es gibt allerdings auch erdgebundene Seelen, die nicht ins Licht gehen dürfen, die ihren Lernprozess auf der Erde noch nicht beendet haben. Dies geschieht meist bei einem Selbstmord, denn Menschen, die ihre Lebenssituation nicht mehr aushalten und diese in ihrer Verzweiflung durch eine Selbsttötung beenden, bleiben eine Weile erdgebunden, bis sie als Geistwesen ihren Lernprozess erfolgreich beendet haben; oder sie inkarnieren so lange in die gleichen Lebensumstände, bis sie dieses Schicksal erfolgreich gemeistert haben.

Es gibt auch erdgebundene Seelen, die ungut sind und mit aller Macht auf dieser Erde bleiben und ihr Unwesen treiben wollen. Erinnern Sie sich an den Hausbesitzer aus dem Haus, in dem ich wohnte? Er hatte kein Interesse daran, ins Licht zu gehen, und er suchte sich immer wieder Möglichkeiten, um genügend Energie für eine Existenz als Geist zu haben. Es bräuchte nur einen Funken Einsicht von ihm, und er könnte auch seinen Weg ins Licht antreten.
Neben den erdgebundenen Verstorbenen gibt es auch sehr hochentwickelte Seelen. Diese zeigen sich mir als eine Art Seifenblase und sind in der Lage, wenn sie möchten, eine menschliche Gestalt anzunehmen, so wie Wanda, die mich auf meinen Jenseits-Reisen begleitete.
Je höher eine Seele entwickelt ist, umso durchscheinender und feinstofflicher sehe ich ihren Geist, der meist über dem Boden und höher schwebt. Erdgebundene Seelen dagegen haben eine feste, grobstoffliche Struktur, stehen auf der Erde und sehen für mich aus wie lebendige Menschen.

Wenn Hinterbliebene Rat bei mir suchen oder den Kontakt mit einem Verstorbenen herstellen möchten, schaue ich mir genau die Beweggründe an. In den meisten Fällen ist der Verstorbene direkt bei den Beratungsgesprächen anwesend, wie im Fall des kleinen Jungen. Dann weiß ich, dass auch er daran interessiert ist, erlöst zu werden oder offene Angelegenheiten zu klären.
Kontakt zu Verstorbenen aufzunehmen, weil es spannend ist oder man im Nachhinein noch „unwichtige" Fragen hat, lehne ich ab. Das wäre dann wahrhaftig eine Störung der Totenruhe – wie bei folgendem Bei-

spiel: Ein Mann kam einmal zu mir und bat mich, mit einem Verstorbenen Kontakt aufzunehmen. Er wollte, dass ich seinen verstorbenen Verwandten nach der Zahlenkombination des Tresors frage, in dem ein Teil des Erbes verschlossen lag und der sich nicht öffnen ließ. Ich musste ihm sagen, dass ich dies nicht als die Aufgabe eines Mediums sehe und erklärte ihm außerdem, dass Verstorbene solch ein Wissen nicht mit ins Jenseits nehmen. Sie leben dort als Seele weiter und lassen alles Menschliche, wie Passwörter, Kontonummern etc., hinter sich. Sie können uns keine Lottozahlen voraussagen und auch nicht mitteilen, wie viel Geld zum Beispiel in einem Banksafe in der Schweiz lagert. Es gibt nur ganz wenige Ausnahmen, bei denen der Seele gestattet wird, solche Informationen weiterzugeben.

In den Fällen, in denen tatsächlich etwas zu bereinigen ist, ist auf jeden Fall eine Kontaktaufnahme für den Verstorbenen eine Möglichkeit, endlich ins Licht zu gehen und für die Hinterbliebenen eine Chance, wieder Schritte in ihr eigenes Leben zu machen.

So auch im folgenden Fall: Hier konnte der Verstorbene nicht gehen, weil er etwas entdeckt hatte, das ihm keine Ruhe ließ. Eine Frau kam zu mir und suchte in einer beruflichen Angelegenheit meinen Rat. Und während dieses Beratungsgespräches tauchte plötzlich ihr verstorbener Vater auf. Er war entsetzt über seine Tochter, schaute sie böse an und redete hektisch auf mich ein. Ich sagte der Frau, was gerade geschah, woraufhin sie ebenfalls ganz entsetzt und ertappt schaute. Der Vater erklärte mir, dass er nicht eher gehen würde, bis dass die Erbangelegenheiten geklärt wären, denn seine Tochter habe sich über ihre Mutter Geld beschafft, das eigentlich allen vier Kindern rechtmäßig zustünde.

Mit diesen Informationen konfrontierte ich die Frau, woraufhin sie ganz blass und unruhig wurde und sich herauszureden versuchte. Ich konnte allerdings sehen, dass ihr verstorbener Vater in dieser Angelegenheit die Wahrheit sprach und dass es ihr nur um das Geld ging.

Sie gab zu, dass es ihr finanziell nicht sehr gut ginge und sie deshalb das Geld von der Mutter mit einem Trick bekommen habe. Mittlerweile hätte sie auch eingesehen, dass es nicht rechtens war, und sie versprach ihrem Vater, dass sie sich darum kümmern werde, ihren drei Geschwistern den zustehenden Anteil auszuzahlen. Sie sagte, dies könne jedoch eine Weile dauern oder sie müsse es auf Raten bezahlen. Der Vater gab erst einmal Ruhe und ging auf diesen Vorschlag ein.

Es vergingen einige Monate, bis die Klientin wieder zu mir kam, und ich nahm wahr, dass ihr Vater in der Zwischenzeit ins Licht gegangen war. Ich fragte, ob sie die Erbangelegenheit gut habe regeln können, und sie antwortete, sie habe ihren Geschwistern alles gestanden und bezahle ihnen ihren Anteil auf Raten zurück.

Nachdem der Vater dies wusste, fand er seinen Frieden – denn er sorgte schon Zeit seines Lebens immer für Gerechtigkeit unter seinen Kindern – und konnte ins Licht gehen.

Eine Stätte der Ruhe

Schon während meiner Kindheit mochte ich Friedhöfe, denn ich fühlte mich dort wohl – alles war so friedlich und still. Wenn meine Eltern oder Großeltern zur Grabpflege zum Friedhof gingen oder um Blumen auf einem Grab niederzulegen, ging ich gerne mit. Noch heute suche ich manchmal einen Friedhof auf, setze mich auf eine Bank und genieße die Stille.

Während eines meiner Seminare kamen wir auf das Thema Friedhöfe zu sprechen. Eine Frau berichtete, sie ginge dort nicht gerne hin und würde sich immer geistig mit allem schützen, was sie jemals gelernt hatte. Ohne Schutzamulett, Edelsteine in der Tasche usw. würde sie den Gottesacker nicht betreten. Ich fragte sie, ob sie einmal schlechte Erfahrungen auf einem Friedhof gemacht hätte, und sie antwortete, dass das nicht der Fall wäre, aber sie hätte in einem Buch gelesen, dass auf Friedhöfen sehr negative Kräfte herrschten. Aus den Gräbern kämen negative Energien, vor denen man sich sehr schützen müsse.

Ich erklärte ihr, dass ich so etwas noch nie gesehen oder wahrgenommen hatte. Nur ganz selten gibt es erdgebundene Seelen auf Friedhöfen, denn sie irren meist nur in ihrem gewohnten Umfeld umher, das heißt, sie sind an ihr altes Zuhause, ihren Sterbeort oder Menschen gebunden. Auf den Friedhöfen können sie nichts ausrichten oder auflösen, denn dort liegen tatsächlich nur ihre sterblichen Überreste. Man braucht daher wirklich keine Angst zu haben, wenn man sich dort aufhält.
Ich würde es tatsächlich als „Gottesacker“ bezeichnen, denn die Energien, die man mir auf einem Friedhof zeigt, sind immer harmonisch. Selbst die Trauer und der Schmerz von Angehörigen werden dort schnell aufgelöst, und vielleicht tut es deshalb den Hinterbliebenen gut, die Grabstätten zu besuchen – den Geist der verstorbenen Angehörigen allerdings findet man dort nicht.

Im Gegensatz zu manch anderen Orten bzw. Wohnhäusern fand ich auf einem Friedhof schon immer Ruhe, denn das war einer der wenigen Orte, an dem ich nie von Verstorbenen aufgesucht wurde.

Eine Ausnahme scheinen manche Kriegsfriedhöfe zu sein, wo die Seelen der Soldaten noch nicht erlöst sind. Ein Bekannter von mir hatte einen Faible für alte Kriegsgräber und schaute sich gerne diese alten Friedhöfe an. Irgendwann sprachen wir über das Thema im Allgemeinen und Kriegsgräber im Besonderen. Mein Bekannter erzählte mir, dass er gerne einmal einen bestimmten Friedhof in der Eifel besuchen wolle, dem ein Kriegsmuseum angeschlossen war. Daraufhin schlug ich ihm spontan vor, direkt an dem kommenden Sonntag gemeinsam einen Ausflug dorthin zu machen. Er stimmte erfreut zu, und so fuhren wir am Sonntagmorgen Richtung Eifel.

Wir waren sehr früh dort und konnten in aller Ruhe ganz alleine über diesen Friedhof gehen. Doch kaum hatten wir den Platz betreten, wurde es mir sofort eiskalt, und ich wusste, dass hier irgendetwas nicht stimmte. Ich konnte nicht direkt sehen, was hier los war, aber mir fielen die unglaublich vielen Ameisenhaufen an diesem Ort auf, und ich musste aufpassen, dass ich nicht hineintrat. Ameisen sind ein Hinweis auf negative Energien, denn auf dieselbe Art und Weise, wie Ameisen auf Erdenebene die Umgebung „aufräumen", transformieren sie auf geistiger Ebene Negativität.

Mein Gefühl sagte mir, dass hier noch viele verstorbene Seelen umhergeisterten und keine Ruhe fanden, sehen konnte ich sie allerdings immer noch nicht. Auch mein Bekannter fröstelte mittlerweile und hatte das unheimliche Gefühl, beobachtet zu werden. Wir verließen den Friedhof und stellten uns etwas abseits, da ich wissen wollte, ob ich mich getäuscht hatte. Kaum waren wir weg, sah ich, wie sehr viele verstorbene Seelen hinter Grabsteinen und Bäumen hervorkamen. Es waren allesamt die gefallenen Soldaten, die auf diesem Friedhof begraben waren. Aus irgendeinem Grund schienen sie nicht zu wissen, dass sie gestorben waren und geisterten hier irritiert umher.

Weil ich Mitgefühl mit Ihnen empfand, wollte ich gerne helfen und bat die geistige Welt, dies tun zu dürfen, wenn jetzt die Zeit reif wäre, diese Seelen ins Licht zu führen. Nachdem ich die Erlaubnis meines Engels erhalten hatte, errichtete ich eine Lichtsäule auf dem Friedhof und schaute zu, was passierte. Die verstorbenen Soldaten waren mittlerweile neugierig geworden und beobachteten mein Tun, sie wussten aber nichts mit der Lichtsäule anzufangen, und ich konnte ihre fragenden, erstaunten und skeptischen Gesichter sehen. Einige hielten vorsichtig ihre Hände und Arme hinein und schauten, was passierte, woraufhin ich sie ermutigte, in dieses Licht zu gehen, es wäre zu ihrem Wohl. Ein paar mutige Männer gingen voran, und ich konnte, bevor sie endgültig den Weg ins Licht gingen, ihre erleichterten und dankbaren Gesichter sehen. Plötzlich kamen immer mehr verstorbene Soldaten aus ihren Verstecken hervor, und ich errichtete noch zwei dieser Lichtsäulen. Mittlerweile waren es hunderte Geister, die auf diese Lichter zuschwebten und hineingingen. Nach einiger Zeit waren alle Seelen verschwunden, der Friedhof lag harmonisch und still vor uns, und ich war sehr dankbar, dass ich diese Energiearbeit für die verstorbenen Soldaten hatte machen dürfen.

Wir besuchten anschließend das Kriegsmuseum, und ich wusste dort sehr schnell, was ich wollte – nämlich nur noch so schnell wie möglich wieder hinaus auf den mittlerweile harmonischen Friedhof. Ich wusste, dass ich in dem Museum nichts ausrichten konnte, denn es gab zu viele Kriegsbilder, die von Leid und Tod erzählten, Schaufensterpuppen mit Uniformen von früher und vieles mehr, was an den Krieg erinnerte.

Auf meinem Weg nach draußen sah ich ein kleines Kind, das von seiner Mutter nicht zu beruhigen war, schreiend in seinem Buggy sitzen. Ich sah, dass es ein Indigo-Kind war und genau wie ich all die negative Energie hier spüren und sehen konnte. Eingreifen und helfen durfte ich nicht, aber ich war froh, als die beiden ebenso das Museum verließen.

Besetzungen

Von „Besetzungen" spricht man, wenn sich eine oder mehrere verstorbene Seelen in der Aura oder sogar im Körper eines Menschen festsetzen. Dies kann allerdings nur passieren, wenn wir unbewusst zustimmen oder es zu unserem Lebensplan gehört.
Durch mangelnde Selbstliebe zum Beispiel kann ein Leck in der Aura entstehen. Wir befinden uns dann in einer Art Opferrolle, was es verstorbenen Seelen erleichtert, den Zugang zu uns zu finden.
In Zeiten großer Trauer oder wenn man ständig großen Zorn mit sich trägt, kann dies auch ein Wegbereiter für eine Besetzung sein. Unsere Aura ist in diesen Fällen ungeschützter und offener dafür. Diese Emotionen bzw. Themen wirken wie ein Magnet auf Gleichgesinnte – nur dass es sich hierbei um verstorbene Seelen handelt, die sich an den Menschen haften. Des Weiteren können karmische Verstrickungen die Ursache dafür sein, dass sich Besetzungen einschleichen.
Wie und durch welche Ursachen auch immer eine Besetzung stattgefunden hat, die Folgen können fatal sein. Man erfährt eine Wesensveränderung, denn der „andere" möchte von nun an ein Wörtchen mitreden, was so weit gehen kann, dass der Besetzte plötzlich negative Gedanken hat, die er nicht selbst steuern kann. Eine schlimme Folge kann sein, dass der Besetzte zu Handlungen aufgefordert wird, die nicht mehr selbstbestimmt sind.
Weiter kann es passieren, dass aus einer friedlichen Person eine aggressive, aus einem lebensfrohen Menschen ein Depressiver, aus einem kraftvollen Menschen ein müder und antriebsschwacher Mensch wird. Die Wesensveränderungen fallen meist zuerst den Menschen im näheren Umfeld auf, welche oft nicht verstehen können, wie sich die Person fast über Nacht zum Negativen verwandeln konnte.
Es kann jedoch auch sein, dass die Besetzungen rein körperlich wirken und man die körperlichen Symptome der anhaftenden Seele übernimmt.

Eine Klientin bat mich um Hilfe. Sie war damals selbst spirituell interessiert und gerade auf dem Weg, ihre Fähigkeiten zu entdecken. Während eines Urlaubs hatte sie ein merkwürdiges Gefühl, dass irgendetwas nicht stimmte und dass sie schon einmal an diesem Ort gewesen war. Irgendetwas verband sie mit dieser Gegend, und sie war sich fast sicher, hier schon einmal gelebt zu haben. In der zweiten Urlaubswoche machten sich bei ihr Schmerzen im Rücken bemerkbar, die allmählich so schlimm wurden, dass sie die letzten Urlaubstage nur noch unter Zuhilfenahme von Schmerzmitteln genießen konnte. Mit ihrem unbestimmten Gefühl und ihrer Verbindung zu diesem Ort brachte sie die Schmerzen zu diesem Zeitpunkt nicht in Zusammenhang. Auch als die Schmerzen auf der Rückfahrt unerträglich wurden, war sie noch im festen Glauben, sich im Urlaub irgendwie schlimm verrenkt zu haben.

Zu Hause angekommen, konnte sie kaum noch laufen, und der Rücken war mittlerweile ganz steif, lediglich den Kopf konnte sie noch etwas drehen, und die einzige Position, die die Schmerzen halbwegs erträglich machte, war eine halbhohe Liegeposition mit vielen Kissen im Rücken – nichts half mehr, weder Spritzen vom Arzt noch Schmerzmittel, Schmerzsalbe oder Wärme. Sie litt sehr darunter, zumal sie drei kleine Kinder hatte und ihr Mann wieder arbeiten musste.

In ihrer Not rief sie mich an, schilderte mir ihre Lage und fragte, ob ich sehen könne, was bei ihr los wäre. Nachdem ich abgeklärt hatte, ob sie schon bei einem Arzt gewesen sei, berichtete sie, dass dieser nichts habe finden können und sich die starken Schmerzen nicht erklären ließen.

Ich übermittelte ihr daraufhin, was ich sah: *„Du hast drei Besetzungen aus Deinem Urlaub mitgebracht. Ihr habt eine karmische Verbindung aus einem früheren Leben. Verzeihe Dir und ihnen, was auch immer geschehen ist, und lasse los.“* Ich erklärte ihr anschließend ein Ritual zur Ablösung ihrer Besetzungen und merkte, dass sie meinen Rat etwas skeptisch annahm. Noch nie hätte sie solche Schmerzen gehabt, erzählte sie mir und fragte, ob ich sicher sei, dass das wirklich helfe…

Am nächsten Morgen schon rief sie erneut an. Sie hätte abends alles genau so gemacht, wie ich es empfohlen hatte, und wäre dann in ihrer schrägen Liegeposition eingeschlafen. An dem heutigen Morgen wäre sie wach geworden mit der seit Tagen gewohnten Angst, sich zu bewegen. „*Martina, das ist wie ein Wunder!*“, berichtete sie begeistert. „*Gestern noch hatte ich so schlimme Schmerzen und konnte mich nicht bewegen. Ich hatte heute wieder solche Angst aufzuwachen und mich in der gleichen schlimmen Situation wiederzufinden, aber wie durch ein Wunder ist alles weg – wirklich alles. Ich bin völlig schmerzfrei und kann mich ganz normal bewegen. Ich freue mich total darüber, aber ich kann es kaum glauben. Wie ist das möglich?*“

Ich sah, dass die Besetzungen weg waren und sagte ihr, dass sie diese vollständig abgelöst hatte. Deshalb war sie wie durch ein Wunder über Nacht schmerzfrei geworden. Weiter erklärte ich ihr, dass diese Ablösung so schnell geschehen konnte, weil das Karma erlöst werden durfte – die Zeit war reif gewesen. Es bedurfte nur einer kurzen – wenn auch heftigen – Episode, und alles konnte geklärt werden. Sie war mir sehr dankbar, dass ich ihr durch meinen Rat helfen konnte.

Weitere Hinweise auf eine Besetzung können Alpträume sein, Schlaflosigkeit, Ängste und zum Beispiel das Gefühl, beobachtet zu werden. Man ist meist in einer sehr verzweifelten Lage, und nicht wenige denken, dass sie nun auf dem Weg sind, verrückt zu werden oder es längst sind. Aus diesem Grund vertrauen sie sich oft auch nicht ihrem Umfeld an und versuchen, das alles mit sich selbst auszumachen.

Eine neue Klientin rief mich an, denn ich wurde ihr von ihrer Freundin empfohlen, der sie sich anvertraut hatte. Es ging nicht um sie selbst, sondern sie fragte, ob ich ihrem Vater helfen könne. Er hätte dem zugestimmt und verzweifelt um Hilfe gebeten. Seit Wochen schon war ihr Vater depressiv. Er aß kaum noch etwas, hatte sehr viel abgenommen und weinte viel. Nichts half ihm, keine Medikamente und keine guten Worte. Jeden Tag baute er ein Stückchen mehr ab, und hinzu kamen noch Ängste, die sich zu panischen Angstzuständen steigerten. Durch diese Zustände war es ihm nicht mehr möglich, das Haus zu verlassen, und selbst dort konnte er nicht mehr alleine bleiben. Seine Frau durfte noch nicht mal kurz zum Einkaufen das Haus verlassen, dann musste seine Tochter oder ihre Schwester bei ihm bleiben. Für alle Beteiligten war es eine schlimme Zeit und kein tragbarer Zustand mehr. Und als jetzt auch noch Selbstmordabsichten ihres Vaters dazukamen, rief sie mich an.

Sie schickte mir ein Bild von ihm, und über dieses Bild konnte ich mit ihm geistig Kontakt aufnehmen. Ich sah, dass er eine Besetzung hatte, die ihm sein Leben mehr als schwer machte. Allerdings hatte er auch selbst ein Problem mit Depressionen, und die Ursache hierfür sah ich in seiner Kindheit. Ich sagte seiner Tochter, dass diese gelöst werden müsse, wenn er dauerhaft gesund sein wolle, sonst würde die Gefahr bestehen, nochmals in einen solchen Zustand zu rutschen.

Jedoch musste jetzt zunächst einmal die Besetzung gelöst werden. Wäre die Zeit dafür noch nicht reif gewesen, hätte die Tochter nicht den Weg zu mir oder einem anderen Medium gefunden, und letztendlich hätten es die Engel verhindert. Das gab mir die Gewissheit, dass ich handeln durfte, und so löste ich die Besetzung von ihm. Nachdem ich fertig war, wurde mir von meinem Engel übermittelt, dass es eine Woche dauern würde, bis es ihm besser ginge. Dies teilte ich der Tochter mit und bat sie, mich nach dieser Zeit nochmals zu kontaktieren.

Nach einiger Zeit bekam ich folgenden Brief von ihr:

Liebe Martina,
ich möchte mich von Herzen bei Dir bedanken, dass Du meinem Vater geholfen hast, und soll Dich auch ganz lieb von ihm grüßen.
Es ist alles so eingetroffen, wie Du es mir gesagt hast. Es ging ihm wirklich noch eine Woche etwas schlechter, aber seitdem ist er wieder ganz der Alte.

Er zieht sich nicht mehr zurück, und er spricht auch nicht mehr über Selbstmordpläne. Zum Glück hat er auch keine Ängste mehr, und wir können ihn wieder alleine lassen.
Das Essen schmeckt ihm so gut wie früher, und ich glaube, er hat auch wieder etwas zugenommen.
Es ist so toll und so unglaublich, dass es doch Wunder gibt. Meine Mutter, meine Schwester und ich sind jetzt sehr interessiert, mehr zu erfahren, wie das alles geht und was es noch alles gibt. Du hast mir ja schon am Telefon mehr über die übersinnlichen Dinge erzählt [...]
Für uns alle ist das ein Wunder, und wir sind Dir sehr, sehr dankbar, denn es war eine sehr schwere Zeit für die ganze Familie.
Viele Grüße

Eine weitere interessante Begebenheit zum Thema Besetzungen trug sich wie folgt zu: Ein junger Mann nahm an meinem Reiki-I-Seminar teil. Nach zwei von insgesamt vier Einweihungen merkte ich, dass es ihm nicht gut ging. Für mich war es schon fast zur Gewohnheit geworden, dass sich bei meinen Seminaren heftige Blockaden von Teilnehmern zeigten, die zur Auflösung anstanden. Ich fragte ihn, was denn genau mit ihm los sei, und er erzählte, dass ihn schon sein ganzes Leben lang immer wieder die gleichen Symptome plagen würden. Sein Körper fühle sich dann an, als steckten tausend Nadeln darin. Anfallsartig und ohne vorherige Ankündigung würde es ihn sofort überall stechen, und die Schmerzen wären unerträglich. Dies alles geschehe unabhängig von der jeweiligen Situation – es könne sowohl zu Hause passieren, wenn er entspannt fernsehe, als auch an seinem Arbeitsplatz oder beim Autofahren. Er hätte in der Vergangenheit schon viele Ärzte aufgesucht, die ihn alle für verrückt erklärten, weil sie keine körperliche Ursache finden konnten.

Nachdem ich ihn gefragt hatte, ob ich mal schauen dürfe, was mit ihm los sei, willigte er dankbar ein. Mein Engel zeigte mir, dass in seinem Körper Akupunkturnadeln steckten, und ich konnte sehen, dass es sehr viele mehr waren, als es normalerweise der Fall ist. Über mein linkes Ohr hörte ich eine Stimme, die sich frech anhörte und sagte, sie wolle ihr Blut wiederhaben, es wäre ihres. Wenn ich etwas oder jemanden über meine linke Körperseite wahrnehme, bedeutet dies, dass es etwas Negatives ist. Gleichzeitig zu der Stimme zeigte man mir ein braunes Band, welches um seinen Körper rotierte.

Ein Engel sprach anschließend durch mich zu ihm, was die Seminar-Teilnehmer an meiner veränderten Stimme erkennen konnten: „*Du hast einen Blutkreislauf in Dir, der nicht Deiner ist, und es stecken sehr viele Nadeln in Dir.*" Er setzte sich überrascht auf und schaute mich verwundert an, denn seine Mutter hatte ihm erzählt, dass er direkt nach seiner Geburt einen Blutaustausch brauchte, um zu überleben – seitdem trug er fremdes Blut in sich. Des Weiteren bekam der winzige Säugling einige Akupunkturnadeln gesetzt, damit das neue Blut von seinem Körper besser aufgenommen werden konnte.

Allein die Tatsache, dass der junge Mann als Säugling sofort von seiner Mutter getrennt und mit einem Helikopter in eine Spezialklinik gebracht worden war, löste einen Schock bei ihm aus. Die sofortige Bluttransfusion und die Stiche der Nadeln vertieften diesen Schock um einiges, sodass die Nadeln energetisch noch in seinem Körper steckten. Ich gab ihm Reiki, um den Schock aufzulösen, und sah, dass das geistige Chirurgenteam mir helfen wollte. Sie wiesen mich an, alle Nadeln aus seinem Körper zu entfernen und hielten mir einen Behälter hin, in welchen ich diese legen sollte. Nach und nach zog ich diese Nadeln heraus, und es dauerte eine ganze Weile, bis ich alle entfernt hatte. Als ich fertig war, stand neben mir ein Engel mit neuem Blut für ihn, und das geistige Chirurgenteam setzte ihm zwei Kanülen in seine Arme. Aus der rechten zogen sie das alte Fremdblut, und über die Kanüle im linken Arm gaben sie ihm neues Blut in sein System, was wiederum einige Zeit in Anspruch nahm.

Nach diesem Vorgang waren bei dem jungen Mann alle Symptome verschwunden, und es ging ihm wunderbar. Er rief mich nach etwa einem Jahr nochmals an und versicherte mir, dass er seitdem nie mehr diese Stiche gespürt habe.

Eine Bluttransfusion oder Organspende bedeutet immer, dass man damit zum Teil eine fremde Energie annimmt, was oftmals unangenehme Folgen nach sich zieht.
Körperliche Symptome des Spenders können dann genauso übertragen werden wie Charaktereigenschaften, Glaubensmuster, Programmierungen, Fixierungen usw., denn man bekommt einen Seelenteil des Spenders mit übertragen.
Im Blut eines Menschen ist seine Genetik zu hundert Prozent gespeichert, die man im Falle einer Transfusion eins zu eins übertragen bekommt.
Ich möchte hier nicht von lebensrettenden Bluttransfusionen oder Organspenden abraten, möchte allerdings darauf hinweisen, dass man Veränderungen an sich oder an anderen nach solchen Eingriffen nicht einfach hinnehmen, sondern einen energetischen, geistigen Blick auf das Geschehen werfen lassen sollte.
Hinweisen möchte ich zudem darauf, im Umgang mit neueren Untersuchungsmethoden vorsichtig zu sein. In der alternativen Medizin gibt es ein Diagnose-Verfahren, für das der Behandler Blut des Patienten benötigt. Dieses kann sogar über Jahrzehnte gelagert werden, ohne genetische und energetische Informationen zu verlieren. Gelangt dieses Blut in falsche Hände, kann man einem Menschen über diese Verbindung großen Schaden zufügen. Halten Sie hier die Augen nach seriösen Behandlern offen, oder verlangen Sie Ihr Blut nach der Austestung zurück.

Eine verzweifelte Klientin rief mich an und schilderte das Folgende: Ihre Mutter hatte ein neues Herz bekommen, wodurch man ihr das Leben rettete. Nach überstandener Operation wachte sie jedoch völlig verändert auf, denn sie war sozusagen über Nacht zu einer verbitterten und bösartigen Frau geworden. Statt froh zu sein, alles gut überstanden zu haben und weiterleben zu dürfen, konnte man ihr nichts mehr recht machen, und man sah sie weder lächeln noch freundlich dreinblicken.

Vor dem Organaustausch war sie eine liebevolle und sympathische Frau, die bei allen sehr beliebt war. Nun erkannte die Tochter sie nicht mehr wieder und hatte sich deshalb verzweifelt an mich gewandt.

Ich arbeitete energetisch mit ihrer Mutter und konnte die fremde Energie von ihr lösen, woraufhin sie nach und nach wieder die liebevolle Frau wurde, die sie vor der Operation war. Doch der vollständige Prozess dauerte einige Monate.

Seelentausch und Seelenanhaftungen

Im Verlauf eines Lebens kann es vorkommen, dass Teile der Seele ausgetauscht werden, doch nur in ganz seltenen Fällen wird die gesamte Seele ausgewechselt.
Die Seele in ihrer Ganzheit besteht wie ein Puzzle aus mehreren Teilen. Hat man erfolgreich einen Lernprozess in seinem Lebensplan bewältigt, kann ein Teil des „Seelenpuzzles" ausgetauscht werden.
Manche Menschen brauchen nach solch einem Austausch längere Zeit, um mit der Veränderung klarzukommen – andere merken nichts von diesem Vorgang.
Meist werden bei einem teilweisen Austausch der Seele die Teile gewechselt, die den Lebensplan eines Menschen in bestimmten Bereichen sehr verändern. Deshalb kann es sein, dass man sich selbst fremd vorkommt. Man hat das Gefühl, plötzlich ein anderer Mensch zu sein und reagiert in bestimmten Situationen nicht mehr mit den alten Mustern, die mit dem Seelenanteil ausgetauscht wurden. Aus diesem Grund ist es verständlich, dass man das Gefühl bekommen kann, die gesamte Seele sei ausgetauscht worden.

Auch bei mir wurden im Verlauf meines bisherigen Lebens immer wieder Seelenanteile ausgetauscht, und ich hatte tagelang Probleme, mit der Veränderung klarzukommen:

Engelsmusik ertönte in meinen Ohren, und das hieß für mich, in Meditation zu gehen und mich durch meine nächste Lektion führen zu lassen. Am Morgen eines solchen Tages hatte ich irgendwie keine Lust dazu, denn ein Gefühl sagte mir, dass etwas Anstrengendes auf mich zukommen würde, doch mein Schutzengel bestand vehement darauf und meinte, es wäre wichtig für mich und meinen weiteren Weg. So ging ich dann doch in Meditation. Über mir erschien eine Lichtröhre, und um mich herum wurde es sehr warm. Durch die Lichtröhre kamen weitere Engel mit einer Trage zu mir. Mein Schutzengel nahm meine Hand und führte mich zu dieser Trage, dann deutete er mir, mich darauf zu legen und sagte: „*Hab keine Angst, und lasse Dich einfach nur von mir führen!*" Ich legte mich auf die Trage, denn durch mein großes Vertrauen zu den Engeln wusste ich, dass mir nichts passieren würde.

Auf dieser Trage nahmen sie mich mit durch die Lichtröhre. Am anderen Ende der Röhre angekommen, sah ich eine weitere Trage mit einer Seele, die sehr klar und rein war. Mein Engel nahm diese Seele an der Hand und führte sie zu mir. Sie schlüpfte in mich und nahm mitten in mir Platz, was mich erst einmal überraschte und mit einem seltsamen Gefühl verbunden war. Während dieses Vorgangs ruckte es an verschiedenen Körperstellen, was sich ebenfalls sehr merkwürdig anfühlte. Es tat jedoch nicht weh.

Ich fragte meinen Schutzengel, was das zu bedeuten habe, und er sprach zu mir: „*Teile Deiner Seele werden nun ausgetauscht, denn als Du noch ein Kind warst, haben wir beschlossen, dass es besser für Dich ist, Seelenteile abzukoppeln, damit Deine eigentliche Seele keinen Schaden nimmt bei dem, was Du durchmachen musstest. Jetzt bist Du so weit entwickelt, dass Du in der Lage bist, diese Teile Deiner Seele zurückzubekommen, die ursprünglich zu Dir gehörten. Vertraue uns, alles geschieht zu Deinem Besten.*"

Nach diesem Erlebnis hatte ich das Gefühl, ich würde mich nicht richtig kennen. Ich fühlte mich fremd und musste mich erst wieder neu entdecken. Mein Schutzengel sagte mir, es würde ein paar Tage dauern, bis ich mich an den neuen Zustand gewöhnen würde. Ich nahm es als Geschenk Gottes an und bedankte mich dafür.

Eines Abends klingelte es, und eine junge Frau stand vor meiner Tür, die einen Termin bei mir hatte. Ich bat sie herein, wir unterhielten uns kurz, und ich sah, dass sie etwas von ihrem Lebensplan abgekommen war. Während sie mir ihre Geschichte erzählte, hatte ich das Gefühl, dass etwas nicht stimmte. Sie hatte schon viele Hellseher aufgesucht und nach Rat gefragt, und alle erzählten ihr dasselbe, doch ich sah etwas anderes...

Bei einem schweren Verkehrsunfall wäre sie fast ums Leben gekommen und hatte außerkörperliche Wahrnehmungen. Dabei stand sie neben ihrem Körper und beobachtete, wie die herbeigerufenen Ärzte um ihr Leben kämpften. Nachdem sie wieder zurück in ihrem Körper war, lag sie längere Zeit im Koma und hatte nach ihrem Erwachen das Gefühl, ein ganz anderer Mensch zu sein. Sie besorgte sich Bücher über Nahtoderlebnisse und war überzeugt, dass man ihre komplette Seele ausgetauscht hatte. Daraufhin suchte sie mehrere Hellseher auf, die ihr alle bestätigten, dass ihre komplette Seele während des Austritts aus ihrem Körper ausgetauscht worden war. Ich konnte dies nicht bestätigen und sagte ihr, dass zwar ein großer Teil, aber nicht die ganze Seele ausgetauscht worden war. Mein Schutzengel bestätigte mir die Aussage, doch die Dame wollte mir nicht glauben und verließ, zornig und von meiner Behauptung enttäuscht, die Wohnung.

Oft schon kam es vor, dass ich eine andere Sicht auf die Dinge hatte als andere Medien. Mir wurden die Themen, Situationen oder Probleme aus einer anderen Perspektive gezeigt. Dennoch habe ich meinen Engel gefragt, warum die anderen Hellseher das Anliegen dieser Frau anders sahen als ich. Mein Schutzengel erklärte mir dazu: *„Es gibt viele Hellseher, die mehr nach dem Wunsch der Menschen schauen als auf das, was der Realität entspricht. Zwischen Wunsch und Realität zu unterscheiden, ist sehr schwierig, und das können viele nicht.“*

Etwa ein dreiviertel Jahr später rief mich diese Frau an und entschuldigte sich bei mir. In der Zwischenzeit hatte sie einen Schamanen aufgesucht, und er hatte ihr dasselbe gesagt wie ich. Er kannte mich nicht und wusste auch nichts von meiner Aussage. Jetzt konnte sie sich mit dem Gedanken anfreunden, dass sich die Veränderungen, die man durchläuft, wenn man einen Teil der Seele ausgetauscht bekommt, eben nur so anfühlten, als wäre die komplette Seele ausgetauscht worden.

Ich bin sehr dankbar, dass ich bei Menschen so tief blicken kann, auch wenn es für den Betreffenden manchmal unangenehm ist, die Wahrheit anzunehmen. Aber nur so kann man die wirklichen Ursachen erkennen und positiv verändern.

Neben dem Seelenteil-Austausch von der geistigen Welt gibt es die Seelenteil-Abspaltung, die wir unbewusst vornehmen. Meist geschieht dies während oder nach einem sehr schlimmen Erlebnis oder sehr starken Schmerzen. Ein Kind zum Beispiel, das einen Missbrauch durchlebte, wird diesen verletzten Teil der Seele abspalten, damit es den furchtbaren Schmerz nicht mehr ertragen muss. Nach der Abspaltung setzt dann das typische Vergessen des kompletten schrecklichen Ereignisses ein. Dies geschieht unbewusst und zum Schutz unserer Seele. Fehlt bei einem Menschen ein Seelenteil, sehe ich an dieser Stelle einen schwarzen Fleck.
Im Verlauf des weiteren Lebens kommt irgendwann der Moment, an dem wir dieses Erlebnis aufarbeiten sollen und auch können bzw. unser Lebensplan dies vorsieht. Dann treffen wir zum Beispiel auf Menschen, die uns dabei behilflich sind – Menschen, die wie ich mit energetischer Arbeit die Themen anschauen und auflösen oder andere Therapeuten, die von diesen Abspaltungen wissen. Ist das Thema aufgearbeitet und abgelöst, kann dieser gereinigte Seelenanteil wieder integriert werden.

Eine Frau bat mich einmal um Hilfe, denn sie hatte seit Tagen heftigste Schmerzen im oberen Rücken. Dazu kamen Schulterschmerzen auf der rechten Seite, durch welche sie ihren Arm nicht mehr anheben konnte. Außerdem fiel ihr das Durchatmen schwer, weil es schmerzte und die Atmung blockiert war. Ich sah bei ihr eine Seelenanhaftung, die im oberen Rücken und der rechten Schulter festsaß. Es war ein Seelenteil einer anderen Seele, welche diesen wahrscheinlich wegen großer Schmerzen abgespalten hatte. Der Seelenteil hatte eine negative Energie und verursachte bei der Frau diese heftigen Beschwerden.

Noch während dieses Gespräches konnte ich die Seelenanhaftung auflösen und die Schmerzen verschwanden sofort wie durch ein Wunder.

Ähnlich wie bei Besetzungen kann solch ein Seelenanteil an einem Menschen haften, und die Folgen sind ähnlich schlimm. Es kann sowohl zu Wesensveränderungen kommen als auch zu starken Schmerzen in diesem Bereich des Körpers.

Wenn man mit unklaren Beschwerden, die von ärztlicher Seite abgeklärt wurden, keine Lösung des Problems findet und sich das Wohlbefinden von alleine oder durch medizinische Maßnahmen nicht einstellt, kann ein hellsichtiges Medium die Ursache wahrnehmen – egal, ob es sich um eine Besetzung, eine Seelenanhaftung, Karma, eine Verwünschung, einen Fluch oder um ein eigenes ungelöstes Thema handelt.

Seelenteile

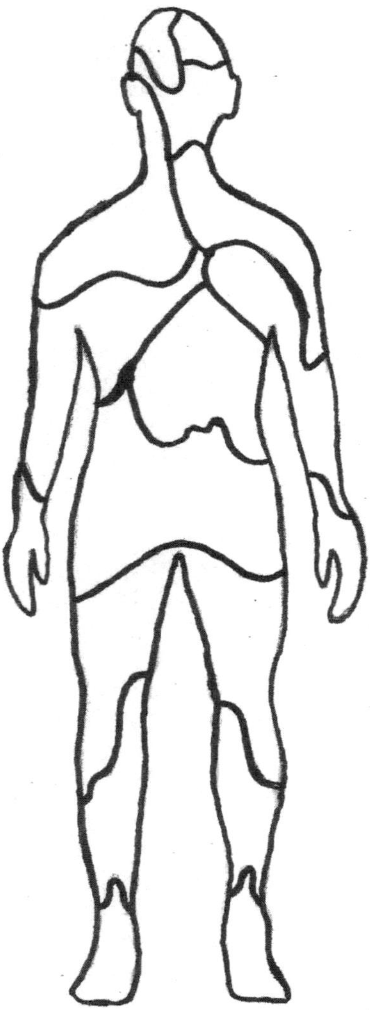

Anhand der Skizze kann man erkennen, wie Seelenanhaftungen aussehen. Hier hat sich ein negativ schwingender Seelenteil am unteren Rücken festgesetzt. Dies kann zu Rückenschmerzen führen und Organe im Unterbauch blockieren.

Auf dem Kopf befindet sich eine weitere Seelenanhaftung, die in der Folge Kopfschmerzen, Gedächtnisschwäche etc. verursachen kann. Diese Seelenanhaftung blockiert außerdem das Scheitelchakra, und somit die Anbindung an die lichtvolle geistige Welt.

Energie-Umstellungen und Hausgeister

Durch meine Lebensgeschichte konnten Sie bereits erfahren, dass sich das Thema „Energetische Wohnungsreinigung und Energie-Umstellung" quer durch mein Leben zog. Eigene Erfahrungen ließen mich hautnah spüren, was es heißt, in einem negativen Umfeld zu leben. Von meiner ersten spirituellen Lehrerin erlernte ich die energetische Wohnraumreinigung und wurde später von meinen Engeln während meiner geistigen Ausbildung gelehrt, wie man eine Energie-Umstellung dauerhaft verankern kann.

„Energie-Umstellung" heißt, dass alle negativen Energien in der Wohnung bzw. in dem Haus und auf dem Grundstück in positive transformiert werden – dauerhaft. Wobei hier eine Einschränkung gilt: Lernprozesse, die man noch zu durchleben hat, bleiben bestehen und dürfen erst nach erfolgreichem Lernprozess aufgelöst werden.
Doch selbst wenn man noch einen Lernprozess zu erledigen hat, wird dies auf jeden Fall nach einer Energie-Umstellung einfacher. Hat man außer diesem Prozess noch einen oder mehrere negative Geister in seinen Räumlichkeiten, die durch diese Reinigung gehen müssen, wird sich das Raumklima enorm verbessern und die Wohnqualität immens anheben, und man kann die Prozesse leichter bewältigen.
Es ist jedoch wirklich selten, dass etwas Negatives nach einer energetischen Reinigung zurückbleibt, denn meist handelt es sich um Störfaktoren, die nicht zu unserem Lebensplan gehören und somit aufgehoben werden dürfen.
In einer Wohnung zu leben, in denen sich negative verstorbene Seelen aufhalten, ist immer von starken Beeinträchtigungen im Leben gekennzeichnet. Man fühlt sich einfach nicht wohl in seiner Wohnung, selbst wenn sie noch so liebevoll eingerichtet oder neu renoviert sein mag. Man ermüdet schnell, fühlt sich energielos oder findet – im Gegenteil – keine Ruhe und keinen gesunden Schlaf. Alpträume können die nächtliche Ruhe stören sowie unheimliche, unerklärbare Vorkommnisse.
In schlimmen Fällen kann dies zur Beeinträchtigung der körperlichen und geistigen Gesundheit führen.

Meine folgende Klientin zum Beispiel dachte, sie wäre auf dem besten Weg, verrückt zu werden, denn tagsüber fühlte sie sich in ihrer Wohnung beobachtet. Sie hatte das Gefühl, als wären in allen Ecken versteckte Kameras installiert, welche auf sie gerichtet waren. Körperlich ging es ihr ebenfalls stetig schlechter, denn sie war immerzu müde und schlapp, dabei aber innerlich unruhig. Wenn sie sich mit ihrer Familie im Urlaub befand, ging es ihr nach ein paar Tagen immer viel besser, und die Beziehung mit ihrem Mann war harmonischer als zu Hause, denn dort hatten sie oft Streit. Ihre beiden Kinder spielten fast nie in ihren eigenen Zimmern, zumindest nicht alleine. Nachts kamen sie oft zu den Eltern ins Bett oder weigerten sich bereits abends, in ihren eigenen Betten zu schlafen. Sehr schlimm waren die Zustände im Schlafzimmer meiner Klientin, wenn sie alleine war. In den Zeiten, in denen ihr Mann aus beruflichen Gründen nachts nicht nach Hause kam, machte sie kaum ein Auge zu, und ohne Licht konnte sie dann überhaupt nicht einschlafen. War sie endlich eingeschlafen, wurde sie meist wieder von schlurfenden Schritten, die sie vor ihrem Bett wahrnahm, geweckt und hatte wieder das Gefühl, beobachtet zu werden. Weil sie allerdings niemanden sehen konnte, glaubte sie, wahnsinnig zu werden. In diesem Zimmer war es deutlich kälter als in den anderen Räumen, und selbst wenn sie die Heizung anmachte, wurde es einfach nicht warm. Ich konnte sehr gut nachempfinden, dass sie das Gefühl hatte, verrückt zu werden und wollte ihr gerne mit einer Energie-Umstellung helfen. Hierfür vereinbarten wir einen Termin.

Während der Umstellung konnte ich sehen, dass sich in dieser Wohnung noch der Vorbesitzer des Hauses aufhielt. Er wollte nicht freiwillig gehen, weil er noch an seinem Hab und Gut hing. Meine Klientin und ihre Familie störten ihn in „seinem“ Haus, deshalb machte er ihr die Nächte schwer und trieb auch sonst sein Unwesen dort. Es wunderte mich nicht, dass die Kinder in der Wohnung Angst hatten, denn es hielten sich dort auch noch andere verstorbene Seelen auf. Der Mann war wohl zu Lebzeiten schon kein netter Zeitgenosse gewesen, und es gab oft Streit mit seiner Frau. Diese „Streit-Energie“ hing derart in der Wohnung fest, dass sie nun auf das jetzt hier lebende Ehepaar überging.

Nachdem die Energie umgestellt war, rief mich meine Klientin ein paar Tage später an. Sie konnte es kaum glauben, dass sie seitdem durchschlafen konnte, und sie fühlte sich innerlich ruhiger. Das Gefühl, beobachtet zu werden, war verschwunden, und die Kinder spielten friedlich in ihren Zimmern. Deutlich spürbar war auch die Harmonie zwischen ihr und ihrem Mann, und beide wunderten sich über das neu gewonnene Lebensgefühl. Im Schlafzimmer hatte sie jetzt ein ganz wohliges Gefühl, und der Raum war spürbar wärmer geworden. Sie sagte, sie fühle sich wieder pudelwohl und sei froh, nicht verrückt zu sein und sich das alles nicht eingebildet zu haben. Nach vielen Monaten informierte sie mich in einer E-Mail, dass dieser gute Zustand der Wohnung weiter anhielt und sie sehr dankbar dafür sei.

Das nächste Erlebnis möchte ich Ihnen ebenfalls nicht vorenthalten, denn diese Energie-Umstellung führte zu einem wirklich herzzerreißenden Happyend: An einem Wochenende fand ein Energie-Umstellungs-Seminar bei mir statt. Neben der Theorie suche ich immer während dieser Ausbildungstage ein Haus oder eine Wohnung auf, um mit den Teilnehmern an einem praktischen Beispiel die Umstellung durchzuführen. Einige Zeit zuvor bat mich meine Schulfreundin Janine um Hilfe. Sie war umgezogen und fühlte sich alles andere als wohl in ihrer neuen Wohnung. Ich schlug ihr vor, die Energie-Umstellung mit der Seminargruppe bei ihr durchzuführen. Sie willigte ein, und so fuhren wir am zweiten Seminartag zu ihr nach Hause.

Sie wohnte seit einiger Zeit in einem früheren Pfarrhaus, das einer bestimmten Kirche angegliedert war. Diese Kirche kannte ich aus meiner Jugendzeit, und ich wusste, dass die Energien dort immer sehr negativ waren.

Das Haus war in zwei Wohnungen aufgeteilt, und Janine wohnte in der unteren Etage. Schon beim Betreten der Wohnung kam bei manchen Teilnehmern Übelkeit auf. Die gesamte Gruppe fühlte sich sehr unwohl und nahm sehr negative Energien wahr.

Janine hatte große Probleme, nachts ein- und durchzuschlafen, und da die gesamte Gruppe der Meinung war, dass von ihrem Schlafzimmer die schlimmsten Energien ausgingen, schauten wir uns diesen Raum zuerst an. Die Teilnehmer spürten, dass hier etwas sehr Schlimmes passiert sein musste, und ich schaute nach. Ich sah genau dort, wo jetzt das Bett von Janine stand, ein anderes Bett stehen, in dem die Seele eines Verstorbenen lag. Diese Seele war an diesen Ort, an dieses Bett gebunden und konnte nicht gehen, weil sie in ihrem Leben schlimme Dinge getan hatte, die sie allerdings nicht einsehen wollte.

Es war die Seele eines verstorbenen Pfarrers, die hier im Bett lag, und es wunderte uns nicht, dass Janine hier nicht zur Ruhe kam und Angstzustände ihre Nächte bestimmten, denn sie lag ja gewissermaßen auf bzw. in ihm. Das Aussehen des Pfarrers konnte ich ganz genau beschreiben, woraufhin Janine vorschlug, im Archiv der Kirche nach einem Bild und Informationen über ihn zu suchen, denn sie war ein engagiertes Kirchenmitglied in dieser Gemeinde und hatte Einsicht in die Dokumente. Während die Seminar-Gruppe und ich schon mal die restlichen Räume energetisch bearbeiteten, schaute Janine in den Büchern der Kirche nach und fand tatsächlich nach kurzer Zeit den von mir beschriebenen Pfarrer. Des Weiteren erzählte sie uns über das Gerede in der Gemeinde, demzufolge hier in diesem Haus ein Missbrauch stattgefunden habe. Diese Gerüchte wurden offiziell nie bestätigt, und somit hatte sie diesen Informationen in der Vergangenheit nicht viel Beachtung geschenkt.

Erneut gingen wir in das Schlafzimmer, und ich bat um Informationen aus der geistigen Welt. Ich konnte sehen, dass sich in den Wänden des Zimmers sehr viele kleine Türen öffneten und den Blick auf Nischen dahinter freigaben. Diese Nischen waren etwa so groß wie eine Urne und erinnerten mich auch an Urnenwände. Nun tauchten in den Nischen Namen auf. Instinktiv wusste ich, dass es Namen von verstorbenen Kindern waren und bekam die ganze Grausamkeit ihres Martyriums aufgezeigt. Diese Kinder waren geistig und/oder körperlich behindert und der Obhut der Kirche unterstellt gewesen. Diese Obhut wurde in diesem Haus von mehreren Pfarrern während ihrer Dienstzeiten ausgenutzt. Die armen Seelen wurden alle missbraucht und kamen hier ums Leben, und die schlimmen Schicksale machten uns wütend.

Wir durften und konnten allerdings gemeinsam diese Kinderseelen befreien, und schlagartig leuchtete dieser Raum schon viel heller. Der verstorbene Pfarrer, der sich auch an den Kindern vergangen hatte, wollte seine schlimmen Taten nicht einsehen und durfte somit nicht ins Licht gehen. Er wurde von Engeln abgeholt, die ihn auf eine Ebene führten, in der er eine weitere Chance bekam, seine Taten zu bereuen. Es handelte sich hierbei um eine Ebene im Jenseits, die man mit dem Energiegefüge der Erde gleichsetzen kann.

Das Zimmer und die restliche Wohnung waren damit bereinigt und von allem Negativen befreit, doch die Teilnehmer des Seminars und ich spürten noch immer sehr negative Energien in dem Haus, die von den Kellerräumen ausgingen. Mit Janine zusammen gingen wir in den Kellerbereich und spürten sofort, dass hier noch sehr negative Energien festsaßen. Wir begannen nun, in diesen Räumen die Energien umzustellen. Unter anderem stellten wir einen Topf mit Meersalz auf und zündeten das Salz an. Im Normalfall brennt dieses Salz mit niedriger Flamme, ruhig und sanft. In diesem Fall aber spürten wir, dass sich jetzt die negative Energie enorm verdichtete, und plötzlich schossen hohe Flammen aus dem Topf. Ich sah, dass die negative Energie extrem dicht und hoch war, denn sie hatte in diesem Keller keine Chance, transformiert zu werden. Ich rief Janine zu, dass sie schnell die Außentür öffnen solle, damit die Energien sich ausdehnen konnten, sonst würde der Topf explodieren. Sie riss in Windeseile die Tür auf, und die Energie konnte energetisch verpuffen. Schlagartig wurde es im Keller heller, und eine angenehme Energie floss durch die Räume.

Vor mir stand jetzt ein kleines Mädchen, und mir wurde gezeigt, dass sie hier in diesem Keller ebenfalls missbraucht wurde und ums Leben kam. Die negativen Energien in diesen Räumen hielten das Mädchen über die Jahrzehnte in dem Keller gefangen. Ihre später verstorbene Mutter wusste dies und wartete seitdem auf ihr Kind, um es ins Licht zu holen.

Als die negativen Energien verschwunden waren, konnte das Mädchen den Keller verlassen. Draußen vor der Tür stand nun ihre Mutter, die schon so lange auf ihre Tochter gewartet hatte, und schloss sie überglücklich in die Arme. Beide hielten sich lange eng umschlungen, und ich konnte die enorme Welle der Liebe zwischen den beiden wahrnehmen. Gemeinsam konnten sie nun ihre Reise ins Licht antreten. Es war wunderschön! Doch damit nicht genug: Die befreiten Kinder-Seelen hielten sich an den Händen und tanzten im Kreis voller Freude – wie zum Dank, dass wir sie erlöst hatten.

Einmal mehr war ich von ganzem Herzen dankbar, diese Arbeit machen zu dürfen. Es war an diesem Tag wie ein Geschenk für die Teilnehmer meines Seminars, dieses wundervolle Happyend miterleben zu dürfen. Mein Engel zeigte mir während meiner Ausbildungszeit im Zusammenhang mit den Energie-Umstellungen, dass jedes Grundstück und jedes Haus von einem **Hausgeist** beseelt ist, und tatsächlich habe ich noch nie ein Haus oder Grundstück ohne einen Hausgeist gesehen.

Hausgeister können verschiedener Art sein, es gibt nette, aber auch ungemütliche. Welcher Hausgeist zuständig ist, hängt davon ab, welche Themen von den Bewohnern noch zu bearbeiten sind oder wie die energetische Beschaffenheit des Hauses ist. Befinden sich viele negative Wesen in einem Gebäude, ist der Hausgeist meist entsprechend negativ. Manchmal kann es vorkommen, dass ein Hausgeist etwas gegen die Bewohner hat, und er wird dann einiges tun, um sie zu vergraulen.
Wenn ich eine Energie-Umstellung durchführe, kann es passieren, dass anschließend oder bereits währenddessen der Hausgeist ausgetauscht wird. Durch das verbesserte Energie-Niveau kann nun ein neuer Hausgeist die veränderten Energien übernehmen und die Bewohner in ihre dann eventuell noch kommenden Lernprozesse führen. Das ist ähnlich wie bei den Engeln, die je nach Lebenssituation wechseln können.

Kristalle & Hilfsmittel

Mit einigen Hilfsmitteln kann man die energetische Arbeit unterstützen. Einige davon, die ich gerne nutze, möchte ich hier kurz vorstellen.

Kristalle bzw. Edelsteine sind zwar Steine und aus festem Material, sie haben jedoch im feinstofflichen Bereich eine große Wirkung. Es gibt die verschiedensten Formen, Farben und Arten, und alle haben eine andere Wirkung auf unseren Körper, unsere Seele und unseren Geist. Alle Edelsteine sind von Wesenheiten beseelt, man nennt sie auch die Hüter der Kristalle. Edelsteine können uns in unseren Prozessen unterstützen, wenn wir die für uns richtigen auswählen. Es gibt verschiedene Bücher, in denen die Heilkraft dieser edlen Steine genau beschrieben ist und mit deren Hilfe man den für sich richtigen Kristall finden kann. Eine andere Möglichkeit ist, in einem Edelsteinladen einen Stein intuitiv auszusuchen und anschließend nachzufragen oder nachzulesen, welche Themen und Körperbereiche diesem Stein zugeordnet sind, woraus man Rückschlüsse auf seine aktuelle körperliche und seelische Situation ziehen kann.

Für die Wirkung eines Kristalls ist nicht seine Größe ausschlaggebend, wichtig ist die Kraft, die in ihm steckt, und die Wesenheit, die ihn betreut. Wir können uns geistig mit jedem Edelstein verbinden und ihn beauftragen, uns bei bestimmten Prozessen oder Aufgaben zu helfen. Im Gegenzug sollten wir sie regelmäßig reinigen. Hierzu gibt es verschiedene Methoden, die ebenfalls in guten Edelsteinbüchern beschrieben sind.

Im Rahmen dieses Buches möchte ich die Wirkung von drei ganz besonderen Edelsteinen beschreiben, mit denen ich arbeite. Ich empfehle diese gerne, um ein besseres Raumklima zu erschaffen. Vor allem nach einer Energie-Umstellung erzielt man damit eine höhere Schwingung in den Wohnräumen.

Rosenquarz
Der Rosenquarz ist der Stein der Liebe und des Zusammenhaltes. Er verleiht einem Raum positive Energie und die Schwingungen der Liebe.

Bergkristall
Er dient der Reinigung und der Stabilität. Stellt man ihn in einem Raum auf, dient er uns mit seiner reinigenden Energie. Er sorgt dafür, dass der Raum um ihn herum mit Klarheit und Erdungsenergie erfüllt wird.

Rauchquarz
Ein Rauchquarz ist ein wunderschöner Kristall, mit dem ich gerne arbeite. Er hält negative Energien fern, kann sie neutralisieren und für uns Themen transformieren.

Sehr beliebt ist das Aufstellen von Amethyst-Drusen. Hierbei sollte man allerdings vorsichtig sein und genau schauen, wie es einem mit diesem Kristall geht. Amethyste haben unter anderem die Aufgabe, noch aufzulösendes Karma in das Bewusstsein zu holen, was unter anderem intensive Prozesse auslösen kann. Ich konnte mehrfach sehen und wahrnehmen, dass Amethyste nicht mit Bergkristallen zusammen genutzt werden sollten. Der Bergkristall stabilisiert, und der Amethyst löst auf, was einen Widerspruch in sich darstellt.

Räucherwerk verwende ich gerne zur Reinigung des Raumes nach energetischem Arbeiten, zum Beispiel nach Beratungsgesprächen, wenn ich Kontakt zu Verstorbenen aufnehme, während und nach Reiki-Anwendungen und bei Meditationen. Es gibt eine Vielzahl von Räucherwerk in Form von Granulat, getrockneten Kräutern, Räucherkegeln, Räucherstäbchen u.v.m. Zu diesem sehr umfangreichen Thema gibt es etliche Bücher, ebenso findet man zahlreiche Informationen im Internet. Ich persönlich verwende gerne Nag-Champa-Räucherstäbchen, die sehr gut negative Energien umwandeln können. Negative, erdgebundene Seelen mögen diesen Geruch überhaupt nicht und ziehen sich zurück (ohne Energie-Umstellung wird dies jedoch nur von kurzer Dauer sein).

Für eine Wohnungs- oder Hausräucherung wird zum Beispiel sehr gerne getrockneter Salbei oder Weihrauch verwendet, doch hier sollte jeder selbst entscheiden, was ihm am besten gefällt.

Ein weiteres Hilfsmittel bei meiner Arbeit ist das **Pendel**. Mit Hilfe des Pendels kann man zum Beispiel herausfinden, welches Räucherwerk und welche Edelsteine zu uns passen und uns in unserer momentanen Situation gut unterstützen können. Des Weiteren kann man durch das Pendeln herausfinden, welche Lebensmittel, Nahrungsergänzungsmittel usw. gut für uns sind. Die genaue Funktionsweise zu erklären, würde den Rahmen dieses Buches sprengen. Hierzu gibt es sehr viel Fachliteratur. Allen Interessierten empfehle ich, einen Pendelkurs bei einer erfahrenen Person zu besuchen. Wichtig zu wissen ist, dass das Pendeln energetische Arbeit ist und man sich und den Raum, in dem man sich befindet, schützen sollte. Das Pendel wirkt wie ein Magnet und kann dementsprechend positive und negative Energien anziehen. Sind wir nicht geschützt, können in der Folge die Pendelergebnisse verfälscht sein.

Ein weiteres Hilfsmittel, welches ich sehr gerne nutze, sind **Karten**. Es gibt mittlerweile zahlreiche Kartendecks auf dem Markt, und wenn Sie interessiert sind, lassen Sie sich zu den für Sie optimalen Karten führen. Es gibt Wahrsagekarten, wie Tarot-, Lenormand- oder Kipperkarten sowie sehr viele verschiedene Engel- und Energiekarten. Ich persönlich arbeite gerne mit Engelkarten. Man konzentriert sich auf ein Thema oder eine Frage, mischt die Karten, zieht intuitiv eine aus dem Stapel und liest die Botschaft darauf, die immer eine Antwort zu unserer Frage oder eine Hilfestellung ist. Ich habe mehrfach gelesen, dass die gezogene Karte nur zu dreißig Prozent Hilfestellung bietet, also kaum unsere Frage beantwortet oder auf die Ursache hinweist.

Nach meinen eigenen Erfahrungen kann man den Karten jedoch zu hundert Prozent vertrauen, wenn man sich mit ihnen geistig verbindet und seinen Engel um eine zutreffende Karte bittet. Ein gutes Gespür dafür bekommt man, wenn man eine Weile mit den Karten gearbeitet hat. Es kann natürlich vorkommen, dass man mit der ausgewählten Antwort nicht zufrieden ist oder sie einem nicht gefällt, dies heißt jedoch nicht, dass die Antwort falsch ist. (Vorsicht! Pendeln oder Kartenlegen kann zu einer Sucht werden. Man sollte diese Werkzeuge nicht täglich und auch nicht zu belanglosen Themen zu Hilfe nehmen.)

Indigo-Kinder

„Martina, Martina, bitte hilf mir!", begann ein Telefonat mit einer mir bekannten älteren Dame. Sie war Oma einer fünfjährigen Enkelin, hatte übersinnliche Begabungen und trug viel spirituelles Wissen in sich. Aus diesem Grund wusste sie auch, dass ihre Enkeltochter ein Indigo-Kind war. Das Mädchen war von Geburt an hellsichtig, es konnte Engel sehen und hören und sprach täglich mit seinem Schutzengel. Die Großmutter des Kindes malte selbst wunderschöne Engel-Bilder, und an diesem Tag sah sie ihre Enkeltochter ganz traurig vor einem ihrer Gemälde sitzen und fragte sie, was denn mit ihr los sei. Das Kind antwortete: *„Ich bin traurig, weil ich bald sterben muss. Mein Schutzengel hat es mir gesagt."*

Daraufhin griff die Oma sofort zum Telefon und rief mich an: *„Martina, Martina, bitte hilf mir. Mein Enkelkind wird sterben."*

Ich war sehr erschrocken, denn ich kannte das Mädchen, und fragte, was genau passiert sei. Nachdem sie von den Worten des Kindes berichtet hatte, schaute ich nach, welche Informationen mir mein eigener Engel dazu geben konnte und sah einen Autounfall, bei dem sich ein Wagen mehrfach überschlug. Anschließend sah ich das Mädchen blutüberströmt und tot am Straßenrand liegen. Der Unfallwagen wurde mir anschließend ganz genau gezeigt. Es war ein altes Auto, schon fast ein Oldtimer, und ich konnte sogar das Fabrikat sowie die Farbe des Lackes erkennen und gab diese Informationen weiter. Die Großmutter ließ erschrocken den Hörer fallen, denn sie erkannte nach meinen Beschreibungen das Auto ihrer Tochter.

Noch am gleichen Tag brachte sie selbst das Auto in eine Werkstatt. Es stellte sich schnell heraus, dass es tatsächlich defekt war, was einen Unfall hätte auslösen können. In Absprache mit ihrer Tochter entschied sie, dass ein neues Auto her müsse, handelte entsprechend, und bereits am nächsten Tag stand ein anderer Wagen in der Garage.

Das Mädchen wusste von alledem nichts und kam am nächsten Morgen vergnügt die Treppe heruntergelaufen. „*Oma, Oma, ich muss jetzt nicht mehr sterben, weil wir ein neues Auto haben, hat mir mein Schutzengel gesagt. Ich bin so froh, dass ich noch hierbleiben darf.*“

Indigo-Kinder sind besondere Kinder, die mit einer ebenso besonderen Aufgabe auf der Erde inkarniert sind. Sie sollen den Menschen beim Aufstieg in höhere Schwingungsebenen helfen.
Die Bezeichnung „Indigo-Kinder“ kommt von ihrer blauen Farbschwingung. Man sagt auch, sie wären auf dem blauen Farbstrahl inkarniert. Man erkennt sie an ihrem zarten Aussehen. Sie haben weichere Gesichtskonturen und sind oft ganz zarte, feine Wesen. Ihre Augen sind strahlend, man hat das Gefühl, in ihnen zu versinken und bis tief in ihre Seelen schauen zu können.
Oft haben sie von Geburt an hellsichtige Fähigkeiten. Es sind die Kinder, die mit unsichtbaren Freunden spielen, Naturwesen und Engel sehen können, und sie bringen sehr viel Wissen mit, das sich andere hier auf Erden erst hart erarbeiten müssen.
Es gibt allerdings auch Indigo-Kinder, die mit anderen Aufgaben in ihre Familien oder ihr Umfeld inkarniert sind, das heißt, sie müssen nicht zwangsläufig medial begabt sein. Bei manchen Indigo-Kindern können sich mediale Fähigkeiten erst mit zunehmendem Alter entwickeln, wie bei nachfolgender Klientin.

Eine junge Krankenschwester nahm Kontakt zu mir auf, weil sie plötzlich Dinge sah, die ihr merkwürdig erschienen und sie ängstigten, denn im Alter von zwanzig Jahren begann ihre Hellsichtigkeit. Sie hatte Frühdienst im Krankenhaus, und es war noch dunkel, als sie frühmorgens dort ankam. Um zu den Fahrstühlen zu gelangen, musste sie einen sehr langen, schmalen Gang entlanglaufen. Ihr war in diesem Gang schon immer etwas mulmig gewesen, vor allem, wenn sie, wie an diesem Tag, alleine war. Sie hatte dort immer ein unerklärliches, unheimliches Gefühl.

Deshalb ängstigte sie sich auch, als ihr zu dieser frühen Stunde ein Mann entgegenkam. Er sah im Gesicht krank aus, denn seine Gesichtsfarbe war aschgrau, fast so grau wie der Bademantel, den er trug. Sie grüßte ihn etwas verhalten, aber höflich und wunderte sich, dass er nicht reagierte. Stutzig drehte sie sich um und erschrak fürchterlich, denn der Mann hatte keine Füße und schwebte über dem Boden, er schwebte regelrecht aus dem Krankenhaus hinaus. Erschrocken und irritiert über diesen Anblick verrichtete sie an diesem Tag ihren Dienst, ohne hinterher sagen zu können, wie sie das nach diesem Erlebnis überhaupt geschafft hatte.

Einige Zeit später erfuhr sie von mir und meiner Arbeit, rief mich an und bat um Rat: „*Martina, ich brauche Ihre Hilfe. Was ist nur mit mir los?*"

„*Du bist hellsichtig.*", erklärte ich ihr. „*Dieser Mensch, den Du gesehen hast, war kurz vorher verstorben und konnte noch nicht ins Licht gehen. Er musste noch etwas regeln.*" Weiter erzählte sie mir, dass sie seitdem den Tod riechen könne. Es wäre ein spezieller, eigenartiger Geruch, den sie bei einem Menschen kurz vor seinem Tod wahrnehme. Dies geschehe meist einen Tag, bevor die Person sterben würde, und mache ihr Angst.

Ich konnte sie verstehen, denn in ihrem Beruf eine solche Wahrnehmung zu haben, ist nicht leicht, und so bildete ich sie aus, damit sie mit ihren Fähigkeiten gut umgehen konnte. Obwohl sie als Indigo-Kind geboren wurde, zeigte sich erst jetzt ihr ganzes Spektrum an übersinnlichen Fähigkeiten.

Wenn ein Mensch geboren wird, erlischt in der Regel jegliche Erinnerung an frühere Leben und an seine Seelenheimat, das Jenseits. Zumindest der Hauptteil der Menschen muss bei seiner Geburt durch diese Schranke des Vergessens.
Nur manchmal wird sie geöffnet, um zum Beispiel Karma besser auflösen zu können. Vielen hellsichtigen Menschen werden ebenfalls diese Schranken geöffnet, um ihre Klienten besser zu unterstützen.

Die meisten Indigo-Kinder kommen jedoch in voller Bewusstheit, woher sie kommen, zur Welt. Für sie ist es etwas ganz Natürliches, dass sie sich an ihre früheren Leben erinnern, mediale Fähigkeiten haben und viel spirituelles Wissen in sich tragen.

Der kleine Sohn eines Klienten konnte zum Beispiel trotz seines jungen Alters von fünf Jahren exakt sagen, wer er in seinem früheren Leben einmal war. Mit seinem Vater ging er gerne und oft im Wald spazieren, weil beide die Natur sehr liebten. Der kleine Mann kannte sich dort bestens aus, er wusste exakt, welche Wege wohin führten und noch einige Einzelheiten mehr über diesen Wald. Der Vater wunderte sich über sein Wissen, denn weder er noch sonst jemand hatte seinem Sohn etwas darüber erzählt. Zum großen Erstaunen des Vaters erzählte sein Sprössling ihm, dass er um die Jahrhundertwende schon einmal gelebt hätte – und zwar exakt in diesem Waldgebiet. Er wäre hier Jäger gewesen, deshalb würde er sich so gut auskennen, und er wusste sogar seinen vollen, damaligen Namen.

Trotz der verblüffenden Aussagen seines Sohnes und der genauen Ortskenntnis vermutete der Vater erst einmal, dass dies der lebhaften Phantasie seines Sohnes entsprungen sei. Sie gingen den Weg jedoch mehrfach, und immer wieder machte sein Sohn diese genauen Angaben. Er konnte viele Geschichten wie aus einem Buch über sein früheres Leben erzählen.

Als er mir all dies kundtat und um Rat fragte, konnte ich ihm die Echtheit der Aussagen seines Sohnes bestätigen. Ich bin überzeugt, dass er, hätte er nachgeforscht, genau in dieser beschriebenen Zeit auf einen Mann gestoßen wäre, der von Beruf Jäger war und in diesem Waldstück gewohnt hatte – mit exakt dem von seinem Sohn genannten Namen.

Indigo-Kinder sind hochentwickelte Seelen – Seelen, die so weit entwickelt sind, dass sie eigentlich nicht mehr auf der Erde inkarnieren müssten. Diese Seelen haben sich freiwillig dazu bereit erklärt, alte und verhärtete Muster auf der Erde aufzulösen. Das können sowohl Familienmuster als auch starre Muster zum Beispiel in Schulen, in der Politik

oder anderen Bereichen sein. Sie wollen etwas bewegen und verändern, um somit die alten Strukturen in eine neue, bessere Energie zu transformieren.
Von dort, wo sie herkommen, kennen sie bereits diese höhere Form der Energie. Dort gelten andere Gesetze und Regeln, und aus diesem Grund ist es oft schwierig für sie, sich hier bei uns zu integrieren und unsere selbstgemachten Regeln anzunehmen.
Dies zeigt sich in den hyperaktiven und manchmal nicht zu bändigenden Indigo-Kindern. Bekommen sie durch ihr Verhalten Probleme in der Schule, werden sie leider in der letzten Konsequenz mit Medikamenten ruhiggestellt. Erkennt man diese Kinder jedoch in ihrer Ganzheit, kann man ihnen gut mit besser geeigneten Maßnahmen helfen.
Im Gegensatz zu den aufgeweckten Indigo-Kindern gibt es auch die ruhigen, etwas scheuen und manchmal verträumten Kinder. Sie sind oft sehr intelligent und beobachten gerne erst einmal nur das Geschehen um sie herum.
Wir sollten diesen Kindern helfen, sie mit all ihren positiven Eigenschaften erkennen und fördern, damit sie ihre Aufgaben bei uns meistern können.
Ich empfehle selten Bücher, doch zu dem Thema Indigo-Kinder gibt es ein wunderbares und sehr informatives Buch, „Die Kinder des neuen Jahrtausends“ von Jan Udo Holey.[6] *Er beschreibt die Eigenschaften und Aufgaben dieser Kinder detailliert und lässt viele Indigos selbst zu Wort kommen und diese ihre spannenden Lebensgeschichten erzählen.*

Numerologie

Über einen längeren Zeitraum studierte ich die Wirkung der Zahlen, die Numerologie. Mein Schutzengel hatte mich zu diesem Thema geführt, sodass ich sehr viel darüber las und mir ebenso von der geistigen Welt Hinweise zu den Energien der einzelnen Zahlen geben ließ. Ich testete mein neues Wissen an meinen Klienten und beobachtete, ob denn das, was die Geburtszahl über jemanden aussagt, auch wirklich stimmt. Es ist verblüffend, mit welcher Genauigkeit die Zahlen Charaktereigenschaften und Blockaden eines Menschen beschreiben. Des Weiteren kann man aus den Zahlen des Geburtsdatums Rückschlüsse auf andere Zahlen in seinem Leben ziehen. Manche Zahlen oder Zahlenkombinationen können sich dann negativ oder positiv auf uns auswirken, wie zum Beispiel die Kontonummer, das Nummernschild des PKWs, die Telefonnummer, Operationstermine usw.

Nachfolgend mache ich mit Ihnen einen kurzen Ausflug in die Bedeutung der Geburtszahlen. Hierbei zählt an erster Stelle der Geburtstag, das heißt das Datum des Tages. Von 1-9 ist diese Zahl direkt zu deuten, hat man zwischen dem 10. und dem 31. Geburtstag, errechnet man die Quersumme. Ist der Geburtstag beispielsweise am 27. eines Monats, nimmt man die Zahl 9 (2+7) zum Bestimmen der Eigenschaften. Etwas abgeschwächter schwingt die Energie der Quersumme des gesamten Geburtsdatums.

Ein Beispiel: Bin ich am 10.07.1960 geboren, gehe ich erst einmal von der 1 aus, die von der 0 verstärkt wird, da die 0 immer die Eigenschaften der ersten Zahl verstärkt. Anschließend rechnet man 1+0+0+7+1+9+6+0 = 24 = 2+4 = 6

In diesem Beispiel hat man somit die Eigenschaften der 1 in verstärkter Form sowie die Eigenschaften der Zahl 6. Alle Eigenschaften können sich miteinander mischen.

1 Die „Einser-Menschen“ sind meist Einzelgänger und entscheiden am liebsten alles alleine. Sie holen zwar auch Rat bei anderen, aber die endgültige Entscheidung treffen sie selbst. Diese Personen übernehmen gerne und viel Verantwortung für sich selbst. Erkennen kann man Einser oft an ihrer Ich-Bezogenheit. Sie sind allerdings auch willensstark, selbstbewusst, selbstständig und zielstrebig. Dagegen können sie sehr eifersüchtig, überempfindlich, aggressiv und ungeduldig sein.

2 Den Zweiern fällt nichts so einfach in den Schoß, denn sie müssen sich vieles erkämpfen. Sie sind leicht erpressbar – vor allem emotional. Welchen Weg diese Menschen auch einschlagen, sie kommen leicht mit dem Gesetz in Konflikt. Sie treffen nicht gerne Entscheidungen, können launisch und nachtragend sein. Dennoch sind sie ehrliche und vor allem fröhliche Menschen und sehr gefühlvoll, geduldig und hilfreich.

3 Die Dreier-Menschen sind Unternehmer und stehen gerne in der Öffentlichkeit. Sie sind Karrieremenschen und mögen es, im Mittelpunkt zu stehen. Sie können sehr sportlich sein, sind fleißige Arbeiter und abenteuerlustig. Allerdings sind sie auch sprunghaft, eifersüchtig und willensschwach. Man sagt ihnen auch eine gewisse Arroganz nach.

4 Vierer-Menschen haben es schwerer im Leben. Egal, was sie anpacken, nichts wird fertig gemacht, es zerschlägt sich oder verläuft im Sande, weshalb es den Vierern schwerfällt, neue Projekte erfolgreich zum Abschluss zu bringen. Den Vierern werden außerdem viele Steine in den Weg gelegt. Um all die Misserfolge auszuhalten und die schweren Wege zu gehen, sind sie mit einem enormen Durchhaltevermögen ausgestattet. Es sind praktisch veranlagte Menschen, oft rechthaberisch, misstrauisch und engstirnig.

5 Die Fünfer stützen sich gerne auf andere Menschen und ernten deren Lorbeeren. Sie sind anpassungsfähig, erfinderisch und sehr unterhaltsam. Auf andere wirken sie rastlos, unruhig und eitel. Sie können in allen Lebenslagen in Schwierigkeiten schlittern.

6 Die Sechs ist eine Kraftzahl. Sechser-Menschen sind vom Glück gesegnet. Sie haben es leichter, etwas zu erreichen, und sie sind anderen gegenüber aufgeschlossen und fassen schnell Vertrauen. Rücksichtsvoll, großzügig und sinnlich sind weitere Eigenschaften von ihnen. Der negative Aspekt dieser Zahl ist die Bindungsunfähigkeit und der Sexismus dieser Menschen. Sie erscheinen ihrem Umfeld oft sehr oberflächlich. Sie können aus der Kraft der Sechs immer wieder neue Kraft schöpfen.

7 Dies ist eine Glückszahl. Diese Menschen haben viel Feingefühl, sind kreativ und können hellsichtig sein. Des Weiteren sagt man ihnen Geiz, Aufdringlichkeit und Beeinflussbarkeit nach. Alles in allem sagt man aber Siebenern viel Glück voraus.

8 Die Acht ist die Unendlichkeit. Diese Menschen fallen sozusagen immer wieder auf die Füße. Nach Schicksalsschlägen stehen sie einfach wieder auf. Es sind ruhige, stille Menschen, ausgestattet mit sehr viel Ausdauer und Durchhaltevermögen und Gerechtigkeitssinn. Auf ihre Mitmenschen wirken sie manchmal respektlos und hochmütig.

9 Dies sind empfindsame, gefühlsbetonte und harmoniesüchtige Menschen. Sie sind medial begabt und haben eine künstlerische Ader. Dies sind oft Menschen auf der Suche nach dem perfekten Sein. Im negativen Sinn sind sie unberechenbar und erbarmungslos.

0 Die Null ist die Zahl, die alles verstärkt. Ist man zum Beispiel am 10. eines Monats geboren wirken die Eigenschaften, die der Eins zugesprochen werden, verstärkt.

Es gibt zu dem Thema Numerologie zahlreiche Bücher. Ich selbst wurde zu einem Buch von Penny McLean[7] *geführt, das auch die Grundlage für die oben genannten Deutungen der Zahlen darstellt.*

Dies war wirklich nur eine kurze Exkursion zu diesem Thema. Es gibt Menschen, die sich ausschließlich mit der Numerologie befassen und anhand des Geburtsdatums ein ganzes Leben, einschließlich Schicksalsschlägen und freudigen Ereignissen in Vergangenheit, Gegenwart und Zukunft, erkennen können.

Eine Jenseits-Reise mit Wanda

Die hoch entwickelte, verstorbene Seele namens Wanda, die ich bereits erwähnte, zeigte sich mir als eine Art schimmernde Seifenblase und schwebte in meinem Wohnzimmer. Die Energie dieser Seele war sehr angenehm und beruhigend, doch wusste ich anfangs nicht, was sie von mir wollte. Eines Abends jedoch, ich war bereits zu Bett gegangen, baute sich vor mir eine riesengroße Lichtsäule auf, in deren Mitte ich eine schneeweiße Treppe erkennen konnte.

„*Habe ich denn nie Ruhe vor Euch?*“, fragte ich meinen Schutzengel, doch er lachte nur, antwortete mir aber nicht. Nun kam eine wunderschöne Frau in einem langen, weißen Kleid, welches in allen Pastelltönen schimmerte, die Treppe hinunter. Ihr Haar war schulterlang und blond, fast weiß. „*Ich bin Wanda*“, stellte sie sich vor, „*und ich habe eine menschliche Gestalt angenommen, damit Du mich besser von den anderen Seelen unterscheiden kannst. Mit mir wirst Du die höheren Sphären des Jenseits besuchen.*“

Bei der Vorbereitung der Reise spürte ich, als sie meine Hand nahm, ihre wundervolle reine und klare Energie und wusste, dass sie die „Seifenblasen-Seele“ war.

Als ich meinen energetischen Schutz fertig aufgebaut hatte, öffnete sich vor uns ein großes, goldenes Tor. Wir gingen hindurch, und ich sah eine breite und unendlich hohe, weiße Marmortreppe. Langsam schritten wir die Stufen hinauf, und ich spürte eine erfüllende, herrliche Energie, denn je höher wir stiegen, desto klarer und reiner wurde die Luft. Von Stufe zu Stufe wurde ich leichter, und schmunzelnd sagte Wanda: „*Die Energie ist für viele befreiend und erleichternd.*“ Es war traumhaft, denn mein Körper wurde mehr und mehr gereinigt, weswegen ich am Ende der Treppe am liebsten in dieser Energie stehen geblieben wäre.

Ich war überwältigt von diesem Ort, denn die pastellfarbene, harmonische und intensive Energie, die ich hier erleben durfte, übertraf alles bisher Erlebte. In meinem Herzen verspürte ich eine Liebe, die ich vorher noch nie in dieser Intensität empfunden hatte. Der See, der vor uns lag, war unvorstellbar rein und klar und schillerte in bunten Farben.

Auf dem Grund des Sees erblickte ich herrliche Muscheln und wunderschöne, farbenprächtige Fische. Es ist fast unmöglich, diese sagenhafte Schönheit und Energie mit Worten zu beschreiben. Ein Schiff aus purem Gold erwartete uns, und wir tauchten beim Betreten in eine goldene Energie ein, die meine Schwingung noch mehr erhöhte. Wanda erklärte dazu: „*Du benötigst eine sehr hohe Schwingung, wenn wir diese Dimension besuchen.*"

Auf unserem Weg stieg mir ein Duft aus Blumen-, Wald- und Wassergeruch in die Nase, und ich fühlte mich immer wohler in dieser hohen Energie. Wir kamen an einem Wald vorbei, und ich sah dort Tiere, Elfen und Feen. Sie waren unglaublich schön und strahlten in wunderbaren Farben. Am Ziel unserer Schifffahrt stiegen wir aus und befanden uns auf einer saftigen, grünen Wiese, die herrlich duftete. Als wir über diese Wiese gingen, fragte ich mich, ob dies hier wohl das Paradies sei – so jedenfalls stellte man es sich vor. Nun gingen wir auf eine Stadt zu, deren schneeweiße Paläste uns von weitem entgegenleuchteten. Erst als wir näher kamen, entdeckte ich noch andersfarbige Gebäude. Die ganze Stadt strahlte hell und einladend, und Wanda erklärte dazu: „*Auf dieser Ebene befinden sich Seelen, die über ihre Gedankenkraft Realität erschaffen können. Sie denken an eine Sache und schon ist sie Wirklichkeit.*"

Obwohl ich als Erdenmensch von der Kraft des positiven Denkens wusste, so war es doch unglaublich zu sehen, wie schnell sich hier alles manifestierte. Wanda sagte dazu: „*Die Menschen auf der Erde haben lange nicht so reine Gedanken wie die Seelen hier auf dieser Ebene. Unserer Phantasie sind keine Grenzen gesetzt, und unsere Gedanken sind rein und klar. Negatives Denken kennen wir auf dieser Ebene nicht. Wir unterstützen uns gegenseitig, und wirklich niemand ist neidisch auf den anderen. Für die Seelen, die hier leben, stehen die Worte Liebe, Mitgefühl, Hilfsbereitschaft und Harmonie im Zentrum. Wir achten und respektieren uns ausnahmslos, etwas anderes kennen wir hier nicht. Die Liebe und das Verständnis, wie es auf dieser Ebene existiert, gibt es auf der Erde nicht.*"

Schade, dachte ich mir, die Menschen sollten dieses Gefühl einmal spüren können, dann wäre sicher mehr Liebe und Frieden auf unserem

Planeten, und ich verspürte den starken Wunsch, dieses Gefühl mit allen Menschen teilen zu können.

Mit Wanda ging ich jetzt den gleichen Weg zurück. Stufe für Stufe stieg ich die Treppe hinab und erwachte wieder in meinem Tagesbewusstsein. Die Reise mit Wanda war wunderschön und wird für immer ein unvergessliches Erlebnis bleiben.

Viele Menschen zweifeln an der Existenz des Jenseits, doch ich durfte mich auf dieser und einigen anderen Reisen von dessen Dasein überzeugen und hoffe, dass ich Ihnen, liebe Leserinnen und Leser, einen Eindruck von dieser wunderbaren Ebene habe geben können.

Das Chakren-System

Jeder Mensch hat sieben Hauptchakren und fünf Nebenchakren, auch Energiezentren genannt. Durch diese Chakren sind wir in der Lage, kosmische Energie aufzunehmen, die uns am Leben hält – ohne diese Energie könnten wir nicht existieren. Diese Chakren sind feinstofflich und mit dem bloßen Auge nicht zu erkennen. Ein hellsichtiger Mensch kann diese allerdings auf geistiger Ebene sehen und anhand der Beschaffenheit der einzelnen Chakren Rückschlüsse auf das Wohlbefinden der Person ziehen.

Chakren sind Energiekörper, die ähnlich wie Trichter aussehen und Energien von außen aufnehmen können. In diesen Trichtern befinden sich eine Art Räder, die gemäß ihrer Drehgeschwindigkeit mehr oder weniger Energie von außen aufnehmen. Außer den kosmischen Energien können sie Energien von zum Beispiel Tieren, Pflanzen usw. aufnehmen und dem Körper dort zuführen, wo er diese Energien benötigt. Alle Chakren öffnen sich sowohl in Richtung Körpervorderseite als auch in Richtung Rücken und drehen sich optimaler Weise nach rechts, damit die Energie frei fließen kann.

Ein linksdrehendes Chakra ist immer ein Hinweis darauf, dass dort etwas im Ungleichgewicht bzw. blockiert ist. Mit Hilfe einer Reiki-Anwendung kann man beispielsweise die Chakren derart ins Gleichgewicht bringen, dass die kosmische Energie wieder ohne zu blockieren aufgenommen werden kann.

Eine Klientin hatte einen Termin für eine Reiki-Anwendung. Als ich mit der energetischen Arbeit begonnen hatte, spürte ich über meine Hände eine Blockade in ihrem Herzchakra, und mein Schutzengel zeigte mir, dass dieses Chakra eine Linksdrehung aufwies. Bevor ich fragen konnte, wurde mir schon die Ursache gezeigt: Ihr Mann hatte eine Affäre, und sie war sehr traurig und verletzt, sie versuchte jedoch ständig, ihre Gefühle zu unterdrücken und spielte nach außen die starke Frau.

Ich sprach sie darauf an und gab ihr zusätzlich weiter Energie in ihr Herzchakra. Endlich konnte sie ihrer Traurigkeit Ausdruck verleihen, indem sie bitterlich weinte. Die aufgestaute, unterdrückte Energie konnte sich lösen, und das Chakra drehte sich wieder rechts herum. In ihrem Solarplexus konnte ich einen Schock wahrnehmen, der dieses Chakra blockierte. Mir wurde gezeigt, dass dieser entstanden war, als sie von der Affäre erfuhr. Mit Hilfe eines Symbols aus dem zweiten Reiki-Grad löste ich den Schock auf, und auch hier floss wieder harmonisch Energie. Nach dem kompletten Energie-Ausgleich durch Reiki fühlte sie sich schon viel besser, und ein Gefühl der Hoffnung stellte sich ein, dass sich auch in ihrem Leben wieder alles zum Guten wenden würde.

Ein anderer Klient, der regelmäßig zu Reiki-Anwendungen kam, sagte zu mir, er hätte gelesen, dass sich die Chakren abwechselnd nach rechts und links drehen müssten, immer versetzt. Er war sehr überzeugt davon, und ich versuchte ihn davon abzubringen, aber er blieb skeptisch. Wir vereinbarten, dass er einmal selbst spürt, wie sich abwechselnde Rechts- und Linksdrehungen anfühlen. Ich führte ihn in eine kurze Meditation, und er ließ mit seiner mentalen Kraft jedes zweite Chakra nach links drehen. Er war einverstanden, diesen Zustand einige Zeit bestehen zu lassen, doch es dauerte nicht lange und er wollte es wieder aufheben. Es fühlte sich für ihn nicht richtig an, und er verlor spürbar an Kraft und Energie. Ich konnte ihm schnell wieder alle Chakren auf rechtsdrehend einrichten, und er merkte sofort den positiven Unterschied.

Den sieben Hauptchakren sind bestimmte Farben zugeordnet. Wenn ich mir die Aura eines Menschen ansehe, kann ich anhand der Farben erkennen, welche Chakren frei oder blockiert sind.
Die Chakren führen dem Körper ständig Energie zu und geben überflüssige Energie ab. Dies kann ein Medium an den Farben in der Aura erkennen. Ich sehe, wo welche Farbe im Überfluss vorhanden ist und wo sie vermindert vorkommt. Bei Menschen, die zum Beispiel nicht gut geerdet sind, wäre die Farbe Rot kaum zu sehen.

Mein Engel lehrte mich das Folgende über die sieben Hauptchakren, was ich Ihnen kurz zusammengefasst wiedergeben möchte:

Das erste Chakra – Das Wurzel- oder Basischakra

Ihm ist die Farbe **Rot** zugeordnet, und es befindet sich in Höhe des Steiß- und Kreuzbeines am unteren Ende der Wirbelsäule. Dieses Chakra hat Verbindung zur Wirbelsäule, Nase, zu den Füßen, Beinen, Nägeln, Knochen und dem Darm. Man assoziiert dieses Chakra mit allen materiellen Angelegenheiten. Hat man ständig finanzielle Sorgen, kann man zum Beispiel im unteren Rücken Probleme bekommen. Ist dieses Chakra ausgeglichen, ist diese Person gut geerdet.

Das zweite Chakra – Das Sakral- oder Sexualchakra

Ihm ist die Farbe **Orange** zugeordnet, und es befindet sich unterhalb des Bauchnabels. Es steht für Sexualität, Kreativität und auf der Körperebene für die Muskulatur und die Geschlechtsorgane.

Das dritte Chakra – Das Nabelchakra, das Sonnengeflecht, der Solarplexus

Dieses Chakra strahlt in der Farbe **Gelb** und ist körperlich dem Oberbauchbereich zugeordnet (Magen, Leber, Galle, Pankreas, Dünndarm). Feinstofflich betrifft es unter anderem die Bereiche Selbstwert, Selbstbewusstsein, Selbstvertrauen, Ängste und Schuldzuweisung. Hat man in dem entsprechenden Bereich des Rückens Probleme, trägt man Altlasten oder Lasten von anderen mit sich.

Das vierte Chakra – Das Herzchakra

Ihm ist die Farbe **Grün** zugeordnet, und es befindet sich mittig auf Herz- und Brusthöhe. Es ist somit dem Herzen zugeordnet und der Lunge und steht für die Liebe und die Nächstenliebe.

Das fünfte Chakra – Das Hals- oder Kehlkopfchakra

Es strahlt in einem **helleren Blau** und ist der Stimme, dem Kehlkopf, der Schilddrüse, der Halswirbelsäule und dem Mundbereich sowie der Sprache und der Kommunikation zugeordnet.

Das sechste Chakra – Das Stirnchakra oder das Dritte Auge

Es ist dem Gesicht, dem Dritten Auge und dem Kleinhirn zugeordnet und hat die Farbe **Indigo-Blau**, ein schönes leuchtendes dunkleres Blau.

Das siebte Chakra – Das Kronen- oder Scheitelchakra

Es befindet sich mittig auf dem Kopf und öffnet sich nach oben. Es strahlt in der Farbe **Violett**. Über dieses Chakra ist man mit dem Kosmos verbunden, mit seinem höheren Selbst. Hellsichtige sehen bei einem geöffneten Kronenchakra eine Lotusblüte.

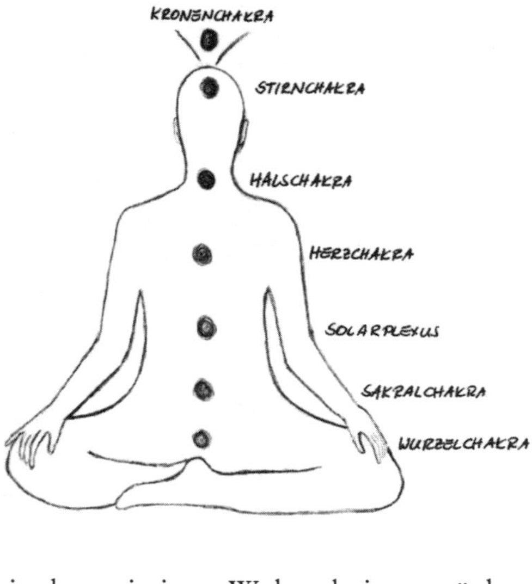

Wenn man mit der geistigen Welt arbeiten möchte, ist es wichtig, gut geerdet zu sein, denn nur wer fest auf der Erde steht – also mit beiden Beinen im Leben –, der kann den Kopf in den Himmel strecken, ohne umzufallen. Ist das erste Chakra, das Basis- oder Wurzelchakra ausgeglichen, ist man gut geerdet. Hierzu eine Übung bzw. Meditation:

Mache es Dir an einem ruhigen Ort gemütlich. Du kannst Dich bequem hinsetzen oder -legen. Sorge dafür, dass Du nicht gestört wirst. Um Deinen Geist zu beruhigen, kannst Du sanfte Musik hören. Gerne kannst Du Dir ein Räucherwerk und eine Kerze anzünden.

Schließe Deine Augen, und achte auf Deinen Atem, wie er immer ruhiger und gleichmäßiger wird. Wenn Du das Gefühl hast, dass Du Deinen persönlichen Ruhezustand erreicht hast, beginne geistig mit der Übung.

Stelle Dir vor, Du stehst auf einer wunderschönen, saftigen Wiese. Dort blühen Blumen in den allerschönsten Farben, und es duftet herrlich. Fühle, wie Du mit beiden Beinen fest auf der Erde stehst.

Du nimmst über Deinem Kopf ein goldenes Licht wahr. Dieses Licht fließt nun durch Dein Scheitelchakra in Dein Drittes Auge, in Dein Halschakra und weiter in Dein Herzchakra.

Stelle Dir nun vor, dass aus der Erde grünes oder braunes Licht durch Deine Füße emporsteigt in Dein Wurzelchakra. Von dort aus fließt es weiter in Dein Sakralchakra und Deinen Solarplexus bis ins Herzchakra.

Dort vermischen sich der goldene und der grüne oder braune Lichtstrahl zu einer Energie. Diese Energie steigt nun hinauf bis in Dein Scheitelchakra und sprudelt dort aus Dir heraus, damit sie wie eine Dusche auf Dich herabrieseln kann.

Gehe nun mit Deiner Aufmerksamkeit zu Deinen Füßen, und lasse aus Deinen Fußsohlen dicke Wurzeln wie Seile in die Erde wachsen. Diese Wurzeln wachsen bis zum Erdmittelpunkt, und Du bist jetzt fest verankert, wie ein Baum in der Erde – Du bist geerdet.

Kehre mit drei kräftigen Atemzügen zurück ins Hier und Jetzt.

Manche Menschen sind von sich aus gut geerdet, andere hingegen benötigen diese Übung regelmäßig. Klienten oder Seminarteilnehmern, bei denen ich sehe, dass ihnen die Erdung fehlt oder schwer fällt, empfehle ich, diese Übung regelmäßig und in einer etwas abgewandelten Form zu machen.
Dazu stellt man sich vor, dass die Wurzeln oder die Seile um einen dicken, sehr schweren Stein fest verknotet werden. Dieser Stein sinkt nun ab bis zum Erdmittelpunkt und verankert dort sicher unsere Wurzeln.

Ernährung

Viele meiner Klienten haben zahlreiche Fragen zum Thema *Ernährung*, doch dieses Thema ist sehr umfangreich, und was dem einen gut bekommt, kann für den anderen fatale Folgen haben, wie zum Beispiel bei einer Allergie. Man muss für sich selbst herausfinden, welche Nahrungsmittel bekömmlich sind und welche man besser meiden sollte. Dennoch ist es wichtig, sich mit seiner Ernährung auseinanderzusetzen. *„Man ist, was man isst.“*, trifft dies sehr gut. Wer hauptsächlich Fertigprodukte, genveränderte und chemisch verunreinigte Lebensmittel zu sich nimmt, braucht sich nicht zu wundern, wenn seine Leistungsfähigkeit mehr und mehr nachlässt oder er krank wird.

Es gibt zahlreiche Testmethoden, wie Kinesiologie, Pendeln, Bioresonanz usw., mit deren Hilfe man herausfinden kann, welche Ernährungsform und Lebensmittel für einen persönlich gut sind.

Geht man den spirituellen Weg, kommt man irgendwann an einen Punkt, an dem man nicht nur seinen Geist, sondern auch seinen Körper rein halten sollte, um die höheren Schwingungen gut kompensieren zu können. Das heißt nicht, dass man jetzt unbedingt rein vegetarisch oder vegan leben muss. Meiner Ansicht nach kann man durchaus hin und wieder (Bio-)Fleisch zu sich nehmen, sollte allerdings darauf achten, woher es kommt. Doch auch dies ist jedem selbst überlassen.

Insgesamt ist es wichtig, sich gesund und ausgewogen zu ernähren sowie unbehandelte Lebensmittel zu bevorzugen. Eine streng verordnete Diät aus gesundheitlichen Gründen sollte auf jeden Fall eingehalten werden. Ansonsten sehe ich keinen Grund dagegen, hin und wieder auch mal über die Stränge schlagen zu dürfen und sich etwas Leckeres und weniger Nahrhaftes zu gönnen. Wir sollten nämlich das Leben auch genießen!

Ich persönlich versuche, sehr gesund zu leben. In meiner Entwicklung wurde ich zu einem Buch geführt, welches Ernährungsempfehlungen für die verschiedenen Blutgruppen gibt.[(8)] Mir geht es mit dieser Form der Ernährung wesentlich besser als zuvor, deshalb empfehle ich es an dieser Stelle. Da ich als Medium aber keine Heilige, sondern auch nur ein ganz normaler Mensch bin, gönne ich mir ab und zu, worauf ich Appetit habe – auch wenn dies nicht auf meinem optimalen Ernährungsplan steht.

Meine Erfahrungen haben mir gezeigt, dass geistig arbeitende Menschen nicht ganz auf Zucker verzichten sollten (das kann selbstverständlich auch in Form von Fruchtzucker sein, z.B. durch Bananen oder Datteln). Geistige Arbeit ist anstrengende Energiearbeit und braucht manchmal einen Energieschub in Form von zuckerhaltigen Speisen – natürlich auch hier in Maßen. Geistig arbeitende Menschen sollten auch auf einen ausgeglichenen Mineralhaushalt achten. Manche Mineralien werden durch Energiearbeit in höherem Maße verbraucht. Um herauszufinden, ob man einen Mangel hat, gibt es ebenso die oben genannten Testmethoden.

Mein Rat: Ernähren Sie sich so gesund und rein wie möglich und schauen Sie, was für Sie persönlich bekömmlich und verträglich ist. Nach meinen langjährigen Erfahrungen ist es von absoluter Wichtigkeit, die eigene Blutgruppe zu kennen, um sich mit den für einen persönlich optimalen Lebensmitteln zu ernähren.
Doch nach welcher Methode Sie sich auch immer ernähren, haben Sie bitte keine Schuldgefühle, wenn sie einmal ihren ausgewählten Ernährungsplan nicht einhalten können.

Die geistigen Entwicklungsstufen

Alle Menschen durchlaufen unterschiedliche geistige Entwicklungsstufen, in denen unsere Schwingungen erhöht werden, und jede Stufe beinhaltet verschiedene Lernprozesse und Schwingungserhöhungen. Man kann sich das so vorstellen, dass man auf einer bestimmten geistigen Frequenz schwingt und diese Frequenz mit jeder Stufe angehoben wird. Alles, was jetzt in unserem System niedriger schwingt, muss erlöst und bereinigt werden. Wir können unsere alten Muster, Programmierungen und Lasten nicht auf die nächsthöhere Ebene mitnehmen. Wenn man sich die Entwicklungsstufen wie eine Treppe vorstellt, wäre der Rucksack, in welchem wir alten Ballast mit uns tragen, viel zu schwer, um die Stufen hinaufzusteigen. Wir müssen dann so lange auf unserer aktuellen Ebene bleiben, bis wir Ballast abgeworfen haben. Erst dann haben wir die Kraft, die Treppe weiter emporzugehen.

Jetzt könnte man meinen, dass wir ganz geordnet Stufe um Stufe unsere Entwicklung vorantreiben, die Themen der einen Stufe erledigen und dann gereinigt zur nächsten gehen. Es ist allerdings so, dass wir mehrere Stufen gleichzeitig bearbeiten. Wir haben eventuell noch ein altes Thema auf der zweiten Stufe zu erledigen, sind aber mit unserer Entwicklung längst auf der achten oder neunten Stufe angelangt. Dieser Prozess verlangt uns sowie unserem Körper und Geist sehr viel ab, denn jeder Stufe sind körperliche Symptome zugeordnet. Sie entstehen durch die Schwingungserhöhung unseres gesamten Systems, und dazu gehört auch unser Körper. Was genau auf welcher Stufe zu bearbeiten ist, hängt ganz von unseren individuellen Themen ab.

In meiner langjährigen Arbeit als Medium habe ich noch nie einen Menschen kennengelernt, der keine körperlichen Symptome durch die Schwingungserhöhung hatte. Mein Schutzengel zeigt mir meist, auf welchen Stufen meine Klienten gerade Themen bearbeiten oder gereinigt werden. In allen Fällen waren und sind es immer mehrere Stufen gleichzeitig, und ich kann darüber den Entwicklungsstand des Klienten erkennen.

Es gibt nur wenige Ausnahmen, also Menschen, die diese Körperarbeit nicht mehr durchleben müssen – die Indigo-Kinder und die inkarnierten Engel. Sollten diese Menschen körperliche Beschwerden haben, liegen die Ursachen nicht in ihren Entwicklungsschritten, sondern in ihrem Umfeld.

Nachfolgend werde ich zusammengefasst die verschiedenen Symptome der Entwicklungsstufen aufzeigen, wie es mir von meinem Schutzengel und der geistigen Welt vermittelt wurde.

Stufe 1	Muskel- und Gelenkschmerzen, Hautausschläge jeglicher Art, Kopfschmerzen, Müdigkeit, Fieberschübe, Magen-Darm-Probleme, Gewichtsveränderungen
Stufe 2	stärkere Müdigkeit, alle grippeartigen Zustände
Stufe 3	verändertes Hörempfinden (man hört besser), Geschmacksnerven verfeinern sich, Lichtempfindlichkeit der Augen, gesteigerte sexuelle Lust
Stufe 4	Migräne, Hör- und Sehstörungen, verschwommenes Sehen, Hörsturz, Nervenstörungen
Stufe 5	Ängste, Schlafstörungen, Alpträume, Telepathie kann auftreten
Stufe 6	erhöhte Spiritualität, Symptome aus Stufe 1, 2 und 3 können in abgeschwächter Form auftreten
Stufe 7	Wutausbrüche, reduzierter Alterungsprozess, spirituelle Überheblichkeit, geistige Chirurgie, karmische Auflösungen, Minderwertigkeitsgefühl
Stufe 8	Schlafstörungen, Gleichgewichtsstörungen, Hilflosigkeit, Konzentrationsschwäche
Stufe 9	Machtausübung, Unruhe, Hormonprobleme, Rücken- und Hüftschmerzen, Gewichtsveränderungen
Stufe 10	Entwicklung der Hellsichtigkeit, Bewusstseinserweiterung
Stufe 11	Erweiterte Entwicklung der Hellsichtigkeit, fortgeschrittene Bewusstseinserweiterung
Stufe 12	Vollendung

Energetische Reinigung

Jeder Mensch kommt durch sein Umfeld und seine Mitmenschen in Kontakt mit negativen Energien. Das können negative Felder im eigenen Wohnraum sein sowie in anderen Wohnungen oder Häusern. Selbst beim Einkaufen oder beim Spazierengehen, einfach überall können uns negative Energien belasten. Es gibt Menschen, die diese Energien aufnehmen, weil ihnen der nötige energetische Schutz fehlt (*dazu mehr im nächsten Kapitel*). Auch durch Krankheit beispielsweise, Stress, Ärger oder Müdigkeit kann die nötige, eigene Kraft zur Abwehr dieser negativen Schwingungen fehlen, und man nimmt diese dadurch leichter auf.

Einen Teil der negativen Energien kann man kompensieren und verarbeiten, doch wenn es zu viel wird, wird man das deutlich spüren. Plötzlich wird man energielos und müde, und man fühlt sich, als wären die Beine ganz schwer, fast so, als würde man krank werden. Die Konzentration lässt nach, und man fühlt sich ausgelaugt. Solch eine Situation hat sicher jeder schon einmal erlebt. Man geht frisch und munter aus dem Haus zum Einkaufen und kommt gerädert und müde nach Hause und schafft es gerade noch, den Einkauf wegzuräumen, bevor man ermattet auf die Couch sinkt.

Dasselbe kann geschehen, wenn man sich mit anderen Menschen trifft. Man sitzt jemandem gegenüber, möchte sich nett unterhalten und wird aber plötzlich sehr müde und muss ständig gähnen. Irgendwie findet man es seltsam, war man doch eben noch putzmunter. In solchen Fällen kann ein hellsichtiges Medium sehen, dass die eine Person der anderen Person Energie „absaugt“. Dies geschieht natürlich unbewusst, niemand denkt *„wenn ich müde bin, hole ich mir mal eben Energie von der Person X“*. Alles geschieht auf geistiger, unbewusster Ebene. Die eine Person saugt unbewusst Energie, die andere Person gibt sie unbewusst ab. Wenn man Glück hat, kann man sich während eines ausgiebigen Schlafes erholen und ist wieder ausreichend gestärkt, sodass die negativen Energien abgewehrt werden können. In den meisten Fällen erholt man sich nur schwer von diesen Energien, vor allem dann, wenn man ein negatives Wohnklima hat. Hier ist man dann zusätzlich und permanent den niederen Schwingungen ausgesetzt und kann diese nicht mehr alleine ausgleichen. Um einen solchen Prozess zu unterbinden, kann man sich zum einen energetisch vor solchen negativen Energien bzw. „Energie-Räubern" schützen, und zum anderen kann man sich – hat man diese Schwingungen abgefangen – ebenso wieder davon reinigen.

Ich möchte Ihnen hier zwei Möglichkeiten vorstellen, negative Energien in Ihrer Aura zu transformieren, damit Sie wieder ein höheres Energieniveau erreichen. Eine energetische Reinigung können Sie aktiv gestalten. Lassen Sie sich ein warmes Bad ein, und geben Sie ein Kilo Meersalz mit ins Wasser. Baden Sie für etwa zwanzig Minuten darin, und duschen Sie sich bitte anschließend mit klarem Wasser ab. Die nasse Haut nur mit einem Handtuch abtupfen, nicht fest reiben. Für den energetischen Prozess, die energetische Reinigung, reicht dies völlig aus. Das Meersalz reinigt sie automatisch von allen negativen Schwingungen, die nicht zu ihrem momentanen Prozess gehören. Sie können sich dieses Bad allerdings auch schön gestalten und eine Art Ritual daraus machen: schöne, sanfte Musik hören; Kerzen anzünden; ein (spirituelles) Buch lesen; ein Gebet sprechen; die Engel bitten, Sie von allem Ballast zu befreien etc.

Eine weitere Möglichkeit einer energetischen Reinigung ist die Übung mit der violetten Flamme: Die violette Flamme wandelt negative Energien in unserer Aura und unserem Körper in positive um. Dies können negative Energien sein, die wir aufgenommen haben, aber auch längst erlöste, alte Energien. Diese alten Energien hängen noch als Information in unserer Aura fest und müssen dort abgelöst werden, damit wir wirklich frei werden von altem Ballast.

In meiner mittlerweile langjährigen Laufbahn als Medium konnte ich immer wieder bei hilfesuchenden Menschen sehen, dass sie noch mit längst beglichenem Karma behaftet waren. Probleme aus der Vergangenheit sind oft miteinander verwoben und lösen sich nicht von alleine aus der Aura oder dem Unterbewusstsein.

Um sich von all den alten Lasten und von negativen Energien zu befreien, kann man die nachfolgende, sehr effektive Übung anwenden. Es ist ein Ritual, das viele Menschen als sehr erleichternd empfinden. Die meisten Personen bestätigten mir, dass sie sich nach der Übung sehr befreit fühlten und dieses Gefühl lange anhielt.

Während der Übung mit der violetten Flamme wird alles transformiert, was unnötig belastet und Energie kostet, und man wird von allem Ballast befreit. Mit dieser Technik werden die Themen und Energien gelöst, die bereits erledigt sind und nicht mehr zu uns gehören. Jedoch greift diese Übung nicht verändernd in unseren Lebensplan und unsere Prozesse ein. Man kann mit dieser Technik auch einen Raum energetisch reinigen. In diesem Fall lässt man geistig die violette Flamme durch das Zimmer lodern und alles Negative verbrennen. Dies ist eine Art erste Hilfe und stellt lediglich eine kurze Abhilfe von unangenehmen Energien da. Dauerhaft und erfolgreich wirkt hier nur eine Energie-Umstellung.

Wichtig zu erwähnen ist hierbei noch, dass es bestimmte Tage und Zeiten gibt, in denen man diese Übung bzw. das Ritual nicht anwenden sollte. In diesen nachfolgenden Zeiten besteht die Gefahr, sich mit noch mehr negativen Energien aus der Umgebung zu belasten. Dieses Wissen basiert auf Durchgaben meines Schutzengels und meiner Engel sowie Erfahrungen von Testpersonen, die es für mich ausprobiert haben.

- zwei bis drei Tage vor und nach Voll- und Neumond
- vom 17. Dezember bis einschließlich 6. Januar während der sogenannten Rauhnächte
- während den Ostertagen von Karfreitag bis einschließlich Ostermontag

Sollten sich in diesen Zeiten die Energien in den Wohnräumen sehr negativ anfühlen, kann man mit dem entsprechenden Räucherwerk etwas Abhilfe schaffen. (*siehe Kapitel Kristalle & Hilfsmittel*)

► Übung VIOLETTE FLAMME

Zur Vorbereitung dieses Rituals solltest Du dafür sorgen, dass Du ungestört bist. Es ist hilfreich, eine schöne Meditationsmusik zu hören, damit Geist und Seele zur Ruhe kommen können. Schließe Deine Augen, und achte eine Weile auf Deine Atmung. Atme ruhig ein und aus... Wenn Du merkst, dass Du einen angenehmen Ruhezustand erreicht hast, stelle Dir ein Lagerfeuer vor, welches violett brennt. Bitte den Engel für Transformation/Umwandlung, dass er Dich bei diesem Prozess unterstützt und begleitet. Vielleicht kannst Du ihn wahrnehmen, sehen oder spüren. Falls nicht, sei gewiss, dass er ganz sicher an Deiner Seite ist. Gehe nun geistig in dieses Feuer. Stelle Dich direkt hinein, und lasse die violetten Flamme durch Dich durch lodern – durch Dein ganzes System, durch Deinen Körper, Deinen Geist und Deine Aura. Dazu spreche bitte folgenden Ritualspruch:

Alles Negative, das ich bereits in der Vergangenheit beglichen habe, karmische Verstrickungen sowie alte Belastungen, aber auch negative Energien, die von mir weichen sollen, möge der Engel der Umwandlung in dieser violetten Flamme in positive Energien umwandeln und dem Kosmos freigeben, wenn jetzt dafür der richtige Zeitpunkt ist.

Bleibe so lange in diesem violetten Feuer, bis das Feuer erlischt oder Du das Gefühl hast, die Reinigung ist geschehen. Bedanke Dich bei dem Engel der Umwandlung und der violetten Flamme für diese energetische Reinigung, und kehre zurück in Dein Tagesbewusstsein. Du kannst Dich langsam bewegen und strecken und die Augen öffnen.

Nachfolgend folgt eine weitere, sehr effektive Übung zur energetischen Reinigung:

Mache es Dir an einem ruhigen Ort gemütlich, und sorge dafür, dass Du nicht gestört wirst. Du kannst Dich bequem hinsetzen oder – legen, und um Deinen Geist zu beruhigen, kannst Du sanfte Musik hören. Gerne kannst Du Dir ein Räucherwerk und eine Kerze anzünden.

Schließe Deine Augen, und achte auf Deinen Atem, wie er immer ruhiger und gleichmäßiger wird. Wenn Du das Gefühl hast, dass Du Deinen persönlichen Ruhezustand erreicht hast, beginne geistig mit der Übung.

Nun siehst Du, wie die schönen weißen Wolken über Dich hinwegziehen, und Du gibst ihnen wieder all Deine Sorgen und Gedanken mit auf ihren Weg – so lange, bis Du Dich leichter und freier fühlst.

Bitte wieder Deinen Schutzengel, er möge Dich begleiten. Wenn Du den Engel wahrnimmst, lass Dich von ihm zu einem schönen Strand führen. Gehe ein paar Schritte über den warmen und feinen Sand. Kannst Du ihn unter Deinen Füßen spüren?

Du nimmst das Rauschen des Meeres wahr und siehst, wie die Wellen sanft an das Ufer schlagen. Es zieht Dich zu dem Wasser, und Du gehst langsam mit Deinem Schutzengel darauf zu. Spüre den Sand unter Deinen Füßen, auf dem Du sicher laufen kannst.

Wenn Du am Wasser angekommen bist, lasse es eine Weile über Deine Füße laufen. Jede auslaufende Welle, die Deine Füße überschwemmt, fühlt sich angenehm kühl und erfrischend an. Stück für Stück gehst Du nun weiter ins Meer.

Du fühlst dabei immer den Boden unter Dir. Jetzt kannst Du spüren, wie das Wasser um Deine Knöchel fließt.

Immer weiter gehst Du in das angenehm erfrischende Wasser, Stück für Stück. Das Wasser reicht Dir bis zu den Knien, und wieder wirst Du Dir des Bodens unter Dir bewusst.

So gehst Du weiter und weiter ins Wasser, bis Du brusttief darin stehst. Du kannst jetzt alles tun, was Du möchtest: schwimmen, tauchen oder Dich einfach nur auf dem Wasser treiben lassen, ganz wie Du möchtest.

Stell Dir vor, wie das Meer Dir durch sein Meersalz alles Negative, das Dir anlastet, wegschwemmt. Sei gewiss, dass das Salz alles Negative transformieren kann.

Du spürst jetzt, dass Du Dich erleichtert fühlst, so als wäre eine Last von Dir gefallen.

Wenn es für Dich stimmig ist, schwimme oder gehe zurück an den Strand, und setze Dich in den warmen Sand. Genieße die Sonne auf Deiner Haut, die Dich wärmt und trocknet.

Spüre, wie leicht Du Dich fühlst, und bedanke Dich beim Meer für diese angenehme und kraftvolle Reinigung.

Gehe nun mit Deinem Schutzengel zurück zu Deinem Platz auf der Erde, bedanke Dich bei ihm, atme dreimal kräftig ein und aus, und komme zurück ins Hier und Jetzt.

Energetischer Schutz

Wie Sie bereits im Kapitel „Energetische Reinigung“ erfahren konnten, sind wir nicht nur von positiven Energien umgeben, sondern auch von negativen. Es gibt allerdings Möglichkeiten, sich vor diesen Energien zu schützen, damit wir nicht angreifbar werden bzw. unsere Aura ein Schutzfeld aufbauen kann, um negative Schwingungen, die nicht zu unserem Prozess gehören, abzuwehren. Hierzu habe ich zwei sehr wirkungsvolle Übungen für Sie, welche mir ebenso während meiner Ausbildung von der geistigen Welt vermittelt wurden. Ohne einen funktionierenden und aktivierten Schutz wäre energetisches Arbeiten für mich nicht möglich.

Wenn man sich einen Schutz aufgebaut hat, werden negative Energien abgewehrt, positive, lichtvolle und stärkende Energien können dahingegen diesen Schutz durchdringen und uns bzw. unser System erreichen. Diese Übungen sind ein kleiner Bestandteil meiner Seminare. Es ist immer schön für mich zu sehen, wie diese Schutzrituale den Menschen helfen, in ihrer eigenen Energie zu bleiben. Sie können jeweils eine der Übungen machen, um sich einen Schutz aufzubauen. Noch effektiver geschützt sind Sie jedoch, wenn Sie zuerst das Ritual mit der goldenen Spirale machen und sich anschließend mit dieser goldenen Spirale in die Pyramide stellen.

Für beide Übungen stellen Sie sich bitte locker, aber gerade hin. Schließen Sie die Augen, und führen Sie dann die Rituale wie beschrieben durch. Anfangs benötigen Sie eventuell noch etwas mehr Zeit, bis sich alles aufgebaut hat. Mit fortschreitender Übung werden Sie merken, dass sich Ihr Schutz schneller aufbauen wird.

► Übung GOLDENE SPIRALE

Stelle Dich bequem, aber gerade hin. Schließe die Augen, und stelle Dir eine goldene Platte unter Deinen Füßen vor. Diese Platte kann auch vor Dir auf dem Boden liegen, und Du kannst Dich mit einem Schritt nach vorne draufstellen. Aus dieser Platte steigt jetzt die goldene, *linksdrehende* Spirale und dreht sich immer höher steigend um Dich herum bis über Deinen Kopf. Zu allen Seiten dehnt sich die Spirale aus bis Deine gesamte Aura von ihr umgeben ist. Sie ist nun eingehüllt in einen schönen, goldenen Wirbel. Alles Negative, was sich Dir nähert, wird nun in der Spirale nach oben von Dir weggedreht.

Zur Beendigung dieser Übung sprich bitte folgenden Ritualspruch:

Alles, was nicht zu mir gehört, geht in der geistigen Welt nach oben, und ich segne Euch im Namen Jesu Christi.

!!! – Es ist sehr wichtig, dass sich die Spirale links herum dreht, damit die negative Energie nach oben abfließen kann. Man kann dies mit einer Flasche vergleichen. Mit einer Drehung nach links öffnet man eine Flasche, mit einer Drehung nach rechts verschließt man sie. Würde die Spirale rechts herum drehen, wären die negativen Energien darin eingeschlossen.

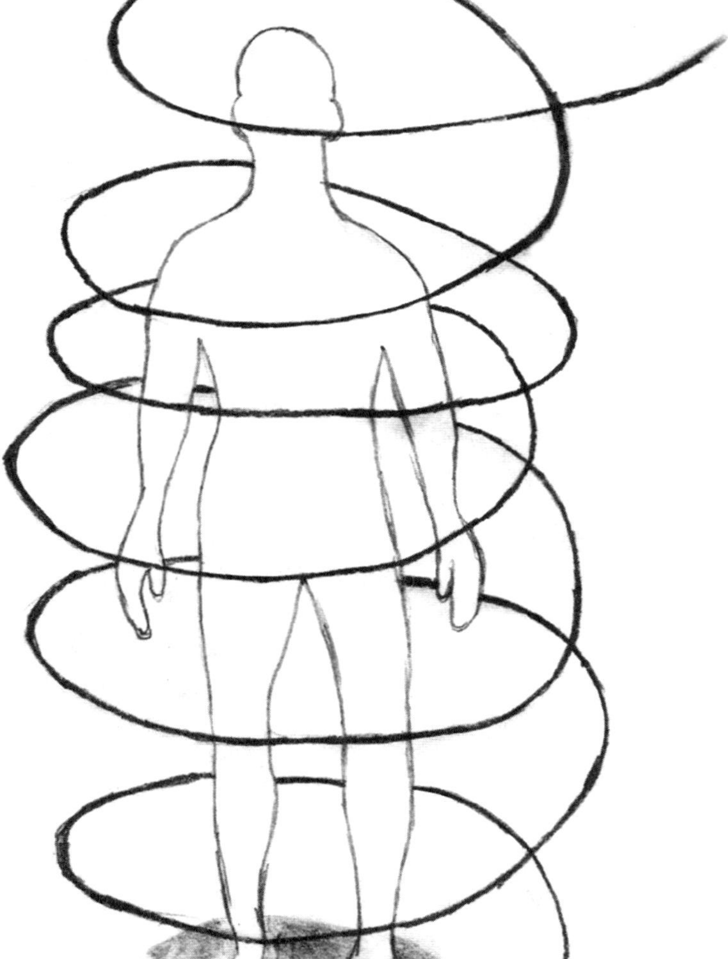

► Übung PYRAMIDE

Stelle Dich bequem, aber gerade hin. Schließe Deine Augen, und stelle Dir vor, wie sich um Dich (und die goldene Spirale) herum eine Pyramide aus einer Art festem, unzerbrechlichem und durchsichtigem Glas aufbaut. An dieser Pyramide prallt nun alles ab, was sich Dir an Negativität nähert.

Zur Beendigung der Übung spreche bitte folgenden kurzen Ritualspruch.

Ich bitte um meinen göttlichen Schutz.

!!! – Du kannst festlegen, in welcher Farbe die Pyramide scheinen soll. Meist nimmt man Gold, man kann aber auch eine Farbe wählen, mit der man sich gerade sehr wohl fühlt.

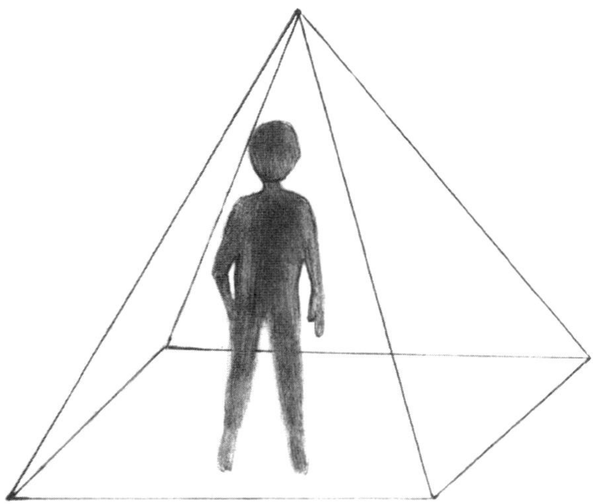

Jeder besitzt eine Fähigkeit

Zum Abschluss dieses zweiten Teils möchte ich Ihnen sagen, dass jeder Mensch eine besondere Begabung besitzt. Schon bei vielen Menschen, die ich beraten habe, konnte ich mediale Fähigkeiten erkennen. Viele glauben, dass die Bilder im Kopf oder die Erscheinungen ihrer Phantasie oder ihrer ausgeprägten Vorstellungskraft entspringen, doch die meisten sind in ihrer spirituellen und medialen Entwicklung viel weiter fortgeschritten, als sie es selbst ahnen können.
Meist fängt es mit einer Hellfühligkeit an. Man kann Dinge spüren und wahrnehmen und bekommt darüber ein Bild vermittelt. Dies wird dann sofort in die Schublade „Einbildung" gelegt, und man versucht, mit dem Verstand Erklärungen zu finden. In den allermeisten Fällen ist dieses Bild, das aus einem Gefühl heraus entsteht, der erste Schritt zum Hellsehen.
Wichtig ist jetzt, dass man eine gewisse Sicherheit und Standfestigkeit aufbaut, damit sich keine Trugbilder einschleichen können.
Wie bei allen Entscheidungen, zählt auch hier letztendlich der freie Wille, ob man diese Fähigkeiten weiter ausbauen möchte.

Ein Mann kam zu einem Beratungsgespräch, und sofort nach unserer Begrüßung war es ihm ein wichtiges Bedürfnis, mir mitzuteilen, dass er überhaupt keine medialen Fähigkeiten habe. Er würde es toll finden, wenn jemand übersinnliche Wahrnehmungen habe, er könne das jedoch leider alles nicht. Ich sah allerdings, dass er diese Fähigkeiten nicht nur hatte, sondern sogar schon sehr weit in seiner Entwicklung war. Im Laufe des Gespräches führte ich ihn zu seinen Begabungen und weckte seine Aufmerksamkeit für die Dinge, die er wahrnahm. Nach einigen Übungen, die ich im Anschluss an die Beratung mit ihm machte, war er verblüfft, was er alles wahrnehmen konnte. Er war hellsichtig, hellfühlig und hellhörig.

Dieses Beispiel ist kein Einzelfall. Im Gegenteil, ein Großteil der Menschen ist mit solchen Fähigkeiten gesegnet. Man muss es nur erkennen und lernen, damit umzugehen. Weil es so viele waren, die mir begegnet sind, wurde ich von der geistigen Welt dazu aufgefordert, diese Menschen auszubilden und ihnen Hilfestellungen bei ihrer Entwicklung zu geben und ihnen mit Rat und Tat zur Seite zu stehen.

Übungen zur Stärkung der Intuition

Einige Menschen, die ich kennenlernen durfte, haben eine gute Intuition – sie handeln aus dem Bauch heraus. Diese Menschen sagen oft Sätze wie *„Ich habe das Gefühl, dass ich dieses oder jenes tun (oder nicht tun) sollte.“* und handeln danach.

Die meisten Menschen glauben jedoch, sie hätten kein Bauchgefühl. Ich bin der Meinung, dass alle Menschen eine gute Intuition haben und „Botschaften“ von ihrem Bauch bekommen. Vielen fehlt lediglich der Mut, auf ihre Gefühle zu hören, denn sie haben Angst, dass sie falsch liegen könnten.

Ich habe hier kleine Übungen für Sie, mit deren Hilfe man seine intuitive Wahrnehmung stärken kann. Dadurch lernt man nach und nach, ihr zu vertrauen. Seien Sie mutig, und probieren Sie es in der Gewissheit aus, dass noch kein Meister vom Himmel gefallen ist. All dies sind Übungen, die auch ich anfangs machen musste, um zu lernen, meinem Bauchgefühl zu vertrauen und mich darauf zu verlassen.

- Sie können einen Freund oder ein Familienmitglied bitten, Ihnen eigene Erlebnisse zu erzählen. Er oder sie sollte mal die Wahrheit, mal eine Lüge erzählen oder in die Geschichte eine Lüge einbauen. Versuchen Sie nun nach der Erzählung herauszufinden, ob es die Wahrheit war oder was die eingebaute Lüge ist.

- Eine weitere Übung ist, Veränderungen in einem Raum wahrzunehmen. Ich hatte mir immer mit meinen Kindern diesen Spaß gemacht. Nachdem ich versucht hatte, mir in einem bestimmten Raum alles einzuprägen, ging ich hinaus, und meine Kinder veränderten etwas im Zimmer. Ich versuchte anschließend herauszufinden, was es war, indem ich meinem ersten Impuls folgte. Anschließend waren meine Kinder an der Reihe, und ich veränderte etwas. Es war verblüffend zu sehen, wie hoch die Trefferquote der Kinder war.

- Man kann sich bunte Karten basteln oder aus buntem Papier in allen Farben ausschneiden. Bitte jemanden, sie zu mischen und dann verdeckt zu halten. Man kann die Karten auch selbst blind mischen und beispielsweise mit einem Buch verdecken.
  Nun versucht man zu erspüren, welche Farbe oben auf dem Stapel liegt bzw. gezogen wird. Versuchen Sie, den ersten Impuls in Ihnen wahrzunehmen. Haben Sie keine Angst, Fehler zu begehen. Auch ich habe so angefangen und lag zu Beginn oft daneben. Dennoch schult es unsere Intuition und stärkt uns, uns auf etwas mit allen Sinnen einzulassen.

- Eine schöne Alltagsübung ist zu erspüren, wer am Telefon ist, wenn es klingelt. Bevor Sie den Anruf entgegennehmen, versuchen Sie wahrzunehmen, wer anruft. Sie werden sehen, dass Sie sehr oft richtig liegen.

Bei dem folgenden Erlebnis hörte ich ausschließlich auf mein Gefühl, auf meine Intuition, denn ich hatte weder eine Vision noch sprach mein Schutzengel zu mir.

Wir hatten sehr liebe türkische Freunde, die uns einen Urlaub in der Türkei empfohlen hatten, und in den Ferien wollten mein Mann und ich mit unseren Kindern zusammen einen Urlaub dort verbringen. Alles war gebucht und die Vorfreude riesengroß. Eine Woche vor dem Abflug bekam ich jedoch panische Angst und sagte zu meinem Mann, dass wir nicht fliegen könnten, ich hätte ein ungutes Gefühl. Natürlich war er verärgert und sagte, dass dies lediglich Flugangst wäre, der Urlaub wäre bezahlt und wir hätten für diesen Fall keine Reiserücktrittsversicherung abgeschlossen. Nach einer Weile stimmte mein damaliger Mann skeptisch und immer noch leicht verärgert zu, und wir sagten die Reise trotz hohem Geldverlust ab.

An dem Tag, an dem wir morgens geflogen wären, schaute ich abends Nachrichten und erschrak: Genau in unserer eigentlichen Urlaubsgegend hatte es ein Erdbeben gegeben, und das von uns gebuchte Hotel wurde dabei völlig zerstört. Entsetzt sah ich die schlimmen Bilder von dem massiv zerstörten Ort. Man kann sich vorstellen, was mit uns passiert wäre, hätte ich nicht meinem Gefühl vertraut und mich nicht gegenüber meiner Familie durchgesetzt. Ein Jahr später buchten wir wieder eine Flugreise. Ich hatte ein gutes Gefühl, und wir erlebten einen sehr schönen Urlaub.

Vertrauen Sie Ihrer Intuition, hören Sie auf Ihr Gefühl – es kann sogar Leben retten!

Meditationstext der beiliegenden CD „Lerne Deinen Schutzengel kennen“

Es ist die Zeit gekommen, Dich mit Deinem Schutzengel zu verbinden.

Lerne, seine Anwesenheit und seine Nähe zu spüren und wahrzunehmen.

Durch seine Führung wirst Du Dein Leben leichter gestalten und Situationen besser meistern können.

Dein Herz spielt eine wichtige Rolle.

Schau in Dein Herz und spüre hinein.

Öffne Dich.

Lerne, aus Deinem Herzen heraus zu denken und aus Deinem Herzen heraus zu sprechen.

Richte Deine Gedanken auf den Mittelpunkt des Herzens.

Sei in tiefer Liebe.

Bitte Deinen Schutzengel, sich Dir zu zeigen. Über Dein Drittes Auge nimmst Du ihn wahr.

Kannst Du ihn sehen?

Wie sieht er aus?

Was für eine Farbe trägt sein Gewand?

Was für ein Licht strahlt er aus?

Sprich mit ihm, Du kannst es.

Er antwortet Dir über Deine Gedanken und Deine Gefühle.

Siehst Du, so einfach ist das.

Immer wenn Du seinen Rat brauchst, frage ihn.

Die Antworten werden Dir über Dein Herz und Deine innere Stimme übertragen.

Vertraue ihm und Deiner inneren Stimme.

Du weißt jetzt, wie er aussieht, und bald wird es für Dich Alltag sein, mit ihm zu sprechen und ihn um Rat zu fragen.

Ganz langsam öffnest Du Deine Augen und befindest Dich im Hier und Heute.

TEIL 3

Erfahrungsberichte

Alles hat seine Zeit

Wenn ein Mensch ein Problem hat und aufrichtig nach einer Lösung sucht, wird der richtige Zeitpunkt kommen, es zu lösen. Uns begegnen dann im Außen andere Menschen, die uns weiterhelfen; wir haben ein Aha-Erlebnis oder bekommen andere Botschaften aus der geistigen Welt, die zur Lösung beitragen.

Ich erkenne, dass die Zeit reif ist, etwas abzulösen, wenn mir immer und immer wieder die gleichen Dinge passieren oder ich nach den gleichen Mustern reagiere, obwohl ich längst weiß, dass meine Handlung in die falsche Richtung geht. Unsere Blockaden und Themen lassen uns wie ferngesteuert in jede Falle schlittern. Haben wir dies erkannt, kann die Lösung kommen – in welcher Form auch immer. Oft bin ich Menschen begegnet, die eine Ablösung nach der anderen gemacht haben. Permanent wird das innere Kind erlöst, das Eltern-Thema bearbeitet usw. Wenn sich dann immer noch nichts im Leben zum Besseren ändert, war der Zeitpunkt nicht richtig gewählt. Diese Themen waren einfach (noch) nicht reif, um bearbeitet zu werden. Oder hinter all den Problemen steckt eine ganz andere oder vielleicht noch nicht erkannte Ursache.

Ein Thema vorwegzunehmen, das erst in der Zukunft zur Lösung ansteht, funktioniert nicht, denn erst wenn man seinen entsprechenden Lernprozess erfolgreich durchlaufen hat, kann die Ursache erkannt und erlöst werden. In der Zwischenzeit gibt es jedoch zahlreiche Methoden, wie zum Beispiel eine Reiki-Anwendung, eine Energie-Umstellung oder Meditationsübungen, die diesen Prozess erheblich erleichtern und manchmal sogar verkürzen können.

Mit den nachfolgenden Erfahrungsberichten möchte ich Ihnen weitere Einblicke in meine Arbeit geben und Ihnen zeigen, was in Zusammenarbeit mit der geistigen Welt und den Schutzengeln alles möglich ist. Denn letztendlich sind es sie, die uns führen, schützen und unterstützen.

Mutter und Sohn

Eine Frau kam in Begleitung ihrer Schwester zu einem Beratungsgespräch zu mir. Sie wirkte sehr in sich gekehrt und auf der emotionalen Ebene wie tot. Als ich erfuhr, dass sie Psychopharmaka nahm, konnte ich mir diesen Zustand erklären. Ihr Sohn war vor vierzehn Jahren bei einem tragischen Verkehrsunfall ums Leben gekommen, und seitdem nahm sie Tabletten, um den Schmerz zu betäuben. Doch nicht nur die Trauer ließ sie nicht zur Ruhe kommen, auch die Tatsache, dass sie das Gefühl hatte, es stimme etwas nicht mit dem Sohn, sprich seiner Seele. Sie war aus diesem Grund schon bei einigen hellsichtigen Menschen, und jeder von ihnen sagte ihr, dass ihr Kind im Licht sei und es ihm gut gehe. Alle sagten ihr, sie solle sich keine Sorgen machen, ihr Junge wäre ein strahlendes und liebevolles Licht und dass ihr Junge sie oft besuchen und ihr von oben zuwinken würde. Nach solchen Aussagen ging es der Frau immer kurzfristig besser, bis sich dieses unbestimmte Gefühl wieder einstellte, dass irgendetwas nicht in Ordnung sei. Sie wurde fast verrückt, weil sie seit fast vierzehn Jahren von dem Gefühl getrieben war, ihrem Sohn helfen zu müssen, doch weitere Medien machten immer wieder die Aussage, es ginge ihm gut und er wäre im Licht.

Ich schaute, was ich für sie tun konnte, und man zeigte mir den Unfallhergang, wobei ich sozusagen in dem Auto mitgefahren bin, bis der Unfall sich ereignete. Nach dem Unfall sah ich den Jungen tot auf einem Feldweg liegen und dass seine Seele nicht in das Licht gehen konnte, was mich sehr traurig machte. Er war als erdgebundener Verstorbener an die Unfallstelle gefesselt und konnte sich deshalb nicht von diesem Ort fortbewegen. Der Junge hatte so etwas wie eine kreisrunde Sperre um sich herum, sodass er sich wie in einem Käfig nur wenige Meter darin bewegen konnte.

Nachdem ich der Mutter den Jungen genau beschrieben hatte – ich konnte ihr sein Aussehen, seine Kleidung und seine Charakterzüge beschreiben –, rief sie: *„Ich werde verrückt, ja, das ist mein Junge!“*, und ihre Augen strahlten und leuchteten. Ich erklärte ihr, dass ihr Sohn nicht ins Licht gehen und sich nicht selbst befreien könne, weil er noch erdgebunden wäre, woraufhin sie kurz aufschrie, sie habe das immer gespürt und gewusst. *„Vierzehn Jahre quälte mich das Gefühl, dass etwas nicht stimmt und mein Sohn Hilfe braucht. Martina, Du bist die Erste, die mir meinen Sohn genau beschreiben konnte. Das ist Wahnsinn."*

Ich durfte ihn nun von der Unfallstelle ablösen und bat ihn zu mir in mein Arbeitszimmer. Eine Lichtröhre baute sich vor uns auf, und die Mutter konnte ihn wie durch ein Wunder in diesem Licht sehen. Es war wunderschön, dass die geistige Welt ihr dieses Geschenk machte. Er strahlte vor Glück, und die Mutter war überwältigt, ihren Sohn nochmals sehen zu dürfen, auch wenn man nur sein Gesicht in der Lichtsäule erkennen konnte. Er sprach zu seiner Mutter: *„Ich bin froh, frei zu sein und glücklich, ins Licht zu gehen. Vierzehn Jahre ist für eine Seele keine lange Zeit, denn in der jenseitigen Welt gibt es keine Zeitrechnung wie auf der Erde. Aber ich habe gesehen, wie Du leidest."*

Ich sagte seiner Mutter, die mittlerweile tränenüberströmt neben mir saß, dass sie sich jetzt von ihm verabschieden könne. Sie konnte nicht reden, aber ihr Herz war offen. *„Mama, Du brauchst nichts zu sagen, ich lese Deine Gedanken, und ich möchte Dir sagen, dass ich Dich liebe. Ich bin sehr dankbar, dass Du meine Mutter warst. Mein Tod war ein Ausgleich, der stattfinden musste, dazu hatte ich mich bereit erklärt."*

Die Lichtsäule und er blieben noch eine Weile, und die Mutter konnte ihren Blick nicht von ihrem Sohn abwenden. Sogar die Schwester konnte das Geschehen mitverfolgen und sehen, dass der Junge vor Glück und Zufriedenheit strahlte. Er stieg nun langsam Stück für Stück auf, bis er nach einer Weile verschwand und sich die Lichtsäule langsam auflöste.

Nach einem Jahr kam die Frau mit ihrer Schwester noch einmal zu mir. Sie sprühte vor Lebensfreude und berichtete, dass sie seit ihrem Termin bei mir keine Tabletten mehr nötig habe. In ihr wären danach Ruhe und Frieden eingekehrt und sie hätte dadurch wieder ihr Leben zurückbekommen. Die Bestätigung, dass sie mit ihrem Gefühl immer Recht hatte und ihr Sohn jetzt im Licht war, machte sie glücklich. Sie umarmte mich herzlich und wollte mich gar nicht mehr loslassen.

Wo ist das Geld?

Nur wenige Häuser weiter wohnte in Düren eine Frau, die auf Empfehlung spontan bei mir vorbeikam. Sie war sehr aufgeregt und verzweifelt. Die Frau war Amerikanerin und hatte aus beruflichen Gründen zwei Jahre in Deutschland gewohnt. In wenigen Tagen wollte sie wieder zurück in ihre Heimat und hatte bereits alles für die Abreise vorbereitet. Sie war in den letzten Tagen damit beschäftigt gewesen, die restlichen Sachen auszusortieren und ihre Koffer zu packen. Ihre Konten waren gekündigt, und das Geld, das sie sich erspart hatte, war abgehoben. Sie hatte es in einen Umschlag gesteckt und diesen an einem sicheren Ort aufbewahrt. In der Hektik und dem ganzen Durcheinander wegen dem Umzug vergaß sie aber, wo sie das Geld versteckt hatte. Nun war es so weit, alles war fertig gepackt, und sie wollte abschließend ihr Geld nochmals nachzählen. Jetzt konnte sie allerdings diesen Umschlag nicht mehr finden, war außer sich vor Sorge um das viele Geld und hatte erfolglos die ganze Wohnung durchsucht. Alle Kartons hatte sie nochmals ausgeräumt und anschließend alles wieder sorgfältig eingepackt. Diesen Vorgang hatte sie in ihrer Verzweiflung zweimal wiederholt, aber sie konnte den Umschlag mit dem Geld nicht mehr finden und war völlig verzweifelt.

Ich fragte sie, ob sie einen Moment Zeit hätte, und wir setzten uns in mein Arbeitszimmer. Dort nahm ich Kontakt zu dem verschwundenen Geld auf und sah einen weißen Umschlag in einem braunen, größeren Umschlag stecken. Man zeigte mir ein weiteres, geistiges Bild, und ich sah ein Bett aus Kiefernholz, unter welchem sich Rollkisten befanden, zwischen denen der braune Umschlag steckte – und in genau diesem der weiße.

Nun fragte ich die Frau, ob sie ein Bett aus Kiefernholz hätte und sie nickte erstaunt mit dem Kopf. Weiter sagte ich ihr, dass das Geld unter dem Bett liegen würde, zwischen zwei Rollkisten in einem braunen Umschlag. Sie schaute mich fragend an, denn sie konnte sich beim besten Willen nicht mehr an den braunen Umschlag erinnern. Sie versicherte mir, dass sie dort bereits alles abgesucht, aber das Geld nicht gefunden hätte. Nochmals fragte ich, ob es denn sein könne, dass sie das Geld in einen weißen Umschlag gesteckt hätte und diesen dann in einen größeren braunen.

An ihrem erstaunten Gesichtsausdruck konnte ich erkennen, dass es genau so war. Jetzt erst erinnerte sie sich wieder daran und brach sofort auf, um zu Hause nachzuschauen.

Es dauerte nicht lange, bis sie wieder vor meiner Tür stand und mich vor Dankbarkeit herzlich drückte. Sie hatte ihr Geld genau dort wiedergefunden, wo ich es ihr beschrieben hatte – unter dem Bett in einem weißen Umschlag, der in einem braunen steckte. Jetzt kam ihr wieder die Erinnerung, und sie sagte, weil der weiße Umschlag zu klein gewesen wäre für das ganze Geld und sie ihn deshalb nicht hätte vernünftig schließen können, habe sie einen größeren braunen Umschlag genommen und ihn dort hineingesteckt. Der Umschlag hatte die gleiche braune Farbe wie das Bett, und deshalb hatte sie ihn übersehen.

Sie bedankte sich noch einmal und war glücklich, jetzt beruhigt ihre Heimreise nach Amerika antreten zu können.

Das schwarze Kreuz

Eines Morgens, ich war auf dem Weg zum Badezimmer, erschien mir mein Schutzengel und sagte, ich sollte mir die Wand über meinem Bett genau ansehen, bevor ich den Raum verlasse. Noch müde schaute ich mir mit halb geschlossenen Augen die Wand an, konnte aber nichts Besonderes erkennen. Ich wunderte mich, was der Engel denn jetzt schon wieder von mir wollte, denn ich sah rein gar nichts und ging kopfschüttelnd ins Badezimmer. Als ich anschließend wieder das Schlafzimmer betrat, stand dort immer noch mein Schutzengel und bestand darauf, dass ich noch mal genau hinschaue, es wäre sehr wichtig. Weil ich wohl erst jetzt richtig wach war, konnte ich genau über meiner Betthälfte ein schwarzes Kreuz an der Wand sehen und fragte meinen Engel, was das zu bedeuten hätte. Er erklärte mir: *„Jemand hat Dir den Tod geschickt, jemand möchte, dass Du stirbst."* Spätestens jetzt war ich hellwach und schaute ihn verwundert an, doch selbst nach mehrfachem Bitten gab er mir keine weiteren Informationen.

Den ganzen Tag grübelte ich darüber nach, was das alles zu bedeuten hatte und wer mir den Tod wünschen könnte. Ich hatte doch niemandem etwas Schlimmes getan oder Leid zugefügt. Zwischendurch sah ich immer wieder über dem Bett nach, ob das schwarze Kreuz noch dort war, um wiederholt festzustellen, dass es sich nicht von der Stelle bewegt hatte. Spätnachmittags erst hatte ich das sichere Gefühl, dass es etwas mit meinem Patenonkel zu tun haben musste. Er selbst hatte keine Kinder und nahm mich damals als Patenkind an. Als ich etwa fünf Jahre alt war, riss der Kontakt zu ihm ab, und später – im Alter von dreizehn Jahren – forschte ich bei meiner Mutter nach, was denn aus meinem Patenonkel geworden wäre. Ich wünschte mir, ihn neu kennenzulernen, da ich mich nicht mehr an ihn erinnern konnte.

Meine Mutter erzählte mir auf dem Rückweg von meinem Tanztraining, dass er sich damals mit meinen Großeltern zerstritten hätte und somit der Kontakt mit der gesamten Familie abbrach. Sie erzählte weiter, dass er immer ein netter, freundlicher und hilfsbereiter Mensch war und dass ich wie eine Tochter für ihn gewesen wäre. Allerdings erwähnte sie nicht, worum es in dem Streit damals ging. Umso mehr staunte ich, als sie mir spontan vorschlug, ihn direkt zu besuchen, da sein Haus auf dem Weg liegen würde. Jetzt war ich wirklich etwas aufgeregt, denn ich hätte niemals damit gerechnet, dass sich so schnell eine Möglichkeit ergeben würde, ihn kennenzulernen.

Mein Onkel schaute ebenso verdutzt, als wir kurz darauf vor seiner Tür standen, und es war schön für mich zu sehen, wie seine Augen vor Freude leuchteten. Er lud uns direkt auf ein Getränk zu sich ein, und wir gingen in das Haus. Wir blieben auf einen Kaffee, den uns seine Frau servierte, und unterhielten uns alle eine Weile. Es gab von beiden Seiten nach so einer langen Zeit viel zu berichten, und wir waren glücklich, uns wiedergefunden zu haben. Auf mich wirkten die beiden sehr harmonisch, und seine Frau schien eine genauso wundervolle Person zu sein wie er. Ich hatte gleich einen guten Draht zu den beiden, denn sie waren offen, liebevoll und zuvorkommend. Auffallend war bei ihnen jedoch die etwas altmodisch und spartanisch wirkende Wohnungseinrichtung.

Auf dem Nachhauseweg fragte mich meine Mutter, ob mir nichts aufgefallen sei. Ich überlegte, konnte mich aber an nichts Außergewöhnliches erinnern. Daraufhin erzählte sie mir, dass meine Tante blind wäre, und ich staunte, wie gut sie sich zurechtfand, denn ich hatte nichts davon bemerkt. Meine Mutter erklärte mir, dass beide früher eigentlich einen Umbau des Hauses geplant hatten, als meine Tante fast über Nacht durch eine Krankheit erblindete. Aus diesem Grund musste alles so bleiben, wie es war, damit sie sich mit ihrer Blindheit zu Hause gut zurechtfand.

Von diesem Tag an besuchte ich meinen Patenonkel und seine Frau regelmäßig, und bei einem dieser Besuche erzählte er mir, dass er ein Sparbuch für mich anlegen wolle. Das Geld darauf wäre nur für mich, und ich würde es bekommen, wenn ich älter wäre. Ich war überrascht, freute mich sehr über seine Großzügigkeit und bedankte mich bei ihm.

Aus Gründen, die mir bis heute unklar sind, brach der Kontakt zu ihm jedoch wieder ab. Erst viele Jahre später, als ich selbst schon Kinder hatte, begab ich mich auf die Suche nach ihm und musste feststellen, dass er in der Zwischenzeit leider verstorben war. Traurig und mit einem schlechten Gewissen, weil ich so lange gezögert hatte, ihn wieder zu besuchen, saß ich am Küchentisch und dachte über die gesamte Situation nach. Plötzlich tauchte er als Geist vor mir auf und sagte: *„Liebe Martina, ich habe Dir ein kleines Erbe hinterlassen, aber böse Menschen haben es Dir vorenthalten. Es waren Menschen, denen ich vertraut habe – ein Notar und ein damaliger Freund. Sie haben das Sparbuch unterschlagen, das Dir gehören sollte.“* Nachdem er dies gesagt hatte, verschwand er wieder. Ich freute mich zu sehen, dass er nicht böse auf mich war, wunderte mich aber über seine Aussage.

Erst jetzt erinnerte ich mich wieder an diese Erscheinung und fragte meinen Schutzengel, ob dies etwas mit dem schwarzen Kreuz zu tun habe. *„Hat mir der Notar oder sein angeblicher Freund das Kreuz geschickt? Wünscht mir einer von den beiden den Tod?“*

Mein Engel antwortete: *„Ja, es ist der damalige Freund Deines Patenonkels. Er war hinter seinem Haus und seinem Vermögen her und nach seinem Tod hat er sich einen Großteil des Erbes erschlichen, auch das Geld von Deinem Sparbuch. Geholfen bei dem Betrug hat ihm der Notar.“*

Das war schlimm, und ich war im Nachhinein sehr ärgerlich darüber, dennoch verstand ich nicht, warum man mir den Tod wünschte und fragte meinen Schutzengel. Dieser erklärte mir: *„Der Mann hat unwahrscheinliche Angst, dass seine Betrügereien aufgedeckt werden und wünscht Dir, um dies zu verhindern, sogar den Tod. Komm mit mir, und ich helfe Dir, dieses schwarze Kreuz aufzulösen.“*

Gemeinsam mit meinem Schutzengel löste ich das Kreuz schließlich auf, was längere Zeit in Anspruch nahm. Als alles optimal gereinigt war und ich die Angelegenheit auf sich beruhen lassen wollte, tauchte mein verstorbener Patenonkel auf und bat mich, seine Frau aufzusuchen, da es ihr schlecht ginge. Ich kam dem Wunsch gerne nach und ging zu seinem alten Haus, wo mir ein fremder Mann die Tür öffnete, der eine sehr unangenehme Energie verströmte und mir keine Auskunft über den Verbleib meiner Tante geben wollte.

Mein Patenonkel erschien mir daraufhin wieder und sagte, man habe sie in ein Heim für Menschen mit Sehbehinderungen abgeschoben, doch er selbst könne sie nicht finden, weil man sie heimlich in dieses Heim gebracht hätte.

Ich schrieb mir zu Hause alle Telefonnummern von infrage kommenden Heimen auf und telefonierte sie der Reihe nach ab. Nach zahlreichen erfolglosen Telefonaten kam nur noch ein Heim in Frage, welches ich direkt aufsuchte. Dort konnte sich eine Pflegerin an meine Tante erinnern, aber sie sagte, ich käme zu spät, sie wäre vor ein paar Tagen verstorben. Ich war sehr traurig und machte mir auf dem Nachhauseweg weinend Vorwürfe, dass ich nicht früher gehandelt hatte.

Ein paar Tage später ging ich zu ihrer Beerdigung, stellte mich aber etwas abseits, von wo aus ich das Geschehen überblicken konnte. Als Erstes fiel mir der Mann auf, der mir bereits die Haustüre ihres Hauses geöffnet hatte. Er war mir sehr unangenehm, und ich beobachtete, dass er nach den Feierlichkeiten mit einem teuren Auto davonfuhr. Als alle die Grabstätte verlassen hatten, ging ich alleine zum Grab meiner Tante und sah die vielen Beerdigungskränze. Einer fiel mir gleich ins Auge, worauf stand: *„Geliebte F. – Dein bester und tiefster Freund G.“* Dieser Spruch kam mir wie eine Lüge vor, und ich spürte, dass es der Kranz dieses unangenehmen Mannes sein musste, der sich energetisch schwarz, klebrig und verlogen anfühlte.

Nachdem ich wieder zu Hause war, bat ich meinen Schutzengel um eine Botschaft, wie es meinem Patenonkel und meiner Tante geht. Mir wurde gezeigt, dass beide eine Glaswand trennte und sie nicht im Jenseits zusammenkommen konnten. Ich wollte ihnen gerne helfen, weil ich wusste, dass sie sich sehr geliebt hatten. Mein Schutzengel riet mir: *„Geh zu dem Notar und konfrontiere ihn mit dem Namen Deines Patenonkels.“*

Nach einer langen Recherche und durch die gute Führung meines Schutzengels sowie die Hilfe einer Freundin fand ich den Notar, und man gab mir geistig ein Bild von ihm, damit ich ihn sofort wiedererkennen konnte. Fünf Jahre trug ich dieses geistige Bild in meinem Kopf, denn so lange dauerte es, bis ich seine Kanzlei und den Wohnort ausfindig machen konnte. Seine Kanzlei war längst geschlossen, aber er wohnte in einem prachtvollen, teuren Haus. Ich nahm all meinen Mut zusammen, ging zur Haustüre und klingelte, woraufhin mir seine Frau, eine etwa siebzigjährige Dame, die Tür öffnete. Kaum hatte ich nach ihrem Mann gefragt, riss dieser die Tür von hinten auf und fragte mit grimmiger Stimme: „*Was wollen Sie von mir?*“

Ganz höflich fragte ich ihn, ob er meinen Patenonkel kenne und nannte seinen Namen, woraufhin er ganz rot im Gesicht wurde und mir die Tür vor der Nase zuknallte. Ich war ganz sicher, dass er der Mann war, von dem ich das geistige Bild in meinem Kopf hatte. Als ich wieder zu Hause war fragte ich meinen Schutzengel, warum ich diesen Mann aufsuchen sollte. Er erklärte: „*Du hast mit Deinem Besuch die Energie von dem damaligen Betrug wieder geöffnet, den er längst verdrängt und vergessen hatte. Die aufflackernde Reue dieses Mannes konnte dann die Glaswand zwischen Deinem Patenonkel und seiner Frau aufheben.*“

Ich sprach ein Gebet für die beiden, bat einen Engel, ihnen zu helfen und bekam übermittelt, dass die Glaswand nun aufgelöst sei. Jetzt konnte ich sehen, dass beide endlich wieder vereint waren und sich glücklich in den Armen lagen.

Ich nahm an, dass mein Überraschungsbesuch bei dem betrügerischen Notar tatsächlich einen Funken Reue in ihm geweckt hatte und war sehr glücklich, dass mein Patenonkel und seine Frau jetzt im Jenseits zusammen sein konnten, denn Hand in Hand sah ich sie gemeinsam den Weg ins Licht gehen.

Wie aus Hass Liebe wurde

Ein wunderschönes Erlebnis hatte ich mit einem Klienten vor vielen Jahren: Er kam als letztes von zehn Kindern etwas zu früh auf die Welt und hatte dadurch einen erschwerten Start ins Leben. Seine Mutter hatte eine schlimme, langfristige Erkrankung der Nieren und konnte sich nicht ausreichend um ihren Sohn kümmern, weshalb er hauptsächlich von seinen neun älteren Geschwistern großgezogen wurde. Als kleiner Junge litt er sehr unter dieser Situation, denn er sah seine Mutter all die Jahre immer nur krank im Bett oder auf dem Sofa liegen und speicherte dieses Szenario als schreckliches Bild in seinem Kopf ab. Demzufolge entwickelte der Mann im Laufe der Jahre einen Hass gegenüber seiner Mutter. Er hasste sie, weil sie sich nie um ihn kümmern konnte, denn als kleines Kind konnte er die Hintergründe nicht verstehen, und der Hass konnte sich ungefiltert aufbauen.

Diesen Hass nahm er mit in seine spätere Ehe und ließ ihn stellvertretend an seiner Ehefrau aus, die ihm nichts recht machen konnte. Es genügte ein falsches Wort, eine Geste oder irgendeine Kleinigkeit, und er fing sofort Streit mit seiner Frau an, die in seinen Augen immer an allem schuld war und die er mit seinem ungerechten Verhalten ihr gegenüber unbewusst stellvertretend für seine Mutter strafte. Aus diesem Grund stand seine Ehe mittlerweile auf der Kippe, und seine Frau hatte ihm geraten, einen Termin mit mir zu vereinbaren, was ein letzter Rettungsversuch für ihre Beziehung sein sollte. Seine Mutter war zu diesem Zeitpunkt bereits an Nierenversagen gestorben.

Mein Klient spürte den Ernst der Lage, war sich bewusst, dass es so nicht weitergehen konnte und kam zu einer Beratung vorbei. Ich schlug vor, ihm eine Reiki-Anwendung zu geben und wollte währenddessen schauen, was mein Schutzengel mir zur Lösung des Problems vermitteln konnte. Er legte sich auf die Liege in meinem Arbeitszimmer und ich gab ihm Reiki-Energie durch meine Hände bis etwas Unglaubliches passierte, denn neben ihm tauchte ein helles Licht auf. Das Unglaubliche daran war, dass er, obwohl er selbst nicht hellsichtig oder hellhörig war, es in diesem Moment genauso deutlich sehen konnte wie ich. Das Licht wurde heller und heller, sodass es etwa zwei Meter neben der Behandlungsliege vom Boden bis zur Decke erstrahlte.

Urplötzlich erschien seine Mutter in diesem Licht, und mein Klient konnte sie ganz real sehen und begann zu weinen. Es war ein wunderbares Erlebnis, dass sich die beiden noch einmal sehen durften. Der Mann schluchzte regelrecht und stieß hervor: „*Ich sehe meine Mutter, ich sehe meine Mutter!*" Ich kannte dieses Phänomen bereits, dass Hinterbliebene für solch einen Moment ihr Drittes Auge geöffnet bekommen und ihnen somit ein letztes Mal die Möglichkeit geschenkt wird, direkten Abschied von einem Verstorbenen zu nehmen.

Ich schlug ihm vor, seiner Mutter jetzt all das zu sagen, was er ihr zu Lebzeiten nicht hatte sagen können. Er stieß hervor: „*Ich hasse Dich, ich hasse Dich. Du warst nie für mich da.*" Darauf antwortete sie ihm: „*Es ist nicht nötig, mich zu hassen. Ich war nicht in der Lage, mich um Dich zu kümmern, und mit Deinem Hass schadest Du letztendlich nur Dir selbst. Ich habe Dich immer sehr geliebt, vielleicht sogar mehr als die anderen, weil Du der Jüngste warst und ich mich nicht richtig um Dich kümmern konnte.*"

„*Aber wo warst Du, als ich Dich gebraucht habe?*", fragte er sie. Sie erwiderte: „*Ich war immer da, ich war immer bei Dir. Auch wenn ich dies meist nur in Gedanken tun konnte.*" Dabei legte sie ihre Hand auf sein Herz, und er spürte es.

Ich konnte sehen, wie viel Liebe dabei von ihr zu ihm floss. „*Martina schau, sie hat ihre Hand auf mein Herz gelegt.*", rief er mir erstaunt zu. Ich sagte, dass ich das ebenso sehen würde und fragte, ob er ihr noch etwas sagen möchte, als seine Mutter erklärte: „*Es ist alles gesagt. Ich kann seine Gedanken lesen und er meine.*"

In diesem Moment kam so etwas wie eine dunkle Energie-Wolke aus seinem Herzen. Es waren sein Leid, seine Traurigkeit und sein Schmerz, die sich zu seinem Hass entwickelt hatten und jetzt aufgelöst werden konnten. Diese verhärtete Energie hinderte ihn daran, Liebe zu geben. Die dunkle Energie zog nach oben weg, wo ein Engel sie neutralisierte, bis sie ganz hell leuchtete. Erneut weinte er schluchzend und zitterte am ganzen Körper. Seine Mutter sah ich erleichtert lächeln, denn nun kam die Zeit, sie freizugeben und loszulassen.

Seine Mutter verabschiedete sich mit den Worten: „*Ich muss gehen, mein geliebter Sohn, doch ich werde immer in Deinem Herzen sein und Du in meinem.*“ Während sie und das Licht ganz langsam vor unseren Augen verschwanden, weinte ihr Sohn noch viele Tränen der Erlösung.

Anschließend unterhielten wir uns noch eine Weile, und er sagte zu mir: „*Das war ein unglaubliches Erlebnis, ich fühle mich so erleichtert wie noch nie in meinem Leben.*“

In der folgenden Zeit kontaktierte er mich öfters, weil er nicht so schnell über dieses einmalige Erlebnis hinwegkommen konnte und berichtete mir, dass er seine Ehe mit dieser Auflösung habe retten können, was mich sehr freute. Seine Probleme waren wie weggezaubert bzw. gelöscht, als wären sie nie da gewesen.

Stillstand

Eine sehr schöne brünette Frau, etwa 45 Jahre alt, kam zu einem Beratungsgespräch zu mir. Sie setzte sich mir gegenüber und sagte: *„Du Martina, schau einfach mal allgemein bei mir, wo meine Blockaden sitzen."* Mehr sagte diese Dame nicht, und ich schaute sie an, tauchte in ihre Energien ein, verband mich mit ihrem Unterbewusstsein und erzählte alles, was ich sah und an Informationen bekam. Wie aus einem Buch konnte ich aus ihrem Innersten lesen – Blockaden, ungelöste Themen, Lebensumstände, Traumata aus der Kindheit, aktuelle Beschwerden und Probleme. Die Informationen sprudelten wie ein Wasserfall aus mir heraus. Ich redete länger als fünfzehn Minuten und war selbst erstaunt, wie lange ich mit ihrem Unterbewusstsein verbunden war. Vor allem staunte ich über die vielen ungelösten Themen, die ich bei ihr sehen konnte.

Die Frau schaute mich verwundert an und sagte: *„Das alles hast Du mir genau so bereits vor einem Jahr erzählt, als ich bei Dir war."* Jetzt war ich es, die erstaunt schaute, denn ich konnte mich überhaupt nicht an diese Frau erinnern und erklärte: *„Ich führe viele Beratungsgespräche am Tag. Manche Menschen kommen direkt zu mir, andere senden mir ein Bild und ich berate sie über das Telefon. Es sind so viele, dass mir nicht alle in Erinnerung bleiben. Tut mir leid, aber ich kann mich auch an Dich nicht erinnern."*

Im Gegensatz zu mir wusste die Frau noch alles, was ich ihr ein Jahr zuvor geraten hatte und betonte nochmals, dass es wirklich exakt das Gleiche war. Dazu sagte ich ihr: *„Wenn es tatsächlich die gleichen Themen sind, die ich anspreche und bei Dir schon zweimal gesehen habe, sind sie noch nicht erlöst, aber längst überfällig. Das heißt, dass Du in dem letzten Jahr nichts verändert hast. Du konntest nichts von alledem umsetzen, was ich Dir geraten habe. Es kann einerseits sein, dass Du Angst hast vor diesen Veränderungen, die ja mehrere Bereiche in Deinem Leben betreffen. Es kann aber auch sein, dass etwas in Dir diese Veränderungen nicht möchte, Du einen Nutzen aus Deiner Lage ziehst – unbewusst natürlich."*

Ich erklärte ihr weiter, dass jeder Mensch einen freien Willen hat. Er alleine entscheidet, wann und ob er seine Themen lösen möchte oder nicht. Ein Medium oder Therapeut kann dabei zwar eine Hilfestellung sein, aber die Schritte aus unseren Problemen heraus müssen wir selbst gehen.

Ihre Angst vor Veränderungen lähmte sie, wichtige Schritte zu unternehmen, die ihre Situation letztendlich verbessert hätten. Die Themen, die ich sah, standen wie in einer Schlange an der Kasse im Supermarkt und warteten sehnlichst darauf, erlöst zu werden.

Im Laufe der Zeit arbeiteten wir dann an ihrer Angst, und so konnte sie nach und nach die notwendigen Maßnahmen ergreifen und somit ihren Lebensplan erfüllen. Sie musste manche schwere Entscheidung fällen, und es war ein langer, schmerzlicher Prozess, der aber letztendlich zu einem besseren Leben führte.

Gefangen im Ei

Eine Heilpraktikerin suchte meinen Rat, und nun lag ihr Bild vor mir auf dem Tisch. Sie berichtete mir am Telefon, dass sie viele Probleme in ihrem Leben habe und keinen Ausweg aus ihrem Dilemma sehe. Klares Denken wäre ihr nicht mehr möglich, und sie sagte, sie käme sich irgendwie eingesperrt vor, ganz so, als hätte jemand sie eingeschlossen. Sie wüsste, es würde sich verrückt anhören, aber das Gefühl wie in einem Gefängnis zu leben, wäre ihr ständiger Begleiter. Ebenso plagten sie beruflich-finanzielle Einbußen. Ihre Heilpraktiker-Praxis war früher immer gut gelaufen, sie hatte viele Patienten und meist gut zu tun, doch deckten mittlerweile ihre Einnahmen bei weitem nicht mehr die laufenden Kosten. Diese finanzielle Situation bereitete ihr natürlich zusätzlich Stress.

Ich schaute ihr Foto an und sah, dass sie verflucht worden war. Der Fluch deckte viele Bereiche ihres Lebens ab und blockierte somit ihre finanziellen Einnahmen, ihren Erfolg im Beruf, ihre Partnerschaft und auch ihre Gesundheit. Das Bild, das man mir zeigte, sah folgendermaßen aus: Sie saß in völliger Dunkelheit und war wie in etwas eiförmigem eingeschlossen. Es wunderte mich nicht, dass sie im Dunkeln tappte und ihr der klare Blick fehlte. Noch während unseres Gespräches leitete ich sie durch die Auflösung dieses Fluches, und Schritt für Schritt lösten wir gemeinsam dieses Ei mit der dunklen Energie auf. Direkt danach schon fühlte sie sich frei und erleichtert. Das Gefühl des Eingesperrtseins war völlig verschwunden, und in ihrer Stimme, die vorher gedrückt klang, schwang wieder Leichtigkeit mit.

Bereits nach einer Woche berichtete sie mir über die schnellen Erfolge dieser Auflösung. Sofort konnte sie wieder wichtige Schritte für ihre Zukunft vornehmen. Sie hatte ein neues, positives Lebensgefühl, und bereits jetzt lief ihre Praxis wieder gut an, denn langjährige und neue Patienten buchten wieder Termine bei ihr. Durch das Entfernen ihres Gefängnisses und die Auflösung der Dunkelheit konnte nicht nur sie selbst wieder sehen, sondern sie war auch für ihre Patienten wieder sichtbar.

Wir hielten noch lange den Kontakt, und ich konnte mitverfolgen, dass sich ihre Partnerschaft gut erholte und sich auch beruflich wieder alles stabilisierte.

Auch für mich war es wieder einmal unglaublich mitzuerleben, was ein vielleicht einfach so dahingesagter Fluch aus einem Menschen machen konnte. Umso dankbarer war ich, dass ich diesen erkennen und lösen durfte.

Die Mutter in der Niere

Eine nette Dame brauchte meine Hilfe, denn sie hatte seit Jahren Probleme mit ihren Nieren. Als sie wegen eines Termins bei mir anfragte, bat ich sie zuerst, alles ärztlich abklären zu lassen. Das ist sehr wichtig und eine Grundvoraussetzung, bevor ich mir die energetische Ursache anschaue.

Zu dem vereinbarten Termin brachte sie die Untersuchungsergebnisse des Arztes mit – alles ohne Befund trotz starker Beschwerden. Unter anderem war ein aktuelles Ultraschallbild unter den Unterlagen, welches ich mir über mein geistiges Auge anschaute. Ich sah eine Frau in einer Niere sitzen, welche ich der Dame genau beschreiben konnte. Alle Details, wie ihre Haarfarbe, ihre Frisur und ihr Gesicht, konnte ich deutlich sehen. Vom Gesichtsausdruck der Frau konnte ich darauf schließen, dass sie meine Klientin sehr hasste. Diese erkannte nach meiner Beschreibung die Frau sofort als ihre Mutter und erzählte: „*Du hast genau meine Mutter beschrieben. Zu ihr hatte ich leider kein gutes Verhältnis, denn sie war immer neidisch auf mich und wollte nicht, dass ich in einer Partnerschaft glücklich werde. Immer wieder hat sie versucht, mir mein Glück kaputt zu machen.*“

Die Mutter lebte in einer unglücklichen Ehe, doch statt ihr Leben zu ändern, tat sie alles, um ihre Tochter dasselbe Elend spüren zu lassen. Selbst nach ihrem Tod ließ die Mutter nicht von ihr ab und besetzte ihre Nieren. Die Nieren stehen für das Thema *Partnerschaft*. Hat man eine Besetzung in diesem Organ, sind Probleme in der Beziehung vorprogrammiert. Eine vormals gut funktionierende Partnerschaft kann dabei sogar in die Brüche gehen.

Ich durfte eine geistige Operation während einer Reiki-Anwendung bei ihr durchführen. Dabei wurde die Besetzung komplett entfernt, und auf geistiger Ebene war meine Klientin nun frei von negativer Energie, sodass ihre Beschwerden verschwanden. Auf Körperebene kann es nach dem Ablösen jedoch sein, dass sich andere Symptome bilden. Dies passiert vor allem dann, wenn eine Besetzung uns zusätzlich noch Schaden hatte zufügen wollen. Je länger die Besetzung die Möglichkeit dazu hatte, umso eher können nachfolgend unangenehme Reaktionen auftreten, wie auch bei meiner Klientin.

Man kann sich das so vorstellen, dass die negative Energie im Körper Spuren hinterlassen hat, derer sich das System nun entledigen möchte. Man könnte auch vereinfacht sagen: Der Dreck muss raus.

Bei der sympathischen Dame bildete sich an der Stelle, an der die Besetzung saß, ein Furunkel. Es war wie ein großer, nicht verheilen wollender Pickel, der durch Eiter und Blut alles Negative auf Körperebene nach außen beförderte. Es dauerte längere Zeit, doch dann wurde das Furunkel immer kleiner, bis es letztendlich komplett verheilte und die Dame geistig und körperlich von der negativen Energie befreit war.

Blackout im Keller

Eine meiner langjährigen Klientinnen stand kurz vor ihrem zweiwöchigen Urlaub. Sie hatte von ihrer Mutter, die kurz vorher gestorben war, Schmuck geerbt, der zwar kein Vermögen wert war, für sie aber einen hohen ideellen Wert darstellte. Auf keinen Fall wollte sie, dass der Schmuck während ihrer Abwesenheit eventuellen Einbrechern in die Hände fiel, und ihr Plan war, ihn gut zu verstecken. Leider wusste sie sich keinen Rat, wo dieses geeignete Versteck sein könnte und ging konfus von Zimmer zu Zimmer durch ihr Haus, war aber mit keinem Platz einverstanden – alles erschien ihr zu unsicher. So irrte sie eine Zeit lang mit ihrer Tüte in der Hand umher und wusste nachher überhaupt nichts mehr.

Irgendwann auf ihrer Strecke musste sie wohl den Schmuck weggelegt haben, doch sie konnte sich nicht mehr daran erinnern, wo das gewesen sein könnte. Im Verdacht hatte sie ein Regal in einem Kellerraum, allerdings hatte sie es bereits mehrfach abgesucht, der Schmuck blieb allerdings verschwunden. In diesem Keller musste sie einen Blackout gehabt haben, denn jegliche Erinnerung fehlte.

Sie rief mich an und fragte, ob ich mal „schauen" könnte, wo sich der Schmuck befindet und ob das überhaupt funktionieren würde. Wenn die Engel einverstanden wären, dass sie den Schmuck wiederfindet, erklärte ich ihr, würden sie mir sicher zeigen, wo er sich befindet, und so bat ich meinen Schutzengel darum, mich bei ihr einzuklinken, was heißt, dass ich quasi im Geiste ihren Gang durch das Haus aus ihrer Perspektive sehen konnte. Mir war schwummrig dabei, weil ihre Gedanken so durcheinander waren, deshalb musste ich mich erst wieder neu orientieren, und mir wurde klar, warum sie bei dem Gewirr aus Gedanken nichts mehr wusste. Ich sah, dass sie mit einer Tüte in der Hand eine Kellertreppe hinunterging und anschließend einen Kellerraum betrat, wo sie den Schmuck in dieser Tüte an einen Haken hinter der Tür hing.

Sie konnte das nicht glauben, denn sie hatte ja diesen Kellerraum bereits mehrfach abgesucht. Daraufhin zeigte man mir, dass es der Raum nebenan war, und völlig erstaunt ging sie – mit mir am Telefon – in den beschriebenen Raum und dort hing tatsächlich am Haken hinter der Tür der gesuchte Schmuck in einer Tüte. Sie war total erstaunt und konnte es sich nur so erklären, dass sie die Tüte an den Haken hing, um etwas anderes zu erledigen, und dann den Schmuck vergessen hatte.

Sie freute sich sehr, dass ich ihr helfen konnte und fuhr beruhigt in den Urlaub, nachdem sie ein gutes Versteck für den Schmuck gefunden hatte.

Dämonen

Ein kleiner Junge, etwa zehn Jahre alt, war das Sorgenkind seiner Eltern, denn er hatte oft unkontrollierbare Zusammenbrüche. Es konnte überall passieren, sowohl beim Sport als auch in der Schule, zu Hause oder beim Spazierengehen. Er brach völlig unerwartet zusammen, da sich diese Anfälle vorher nie durch andere Symptome ankündigten. Man konnte auch nicht den Auslöser erkennen, da es überall und in den verschiedensten Situationen passieren konnte.

Die Eltern hatten mittlerweile diverse Ärzte aller Fachrichtungen aufgesucht – ohne Erfolg und ohne jegliche Diagnose. Alle standen vor einem Rätsel, und die Familie probierte nachfolgend viele alternative Heilmethoden aus, aber auch hier konnte nichts und niemand seine Zusammenbrüche stoppen. Nach ihrer Odyssee landeten sie bei mir, denn sie waren mittlerweile für alles offen und erhofften sich von mir Hilfe. Ich schaute mir den Jungen genau an und sah, dass seine Augen sehr starr blickten, auch sein Kopf wirkte insgesamt unbeweglich. Mit dem restlichen Körper bewegte er sich wie eine Marionette, denn seine Bewegungen wirkten wie ferngesteuert. Bei einem Blick direkt in seine Augen erschrak ich, denn ich konnte drei Dämonen in ihm erkennen. Seinen Eltern erklärte ich, was ich gesehen hatte und was es damit auf sich hat: *„Ihr Sohn hat keine körperlichen Probleme. Er ist völlig gesund, doch der Junge ist besetzt von Wesenheiten, die ihn kontrollieren, und diese stark negativen Wesen verursachen seine Zusammenbrüche."*

Anschließend bekam der Junge von mir eine Reiki-Anwendung auf meiner Liege, und ich zog über seinen Solarplexus zwei Dämonen hintereinander aus ihm heraus. Auf Raten meines Schutzengels musste ich jedoch eine dieser insgesamt drei Wesenheiten in ihm zurücklassen, sonst wäre der Junge an Ort und Stelle zusammengebrochen. Nach einer Weile, wenn der Körper sich wieder stabilisiert hätte, könnte ich den dritten entfernen, übermittelte mir mein Schutzengel.

Weil ein Dämon nichts anderes ist, als eine sehr, sehr negative Energieform, die eine Gestalt angenommen hat, konnte ich die beiden herausgezogenen Dämonen neutralisieren und auflösen.

Der Vater des Jungen war mit einem erneuten Termin einverstanden, da er schon jetzt den verbesserten Zustand des Jungen erkennen konnte. Wir unterhielten uns noch eine Weile, als mein Mann mich wegen eines dringenden Telefonats rief. Weil ich mit meiner Arbeit fertig war, bat ich ihn herein und klärte nur ganz kurz etwas am Telefon ab.

Mein Mann wartete und schaute dabei den Jungen an. In diesem kurzen Moment brach das Kind zusammen, und der dritte und letzte Dämon ging aus dem Jungen raus und besetzte meinen Mann. Alles ging so schnell, dass man es nicht hätte verhindern können. Augenblicklich und in Sekundenschnelle bekam mein Mann fürchterliche Kopfschmerzen. Er hielt sich seinen Kopf und stöhnte vor Schmerzen. Der Vater des Jungen konnte nur entsetzt zusehen, wie ich meinen Mann schnell auf die Liege beförderte und ihm diesen Dämon direkt mit Hilfe der Engel wieder aus dem Körper zog. Ich befahl der Wesenheit, zurück in den Jungen zu gehen, noch wäre dort sein Platz und ich würde mich zu gegebener Zeit um ihn kümmern. Anschließend brauchten wir alle eine Weile, um uns von dem soeben erlebten Schrecken zu erholen.

Etwa zwei Wochen später kam die Familie mit ihrem Sohn erneut zu mir, und ich konnte den dritten Dämon aus dem Jungen herausziehen und auflösen. Danach bekam er von der geistigen Welt ein wunderschönes Schutzfeld um seine Aura. Die Eltern ließen mich nach einiger Zeit wissen, dass die Zusammenbrüche nach ihrem letzten Besuch bei mir unmittelbar vollständig aufhörten und sich ihr Sohn obendrein positiv verändert hatte.

Beruf und Berufung

Während ich eine Ausbildung für *Autogenes Training* absolvierte, durfte ich bei einem Allgemein- und Sportmediziner Übungsstunden abhalten. Wir unterhielten uns öfter, und ich erzählte ihm von meiner Arbeit als Medium. Er fragte mich, ob er denn Patienten, bei denen er keinen Rat mehr wüsste bzw. keine Therapie anschlagen würde, von mir erzählen dürfe. Ich war einverstanden, und so baten mich hin und wieder Patienten von ihm um Rat. Die Zusammenarbeit mit diesem Arzt war sehr harmonisch, und es wäre sehr schön, wenn mehr Ärzte energetisch arbeitenden Menschen als Ratgeber vertrauen würden.

Auf Anraten dieses Arztes kam eines Tages ein Mann zu mir. Er war Zahnarzt, hatte starke Beschwerden im Rücken und wollte bei mir eine Reiki-Anwendung bekommen. Nachdem ich mit meiner energetischen Arbeit fertig war, sah ich ihn an und sagte: „*Du bist nicht glücklich in Deinem Beruf. Du wolltest eigentlich etwas ganz anderes machen.*" Verblüfft sagte er, dass er die Zahnarzt-Praxis seines Vaters übernommen hatte. Der Vater wollte es so, und es hatte noch nicht einmal den Hauch einer Chance gegeben, diesem Wunsch zu widersprechen. Bevor er weiterreden konnte, fragte ich: „*Du wolltest Journalist werden, stimmt das? Schreiben ist Deine Berufung, und weil Du nicht Deinen Wünschen gefolgt bist, hast Du jetzt den schiefen, schmerzhaften Rücken. Du hast Dich für die Erfüllung der Erwartungen Deines Vaters verbogen.*"

Mit Tränen in den Augen gab er mir Recht und gestand, nicht stark genug gewesen zu sein, seinem Vater zu widersprechen. Ich erklärte ihm, dass es sehr wichtig ist, seiner Berufung zu folgen. Es ist wunderbar, wenn ein junger Mensch schon weiß, welchen Beruf er ausüben möchte, denn dann verfolgt er zielstrebig seine Pläne und kann erfolgreich sein. Vor allem aber übt man den Wunschberuf mit Freude aus, welches unser Wohlbefinden stärkt. Den Wunsch oder die Erwartungen eines anderen zu leben, büßt man früher oder später mit seelischen und körperlichen Beschwerden.

Für den Zahnarzt war es aufgrund seines Alters zu spät, eine neue Berufsausbildung zu starten, doch er begann, in seiner Freizeit vermehrt zu schreiben und konnte somit zumindest etwas von seinem Traum verwirklichen. Ich unterstützte ihn eine Weile regelmäßig bei der Bewältigung seiner Rückenprobleme mit Reiki-Anwendungen und konnte ihn somit von seinen schlimmsten Beschwerden befreien.

Eine himmlische Maklerin und die verfluchte Treppe

Nun war es so weit, und mein Mann und ich wollten unserer Liebe und Beziehung zuliebe mit der Vergangenheit abschließen und aus Düren wegziehen. Wir waren guter Dinge, dass wir schnell ein geeignetes Häuschen für uns finden würden und schauten uns im Umkreis von etwa fünfzig Kilometern einige Objekte an, doch nach geraumer Zeit waren wir verzweifelt, weil keines der Häuser zu uns und unseren Bedürfnissen passte.

Eines Abends saß ich auf dem Balkon unserer Wohnung in Düren, hatte eine Landkarte auf den Knien, schaute nach oben und sagte: „*Lieber Himmel, gib mir bitte ein Zeichen, wo wir ein Haus finden werden.*" Plötzlich stand die verstorbene Mutter meines Mannes vor mir und zeigte mir mit ihrem Finger auf der Landkarte die Stadt Vaals in den Niederlanden. Sie vermittelte mir, ich solle mit meinem Mann am nächsten Tag dorthin fahren und die Stadt ansehen, auch wenn ich Vaals nicht kennen würde. Weil ich solchen Hinweisen immer vertraue und auch mein Mann direkt zustimmte, fuhren wir am nächsten Tag in diese Stadt – ohne zu wissen, wohin wir genau fahren sollten. Also bummelten wir etwas ziellos durch den Ort, um zu sehen, wie wir uns dort fühlten. Die Energie dort fühlte sich harmonisch und sehr gut an, deshalb wollten wir gerne noch mehr Informationen von meiner verstorbenen Schwiegermutter.

Es vergingen ein paar Tage, bis sie mir abends wieder erschien, mich an der Hand nahm und mit mir geistig einen Weg in Vaals entlanglief. Ich wusste, es war die Hauptstraße, der wir bis zum Ende zu einer Kirche folgten, wo sich die Straße gabelte und die Vision endete. Wir fuhren am nächsten Tag erneut nach Vaals und dort die Hauptstraße entlang. Die Straße, die Häuser und Geschäfte sahen genau so aus, wie in meiner Vision, und ebenso standen wir plötzlich vor einer Kirche, bei der sich die Straße gabelte. Nachdem wir einen Parkplatz gefunden hatten, gingen wir in diese Kirche hinein und waren beeindruckt von der positiven Energie im Inneren.

Irgendetwas hatte diese Kirche mit meinem Mann zu tun. Er schien sie aus einem Vorleben zu kennen, fing direkt an zu weinen und sagte: *„Ich fühle mich hier wie zu Hause, so als wäre ich endlich angekommen und hätte gefunden, wonach ich schon lange gesucht habe. Meine Mutter musste das gewusst haben, als sie uns hier hinführte. Hast Du auch die Hausnummer der Kirche bemerkt?"* Das hatte ich, denn es war die Nummer siebenundzwanzig, das Geburtsdatum meines Mannes, und ich war mir sicher, dass sich hier gerade sehr viel Vergangenes von ihm ablöste.

Nachdem wir noch eine Weile die Energie in der Kirche genossen hatten, standen wir nun wieder davor und wussten nicht, ob wir nach rechts oder links gehen müssen. Mein Mann nahm das Pendel zu Hilfe und meinte nach einer Weile, dass wir den linken Weg einschlagen sollten, und wir liefen daraufhin in diese Richtung. Welche Überraschung dort auf uns wartete, war unglaublich.

Wir gingen eine Allee entlang, an der wunderschöne Häuser mit gepflegten Vorgärten standen, und die Atmosphäre dort war einfach nur harmonisch, ruhig und vermittelte uns ein Gefühl der Geborgenheit. Nach kurzer Zeit kamen wir an ein Haus, das uns schon von weitem gefiel, ebenfalls einen tollen Vorgarten hatte und – wir trauten unseren Augen kaum – zum Verkauf stand. Dort war es, unser Traumhaus! Wir schauten uns nur ungläubig an und waren überwältigt vor Glück, denn das Haus hatte die Hausnummer neun, unsere, mit Hilfe der Numerologie ausgerechnete, optimale Hausnummer!

Wir bedankten uns bei der geistigen Welt und der Mutter meines Mannes für diese wunderbare Hilfe und Führung, denn sie war für uns zu unserer persönlichen himmlischen Maklerin geworden.

Es dauerte nicht lange und wir zogen tatsächlich in dieses Haus nach Vaals, denn auch die Räume waren genau nach unseren Bedürfnissen zugeschnitten. Das Einzige, was uns wirklich störte, war die Treppe, die in das obere Stockwerk führte. Sie war aus Holz und schon sehr alt, deshalb knarrte und knackte sie bei jedem Schritt sehr laut, und uns beiden war sofort klar, dass sie erneuert werden müsste.

Erst einmal zogen wir jedoch in das Haus ein, ohne diese aufwendige Renovierung durchzuführen, und somit wartete bereits eine neue Lektion in Sachen „unglaubliche Phänomene" auf uns: Ging ich die Treppe hinunter, stolperte ich immer wieder an der gleichen Stelle, wenn ich unaufmerksam war, und fiel dann die restlichen Stufen hinunter. Es war Glück im Unglück, dass ich mir keine schlimmen Verletzungen zugefügt hatte.

Bei meinem Mann war es umgekehrt, er stolperte ebenso an der gleichen Stelle, fiel aber die Treppe hinauf. Weil ich aus der geistigen Welt keinen Hinweis zu diesen Vorkommnissen bekam, suchten wir die Vorbesitzer auf. Die Frau bestätigte uns, dass auch ihre Tochter ein großes Problem mit der Treppe gehabt hatte. Sie hatte Angst, unter der Treppe zu stehen und Probleme, sie zu begehen. Die Mutter vermutete, dass es ebenso einen Zusammenhang mit den nächtlichen Ängsten ihrer Tochter in dem Haus gab, denn sie hatte dort nie ohne Licht einschlafen können.

Noch immer bekam ich keinen Hinweis aus der geistigen Welt, doch ich hatte die Idee, die Treppe von allen Seiten mit meinem Fotoapparat abzulichten. Als ich mir die Bilder anschaute, entdeckte ich deutlich einen Mann darauf. Somit konnte ich ausschließen, dass es der Hausgeist war, den ich zuerst im Verdacht hatte. Mit nur einem Blick auf ihn war mir direkt klar, dass es sich um jemand sehr Unangenehmen handelte.

Um herauszufinden, wer da auf unserer Treppe sein Unwesen trieb, ging ich zu unseren direkten Nachbarn und beschrieb ihnen den Mann. Sie erkannten ihn nach meiner Beschreibung sofort ganz klar als einen ehemaligen Mieter unseres Hauses. Er hatte damals in diesem Haus eine Wohngemeinschaft gegründet und wollte partout nicht dort weg. Die Eigentümer klagten insgesamt fünf Jahre, bis er endlich auszog und sie das Haus verkaufen konnten. Bis heute wurde der Mann oft gesehen, wenn er in dieser Gegend umherlief. Er wohnte nicht weit weg und kam wohl regelmäßig an unserem Haus vorbei.

Nun war mir zumindest klar, warum die Energie-Umstellung diesen Mann nicht hatte vertreiben können. Er lebte noch, und durch seinen regelmäßigen Blick auf dieses Haus, erneuerte er immer wieder seine alte Energie. Ich konnte mir zwar nicht erklären, warum der Mann ausgerechnet auf der Treppe festsaß, wusste aber, dass wir ihn nur loswerden konnten, wenn wir diese alte Treppe komplett durch eine neue ersetzen würden.

Bevor es dazu kam, passierte jedoch Folgendes: Mein Mann bereitete alles im Treppenhaus für neue Stromleitungen vor. Er setzte die Bohrmaschine an, und in dem Moment, als er sie anstellte, kam eine riesige schwarze Wolke auf ihn zu, sodass er sich kaum noch halten konnte und aufpassen musste, nicht die Treppe rückwärts hinunterzufallen. Es gab einen immens lauten Knall, der sowohl im ganzen Haus als auch draußen zu hören war. Wir waren beide total erschrocken und konnten uns diesen Vorfall nur so erklären, dass mein Mann eine Stromleitung erwischt hatte. Daraufhin suchten wir die Wand nach der Ursache ab, fanden jedoch keine Stromleitung in der Nähe des kleinen Bohrloches, auch die Messgeräte von meinem Mann zeigten nichts an. Anschließend testeten wir die Bohrmaschine und stellten fest, dass sie einwandfrei lief.

Wir konnten uns dieses Phänomen nicht erklären, denn in dem ganzen Haus roch es verbrannt, und wir mussten lange lüften, bis es wieder erträglich wurde. Die schwarze Wolke, die meinen Mann fast von der Treppe gestoßen hatte, nahmen wir beide als eine ungefähr eineinhalb Meter große, negative Energieform wahr und konnten sie ebenso mit unseren physischen Augen sehen.

Jetzt wurde mir klar, dass der Mann das Haus verflucht hatte, als er es verlassen musste. Was auch immer den Knall und die Freisetzung der negativen Energiewolke ausgelöst hatte – der Fluch wurde dadurch aufgehoben.

Nach dieser Befreiung liefen die Renovierungsarbeiten ohne jegliche Störung oder Verzögerung reibungslos und zügig, und nachdem die neue Treppe fertig war, hörte auch das Stolpern auf. Dennoch fotografierte ich diese sicherheitshalber nochmals von allen Seiten und hatte den Beweis, dass dieser Mann tatsächlich verschwunden war.

Ein Hund als Lebensretter

Ein Bekannter der Familie – ein sehr sympathischer und lieber Kerl – hatte einen Hund. Beide waren ein Herz und eine Seele, und es war immer schön, diese innige Verbindung zu sehen. Bei einem unserer Treffen fragte mich dieser Bekannte nach der Traurigkeit seines Hundes, denn er wäre seit langer Zeit sehr ruhig und zurückhaltend und würde einen sehr traurigen Eindruck machen, außerdem würde er sich meist unter dem Tisch verkriechen. Nachdem ich mich mit dem Hund geistig verbunden hatte, sah ich, wie mein Bekannter in seiner Wohnung in einer Blutlache lag, neben ihm sein jaulender, trauriger Hund. Auch ich empfand bei dem Anblick eine tiefe Traurigkeit, doch weil ich dem jungen Mann keine Angst machen wollte und auch keine Antwort bekam, was dies denn bedeuten sollte, behielt ich es erst einmal für mich.

Weil dieses Bild aber immer wieder vor meinem geistigen Auge auftauchte, fasste ich irgendwann den Entschluss, ihn darauf anzusprechen. Als ich ihn mit meiner Vision konfrontierte, fing er an zu weinen und sagte: *„Schon lange spiele ich mit dem Gedanken, mich umzubringen. Vor ungefähr eineinhalb Jahren habe ich meinen besten Freund verloren. Er hat sich im Park aufgehängt, und jeden Tag gehe ich mit meinem Hund im Park an der Stelle vorbei, an der er sich erhängt hat. Jedes Mal muss ich weinen, wenn ich dort bin. Ich komme einfach nicht darüber hinweg."* Seit dem Tod des Freundes war für diesen Mann das Leben sinnlos geworden, und nichts war mehr normal. Ich legte meinen Arm um ihn und erzählte ihm, was ich noch bei ihm sah: *„Du wirst heiraten und ein Kind haben, dann wirst auch Du wieder glücklich sein."*

Er schaute mich nur ungläubig an, woraufhin ich ihm erklärte, dass er sich auf keinen Fall umbringen solle, das gehöre nicht in seinen Lebensplan. Weiter vermittelte ich ihm, was mit der Seele bei einem Selbstmord passiert und dass er dann als erdgebundener Geist nicht so schnell ins Licht gehen könne. Bei einem Selbstmord, der nicht im Lebensplan vorgesehen ist, würde er Tag für Tag seinen Selbstmord und sein Leid aufs Neue erleben müssen, was bestimmt schlimm wäre.

Noch lange redete ich auf ihn ein, denn er war so ein lieber, hilfsbereiter und zuverlässiger Mensch, und ich mochte ihn sehr gerne. In seinen Augen konnte ich die Dankbarkeit sehen, dass ich mich seiner annahm, und mein Angebot, ihm helfen zu wollen, nahm er dankbar an. *„Ja bitte, Martina"*, sagte er, *„hilf mir. Ich bin am Ende. Lange halte ich das nicht mehr aus, weder seelisch noch körperlich."*

Drei Wochen habe ich daraufhin energetisch mit ihm gearbeitet. Wir haben viel geredet, und ich sagte ihm immer wieder, dass ich ihn in seiner Zukunft glücklich verheiratet und mit einem Kind sehe. Er solle durchhalten, alles würde sich zum Guten wenden. So richtig konnte er es mir nicht glauben, und er zweifelte immer noch an einer glücklichen Zukunft. Irgendwann kam er zu mir und sagte, er wisse jetzt, dass er etwas in seinem Leben ändern müsse. Wieder bot ich ihm meine Hilfe an, er könne jederzeit zu mir kommen, wenn er einen Rat bräuchte und ich würde ihm alle gewünschten Antworten geben. Mit der Zeit fruchteten die Gespräche, und er war wieder lebensfroher und schmiedete Zukunftspläne, was mich sehr freute. Meine Mühe, ihn aus seiner hoffnungslosen Lage zu führen, hatte Erfolg, und manches Mal, wenn wir uns in der nachfolgenden Zeit sahen, weinte er aus Dankbarkeit. Kurze Zeit später lernte er eine Frau kennen, und ich sagte ihm: *„Das ist die Frau, die ich in meinen Visionen gesehen habe, mit ihr wirst Du glücklich werden."* Er war sehr verliebt und strahlte vor Glück.

Wir verloren uns aus den Augen, und erst ein Jahr später begegnete ich ihm wieder. Er schob einen Kinderwagen mit einem kleinen, süßen und sehr hübschen Indigo-Mädchen darin. Ich war so ergriffen und glücklich, dass es dieser sympathische Mensch geschafft hatte, aus seinem tiefen Tal der Hoffnungslosigkeit zu kommen. Er strahlte vor Kraft und vor Lebensfreude, und ich wusste, dass das Thema Selbstmord bei ihm vollkommen erlöst war. Der Hund – sein Lebensretter – war immer noch an seiner Seite. Er hatte seinem Herrchen die Traurigkeit zum Teil abgenommen und hiermit auf sich und letztendlich auf das Thema aufmerksam gemacht. Die Sorge um seinen Gefährten war weitaus größer als die Sorge um sich selbst, weshalb er mich auf den Hund ansprach und somit seine eigene Rettung initiierte.

Zurück ins eigene Leben

Im Laufe der Jahre betreute ich viele Menschen mit psychischen Problemen – Menschen, die bereits austherapiert in der Psychiatrie, mit viel zu viel Psychopharmaka ruhiggestellt und von ihrem Umfeld aufgegeben, ihr Dasein fristeten. Eine junge Frau, der genau das passiert war, hörte von mir und meiner Arbeit. Es war in ihrem Zustand schon fast übermenschlich, was sie auf sich nahm, um mich direkt aufzusuchen, denn immer an den Tagen, an denen sie die Psychiatrie verlassen durfte, fuhr sie den weiten Weg zu mir – mit all ihren Ängsten und den vielen negativen Geistwesen um sich herum, die sie hören und sehen konnte.

Der erste Eindruck von ihr zeigte mir, dass sie völlig normal war und bei ihr keine psychische Störung vorlag. Als ich ihr dies sagte, fiel ihr eine große Last von den Schultern, und dennoch fragte sie skeptisch, warum sie denn dann Stimmen hören und komische Dinge sehen würde, die außer ihr keiner wahrnahm. Ich erklärte ihr, dass sie hellhörig sei und die Stimmen von Geistwesen hören könne, die sehr wohl existierten und die ich ebenfalls wahrnehmen konnte. Anschließend erzählte ich ihr viel über meinen Lebensweg, um ihr Mut zu machen und ihr zu zeigen, dass sie keinesfalls alleine ist mit diesen außersinnlichen Wahrnehmungen.

Ein Jahr lang betreute und schulte ich sie, mit ihren Fähigkeiten umzugehen, und von Mal zu Mal wurde sie selbstsicherer und konnte all diese Dinge einordnen. Sie wusste nach einiger Zeit, die Stimmen und die Dinge, die sie sieht zu deuten. Mittlerweile führt sie ein ganz normales Leben ohne Psychopharmaka, wurde aus der Psychiatrie entlassen, wohnt in einer eigenen Wohnung und ist eine glückliche Frau.

Sie soll mit ihrer Geschichte hier stellvertretend für viele Menschen stehen, die aus Unwissenheit wegen ihrer besonderen Fähigkeiten für „psychisch krank“ erklärt wurden. Sie soll auch Hoffnung bringen und all jenen Mutschenken, die glauben, verrückt zu werden, weil sie Dinge wahrnehmen, die kein anderer hören oder sehen kann. Ich bin sehr glücklich darüber, dass ich schon vielen dieser Menschen aus ihrer unsäglichen Lage habe heraushelfen können.

Fremdsymptome

An einem Reiki-II-Seminar bei mir nahmen sechs Personen teil. Nach einem sehr schönen und harmonischen Seminar waren alle Einweihungen beendet, und wir gingen zu dem praktischen Teil über, denn die Teilnehmer sollten diese neue Energie nun spüren und damit arbeiten. Hierzu hatte ich drei Liegen aufgestellt, an denen im Wechsel geübt werden sollte, drei Teilnehmer lagen somit auf jeweils einer Liege, und die Anwender standen davor.

Als die Teilnehmer mit ihren Übungen begannen, stellte ich mich an die erste Liege, um zu spüren, was passierte. Ich bekam Herzrasen, kaum mehr Luft und dachte, ich werde ohnmächtig. Um dieser Energie erst einmal zu entfliehen, ging ich zur zweiten Liege und bekam dort plötzlich Nierenschmerzen. Der Schmerz, der mich durchfuhr, war so stark, dass ich in die Knie gehen musste, und auch hier entschloss ich mich, schnell wieder diese Energie zu verlassen und ging zur dritten Liege. An dieser Liege bekam ich einen Panikanfall, wodurch ich am ganzen Körper zitterte und vibrierte.

Ich verließ schnell den Raum, um meine Empfindungen einordnen zu können, denn es war das erste Mal, dass ich mit einer solchen Heftigkeit die einzelnen Anwendungen und Energien spüren konnte. Zum Glück hörten die Symptome sofort wieder auf, wenn ich von den Liegen wegging. Als ich wieder zu meiner Seminar-Gruppe zurückkehrte, erklärte ich ihnen, warum ich das Zimmer kurz hatte verlassen müssen.

Die Frau, die auf der ersten Liege lag, erzählte mir daraufhin, dass sie tatsächlich Herzprobleme hätte. Sie wüsste nicht, was es ist, weil Ärzte bei ihr keine Unregelmäßigkeiten gefunden hätten und keine Diagnose stellen konnten. Ich schaute die Frau genauer an und sah eine Besetzung in ihrem Herz.

Ein junge Frau, Anfang 30, lag auf der zweiten Liege. Ich berichtete ihr von meinem heftigen Nierenschmerz, den ich in ihrer Nähe bekommen hatte, und sie erzählte mir von ihrer Arbeit in einem Chemielabor. Sie arbeitete dort mit hochtoxischen Substanzen, und eine Untersuchung bei einem Arzt hatte bereits ergeben, dass sich in ihrer Niere Giftstoffe abgelagert hatten.

Zum Schluss sprach ich die Frau auf der dritten Liege an. Sie war ungefähr siebzig Jahre alt und sagte, sie hätte Probleme mit den Nerven. Oft würde sie anfangen zu zittern und wüsste nicht, woher dieses Vibrieren kommen würde.

Durch die Anwendungen in dem Seminar wurden die Beschwerden gelindert, die Besetzung der einen Dame abgelöst, und ich konnte allen noch Tipps geben, welche Schritte sie weiter unternehmen könnten, damit es ihnen noch besser gehen würde.

Es war das erste Mal, dass ich die Symptome von anderen so heftig über meinen eigenen Körper spüren durfte. Von da an passierte es öfter, dass ich die körperlichen Beschwerden von anderen Personen in mir fühlte. Ich musste lernen zu unterscheiden, ob es sich um fremde oder eigene Symptome handelt, und nach einiger Zeit des Übens beschränkten die Engel dieses Phänomen auf Beratungsgespräche und Seminare – zum Glück, denn wenn man selbst beim Einkaufen an der Kasse die Symptome des Hintermannes abbekommt, ist das sehr unangenehm und verwirrend.

Ein Weihnachtsgeschenk

Es war zwei Tage vor Weihnachten, und ich hatte noch so viel zu erledigen. Es fehlte noch etwas Weihnachtsglanz in unserem Haus, der komplette Einkauf für das Weihnachtsessen, Kleinigkeiten zum Verschenken mussten auch noch besorgt werden, und die anderen Geschenke waren noch längst nicht eingepackt. Kurz gesagt, der normale vorweihnachtliche Wahnsinn war auch bei mir angekommen.

Mitten in der Hektik klingelte mein Telefon, und mein Schutzengel deutete mir an, dass es dringend sei und ich den Anruf entgegennehmen solle. Es war ein Klient von mir, ein sehr verzweifelter und sich zigmal für die vorweihnachtliche Störung entschuldigender Klient. Er erzählte mir, dass er im Krankenhaus wäre und starke Schmerzen wegen eines Bandscheibenvorfalls hätte. Für den nächsten Tag war seine Operation angesetzt, und er hatte große Angst davor, denn er war mit Herz und Seele Rettungsassistent von Beruf, und man hatte ihn darüber aufgeklärt, dass er seinen Beruf nach der Operation nicht mehr ausüben könne und dürfe. Mein Klient konnte sich aber nichts anderes als diese Tätigkeit vorstellen. Ich sagte ihm, dass ich vor Weihnachten eigentlich keine Energie-Arbeit durchführe, weil die Zeit hierfür sehr ungünstig ist, doch mein Engel drängte mich, ich solle etwas für diesen Mann tun. *„Ausnahmsweise“*, sagte ich am Telefon, *„werde ich jetzt schauen, was ich tun kann.“* Danach, versprach ich, würde ich ihn anrufen.

In einer Art Meditationszustand sah ich, wie ein geistiges Chirurgenteam auf mich zukam. So viele Engel auf einmal hatte ich noch nie bei solch einem Team gesehen. Ich selbst stand als Energiekanal zur Verfügung, damit die Engel ihre energetische Operation durchführen konnten. Ich konnte beobachten, dass sie die Bandscheibe von dem Mann komplett erneuerten. Der Vorgang ging recht schnell, und ich bekam gesagt, dass der Prozess damit abgeschlossen sei.

Verwundert über die Schnelligkeit des geistigen Eingriffes, rief ich den Klienten wie versprochen an und berichtete in kurzen Worten, was geschehen war, dass er jedoch keine Wunder erwarten solle, die geistige Welt ihn bei seiner Genesung jedoch unterstützen würde.

Am nächsten Tag meldete er sich fröhlich bei mir. Er sagte: „*Martina, ich kann es kaum glauben, ein Wunder ist geschehen, ich habe keine Schmerzen mehr. Nichts tut mehr weh, ich kann mich frei bewegen, und die Ärzte hier sind völlig ratlos. Sie sagen, ich wäre ein medizinisches Wunder.*"

Er hatte nachts schon viel besser schlafen können, und als er morgens wach wurde, konnte er absolut schmerzfrei aufstehen. Er war anfangs noch sehr vorsichtig in seinen Bewegungen, bis er merkte, dass er wirklich keine Schmerzen mehr hatte. Die Ärzte waren an diesem Morgen sehr früh zur Visite zu ihm gekommen, denn die Operation sollte vormittags stattfinden. Davor war noch eine Kernspintomographie (MRT) geplant, welche lediglich der Operationsvorbereitung diente und aktuelle Bilder liefern sollte. Der Bandscheibenvorfall war zuvor mit hundertprozentiger Sicherheit diagnostiziert worden.

Jetzt standen die Ärzte vor einem über das ganze Gesicht grinsenden Patienten, der augenscheinlich putzmunter vor seinem Bett stand und behauptete, schmerzfrei zu sein. Die Ärzte trauten seiner plötzlichen Genesung nicht und wollten auf jeden Fall die Untersuchung vornehmen. Die Bilder bewiesen jedoch nur, was mein Klient längst spürte: Den Bandscheibenvorfall gab es nicht mehr, alles sah völlig normal und gesund aus. Die Ärzte mussten zugeben, dass hier nichts mehr zu operieren war und versuchten eine weltliche, schulmedizinische Erklärung zu finden.

Anstatt in den Operationssaal zu müssen, durfte er noch am gleichen Tag nach Hause, und er war glücklich, schmerzfrei zu sein und Weihnachten mit seinen Lieben zu Hause verbringen zu dürfen.

Am Telefon sagte er zu mir: „*Martina, ich danke Dir von Herzen für das wunderbare Weihnachtsgeschenk.*"

Poltergeister

Eine Frau hörte von mir und der Möglichkeit, Energien im Haus umstellen zu können. Ich nahm sie als eine resolute, starke und mutige Frau wahr, doch mittlerweile war sie ziemlich am Ende ihrer Geduld und schilderte mir ihr Anliegen: Sie hatte sich mit ihrem Mann und ihrer Tochter den Traum vom eigenen Heim erfüllt, ein Grundstück erworben und ein neues Haus gebaut. Doch kaum eingezogen, wurde aus ihrem Traum ein Alptraum, der sofort nach dem Einzug begann und täglich schlimmer wurde.

Meine Klientin hatte anfangs immer das Gefühl, nicht alleine zu sein. Irgendwie kam es ihr vor, als wäre sie umgeben von „etwas", was sie nicht einordnen und nicht sehen konnte. Hinzu kamen Klopfgeräusche, es knackte überall im Haus, Türen gingen auf und schlugen wie von Geisterhand zu – es war einfach unheimlich. Ihr Mann musste beruflich oft reisen und war dann für mehrere Tage weg. In diesen Zeiten wurde es besonders schlimm. Ihre Tochter schlief währenddessen immer bei ihr, denn auch sie hatte Angst und wusste mittlerweile, dass es schlimmer wurde, wenn der Vater auf Reisen war.

Eines Nachts – Mutter und Tochter waren alleine – hörten sie schlurfende Schritte auf dem Dachboden. Die Frau dachte, dass nun wirklich Einbrecher eingedrungen waren und überlegte, die Polizei anzurufen. Sie befürchtete allerdings, dass es sich wieder um die unsichtbaren Phänomene handeln könnte und bat stattdessen einen Bekannten, der im gleichen Ort wohnte, nachzuschauen. Nachdem er das ganze Haus durchsucht und keinen Eindringling gefunden hatte, vermutete er, dass die Geräusche von einem Tier kamen. Doch nicht wirklich beruhigt, war für sie in dieser Nacht nicht mehr an Schlaf zu denken.

Der Spuk ging in der folgenden Zeit fleißig weiter, die Türen schlugen weiterhin zu, die schlurfenden Schritte auf dem Dachboden hörten nicht auf, und mittlerweile fielen regelmäßig von alleine die Stühle auf ihrer Terrasse um. Dass hier etwas ganz und gar nicht stimmte, war der Familie mehr als bewusst, doch sie waren ratlos, wie sie dem Ganzen ein Ende setzen konnten.

In dieser Zeit wurde der Frau von der geistigen Welt das Dritte Auge geöffnet, und immer, wenn sie vor einem Spiegel stand, sah sie hinter sich Gestalten vorbeihuschen. Anfangs dachte sie, dass sie verrückt werde, denn auch nachts wurde sie des Öfteren wach, weil jemand an ihrem Bett stand und sie anpustete. Aus Ängstlichkeit wurde jetzt Mut: Sie war sicher, es mit Geistern zu tun zu haben und fing an, sie wegzujagen, sie schimpfte mit ihnen und schmiss sie aus ihrem Schlafzimmer.

Leider ließen sich die Geistwesen davon jedoch nicht auf Dauer beeindrucken und kamen immer wieder, um die Bewohner zu erschrecken – der Spuk nahm kein Ende. Es war an einem dunklen Herbstabend – der Familienvater war wieder auf Reisen, die Mutter war noch wach, und die Tochter schlief bereits im Elternschlafzimmer –, als ihre Katze vor der Terrassentür miaute. Meine Klientin öffnete die Tür und nahm die Katze auf den Arm. In diesem Moment hörte sie Schritte vor dem Haus, und sie konnte den Geräuschen nach zwei Personen ausmachen. Vorsichtig schaute sie um die Ecke, immer noch die Katze auf ihrem Arm. Sie hörte laut und deutlich weiterhin die Schritte von zwei Personen, konnte aber niemanden sehen, ganz im Gegensatz zu der Katze, denn kaum dass sie um die Ecke schauten, sprang diese mit einem Satz vom Arm und lief durch die Terrassentür ins Haus. Die Frau bekam jetzt doch Angst und lief schnell hinterher, verriegelte die Tür und ließ den Rollladen herunter. Ihre Katze hatte sich in der Zwischenzeit vor lauter Angst verkrochen, was sehr untypisch für sie war.

Meine Klientin rief nun einen Freund an, der in ihrer Nähe wohnte, und er versprach, sofort vorbeizukommen. Sie schloss sich daraufhin mit ihrer Tochter im Schlafzimmer ein und wartete auf ihn. Um nicht mehr aus dem Raum zu müssen, ließ sie ihren Freund sogar durch das Schlafzimmerfenster rein. Gemeinsam gingen sie vorsichtig und ängstlich durch das gesamte Haus und fanden – wie immer – nichts. Kurze Zeit später hörte sie von mir und den Energie-Umstellungen, sendete mir Bilder von dem Haus und fragte um Rat. Ich konnte direkt sehen, dass dort mehrere Geistwesen ihr Unwesen trieben und versprach ihr, so schnell wie möglich mit einer Energie-Umstellung zu helfen.

Nach der Energie-Umstellung kehrte Ruhe bei ihnen ein, und der Spuk hörte endgültig auf. Ihre Hellsichtigkeit blieb allerdings und bildete sich noch weiter aus. Wir hielten den Kontakt, sie besuchte meine Seminare und arbeitet heute dank ihrer wunderbaren Fähigkeiten ebenfalls als Medium.

Heilsame Waldenergien

Eine ältere Dame buchte einen Telefon-Termin bei mir, denn sie hatte starke Schmerzen durch ihre Rheuma-Erkrankung. Das von ihr vorab geschickte Bild lag vor mir, und ich konnte sehen, dass sie etwas nicht loslassen konnte. Rheuma entsteht meist, wenn man an etwas sehr festhält, wenn man nicht loslassen kann oder möchte. Nach einigen Überlegungen kam sie auf das Thema zu sprechen, denn es gab einen Mann in ihrem Leben, den sie liebte und mit dem sie gerne eine Beziehung gehabt hätte, doch er war verheiratet. Dennoch hielt sie an ihm fest, weil sie ihre Gefühle nicht abstellen konnte.

An dieser Situation konnte leider nichts verändert werden, diese Liebe zu leben, war aussichtslos. Dennoch hatte die geistige Welt einen Tipp für sie, wie sie ihre Rheuma-Erkrankung und die damit verbundenen Schmerzen lindern konnte. Ich übermittelte ihr eine Botschaft ihres Schutzengels, die Energien des Waldes zu nutzen und lange Spaziergänge dort zu machen oder sich einfach auf eine Bank zu setzen und die wohltuenden Energien in sich eindringen zu lassen. Sie sagte: „*Das mache ich schon oft. Ich gehe gerne in den Wald, denn dort sind meine Schmerzen immer verschwunden.*"

Plötzlich hatte ich eine Vision: Ich sah ein hübsches Häuschen im Wald, von dem ich jede Einzelheit beschreiben konnte. Genauso sah ich deutlich die Umgebung und wer dort wohnte. Sogar Tiere kamen zu diesem Häuschen, in dem ich meine Klientin jetzt wahrnehmen konnte. Die Frau konnte nichts damit anfangen, denn solch ein Häuschen hatte sie noch nie gesehen. Ich riet ihr, die Augen offen zu halten und aufmerksam zu sein, zu deutlich war diese Vision, und ich wusste, sie würde das Haus ganz sicher finden.

Dennoch verging längere Zeit, bis sie sich wieder bei mir meldete und mir erzählte: „*Martina, ich kann es kaum glauben, aber ich habe dieses Häuschen gefunden, das Du mir beschrieben hast. Es sieht tatsächlich genau so aus, wie Du es gesagt hast. Ich habe es durch einen Zufall gefunden.*"

Ich wusste, dass dieser „Zufall“ die Führung ihres Schutzengels war, denn hinter solchen zufälligen Ereignissen steckt immer die Führung aus der geistigen Welt, die dafür sorgt, dass einem zur rechten Zeit das Richtige „zufällt“. Die Dame sprach mit der Besitzerin des Häuschens und bekam die Zusage, es mieten zu können, woraufhin sie ihr eigenes Haus verkaufte und dort einzog.

Der Kontakt zu ihr brach nie ganz ab, und sie erzählte mir eines Tages am Telefon, dass ihre Rheuma-Beschwerden auf ein deutlich erträglicheres Maß zurückgegangen wären. Außerdem freute sie sich jeden Morgen auf die Rehe, die bis an ihr Haus kamen, um sich von ihr füttern zu lassen. Was ihr jetzt noch zum endgültigen Glück fehlte, war ein netter Mann an ihrer Seite, doch dazu wollte ihr Schutzengel keine Informationen geben.

Fehlende Bereitschaft

Eines Tages kam ein Mann zu mir, der mit seiner Mutter zutiefst verstritten war. Mittlerweile war sie gestorben, ohne dass beide ihren Streit vorher bereinigen konnten. Nach ihrem Tod fühlte er sich ständig von ihr bedroht, denn er hatte das Gefühl, dass sie ihn nicht in Ruhe ließ und permanent verfolgte – seit zweiundzwanzig Jahren. Egal, ob er wach war oder schlief, sie war ständig um ihn herum.

Er wusste das so genau, weil er sie regelmäßig sehen konnte. Mal saß sie am Esstisch, mal lag sie auf der Couch, stand neben seinem Bett oder schwebte über ihm. Ihr war nicht bewusst, dass sie ihn damit über die Jahre zermürbte, denn auf ihrer Existenzebene im Jenseits gibt es keine Zeit, wie wir sie kennen, und sie suchte einfach nur den Kontakt zu ihm, um sich auszusöhnen. Er sprach mit niemandem darüber und unternahm auch die ganzen Jahre nichts, um es aufzulösen. Hören konnte er sie nicht, sonst hätte er sicher ihre Bitte um Vergebung wahrgenommen.

Ich bat ihn darum, die unerledigten Themen mit ihr zu bereinigen, dann könne sie in Frieden gehen und er wäre erlöst von ihr, doch er weigerte sich vehement, seiner Mutter zu verzeihen und damit den alten Streit aufzulösen. Niemals, sagte er, würde er von seiner Meinung abweichen. Es war ihm regelrecht egal, dass der Geist seiner Mutter dann weiterhin sein permanenter Begleiter sein und ihn niemals in Ruhe lassen würde. Vielleicht, vermutete ich, wollte er auch auf einer unbewussten Ebene diesen Zustand nicht loslassen.

Ich fand es sehr schade, dass hier keine optimale Lösung möglich war, aber gegen den freien Willen eines Menschen kann die geistige Welt nichts ausrichten. Wenn man noch nicht mal nach dem Tod eines Menschen alte Differenzen, Begebenheiten oder Fehler verzeihen kann, werden die alten Zustände niemals bereinigt werden können.

Plötzlich medial

Im Laufe der Zeit fanden immer mehr Therapeuten der verschiedensten Fachrichtungen ihren Weg zu mir, worunter auch Ärzte, Heilpraktiker und andere therapeutisch arbeitende Menschen waren. Vor allem Therapeuten aus der alternativen Medizin besuchten gerne meine Seminare, um ihre Wahrnehmungen zu schulen und zu verfeinern. Auf diesem Weg fand auch ein Heilpraktiker zu mir, der vorab ein Beratungsgespräch bei mir hatte und bei dem ich sehen konnte, dass er weder hellsichtig noch hellhörig oder hellfühlig war. Seine medialen Fähigkeiten lagen noch völlig brach. Nachdem er mein Seminar besucht hatte, wurde ihm zwei Tage später das Dritte Auge geöffnet. Er bekam so klare Bilder, dass ich fast behaupten würde, er kam sehr nah an einen perfekten Hellseher heran. Gleichzeitig mit seiner Hellsichtigkeit entwickelte sich auch seine Hellhörigkeit.

Ich schulte ihn ein halbes Jahr, mit seinen neuen Fähigkeiten umzugehen, und er wurde in dieser kurzen Zeit durch die geistige Welt mit einem unfassbar großen Wissen ausgestattet. Für mich war es phänomenal zu sehen, dass allein mein Seminar diese Türen bei ihm hatte öffnen können, und ich war froh, dass er jetzt seinen Patienten noch effektiver helfen konnte.

Jedoch bilden nicht alle Teilnehmer meiner Seminare sofort eine Hellsichtigkeit aus, bei den meisten aber wächst wieder ihr Vertrauen in ihre Intuition.

Wenn ein Mensch noch sehr mit alten Themen belastet ist oder es sein Lebensplan einfach nicht vorsieht, wird er von der geistigen Welt sein Drittes Auge nicht geöffnet bekommen. Manche Menschen würde es auch zu sehr ängstigen, wenn sie plötzlich Geistwesen sehen könnten oder Visionen hätten. Sie haben eine andere, ebenso wichtige Lebensaufgabe, für die sie keine medialen Fähigkeiten benötigen.

Ruhestörung

Wie bereits beschrieben, mag ich die Stille und Ruhe auf Friedhöfen, denn dort gibt es keine Verstorbenen, die mich belästigten. Ab und an sehe ich mal eine Seele, aber das kommt sehr selten vor. So wie an diesem Tag...

Mit meinem Mann ging ich über den Friedhof zum Grab seiner Mutter, denn es war Frühling, und wir wollten das Grab mit schönen Frühlingsblumen bepflanzen. Wir hatten es nicht eilig und schlenderten in den ersten Strahlen der wärmenden Frühlingssonne die Wege bis zu ihrem Grabplatz entlang. Außer zwitschernden Vögeln war dort eine sehr angenehme Stille, die ich wie immer sehr genoss. Irgendwann wurde diese Ruhe von einer zeternden Stimme durchbrochen. Sie schimpfte und steigerte sich in ihrer Wut immer mehr, bis sie schrie. Ich wunderte mich, wer sich auf einem Friedhof so derart respektlos verhielt und schaute meinen Mann an. Er schien von alldem nichts mitbekommen zu haben, und ich fragte ihn, ob er das Geschrei nicht hören würde. Er sagte: *„Hier ist es, wie es sein soll – totenstill. Wer weiß, was Du schon wieder hörst.“*

Als wir um eine Ecke bogen sah ich, was los war: Eine Frau war damit beschäftigt, frische Blumen gegen einen verwelkten Strauß auf einem Grab auszutauschen. Direkt daneben stand eine ältere verstorbene Frau und beschimpfte sie lautstark: *„Du hast mein ganzes Geld genommen. Alles hast Du bekommen, alles geerbt.“* Es fielen noch ein paar weniger schöne Schimpfwörter, und ich konnte heraushören, dass es sich bei der Verstorbenen um die Schwiegermutter der Frau handelte.

Ich verspürte keinen Drang, mich einzumischen und ging weiter, wissend, dass die ältere Frau nicht gehen wollte und erdgebunden war, weil sie ihr Hab und Gut nicht loslassen konnte. Als wir an ihr vorbeigingen, drehte ich meinen Kopf in die andere Richtung, damit sie nicht sehen konnte, dass ich sie wahrnahm.

Obwohl mein Mann und ich uns mit der Grabbepflanzung Zeit ließen, hörte ich auf dem Rückweg immer noch die verstorbene Frau laut schimpfen: „*Es kann nicht wahr sein, dass ausgerechnet Du Dir mein Erbe unter den Nagel gerissen hast. So viel Geld hast Du bekommen, und ich werde hier mit billigen Blumen abgespeist. Guck Dir die mickrigen Dinger doch nur mal an.*“

Ich musste über das Geschimpfe, welches nicht aufhörte, lachen und versuchte trotzdem so unauffällig wie möglich an ihr vorbei zu kommen, was mir zum Glück auch gelang.

Eine Woche später waren wir erneut am Grab meiner Schwiegermutter, um nach den jungen Pflanzen zu sehen. Wieder gingen wir den gleichen Weg entlang, und wieder war die verstorbene Frau dort und regte sich fürchterlich über die neue Bepflanzung auf. Die Schwiegertochter hatte zwei Buchsbäumchen gepflanzt, und ihre verstorbene Schwiegermutter schrie aus voller Kehle: „*Jetzt bekomme ich schon keine Blumen mehr und nur pflegeleichten Buchsbaum. Du machst das nur, damit Du nicht so oft kommen musst.*“ Wieder fielen unschöne Schimpfwörter, und wieder sah ich zu, dass ich dort weg kam.

Dies alles ereignete sich noch bevor ich wusste, wie ich mit solchen Situationen richtig umgehen sollte. Heute würde ich mich wahrscheinlich einmischen und meine Hilfe anbieten. Bei weiteren Friedhofbesuchen blieb die Frau dann allerdings verschwunden. Entweder hatte sich das Thema geklärt oder sie war in ihrem Zorn ständig hinter der Schwiegertochter her.

Die Kellertreppe

Zu einem Bekannten hatte ich ein freundschaftliches, vertrautes Verhältnis, und in der Zeit, in der meine Ausbildung zum Medium gerade erst angefangen hatte, bat er mich um Hilfe. Ich solle doch bitte mal zu ihm nach Hause kommen, er hätte ein seltsames Phänomen in seinem Haus. Er erzählte mir, dass er immer an einer bestimmten Stelle der Kellertreppe ein ganz schlechtes Gefühl bekäme, als würde ihm etwas eiskalt den Rücken herunterlaufen. Mit diesem Gefühl ging er dann nur ungern weiter in den Keller und sah auch jedes Mal zu, dass er so schnell wie möglich wieder nach oben kam.

Ich fuhr zu ihm und schaute mir die Sache vor Ort an, und auch ich bekam auf der Kellertreppe ein sehr ungutes Gefühl, schlechte Gedanken, und mir war ebenso eiskalt. Was es genau war, konnte ich nicht erkennen, doch ich wusste, dass hier etwas Schlimmes passiert war. Man konnte gut sehen, dass die Treppe im Nachhinein seitlich zugemauert worden war, und dies vor noch nicht allzu langer Zeit. Ich riet ihm, diese neu errichtete Mauer einzureißen, damit man sehen konnte, was dort vertuscht werden sollte.

Er wollte sich nicht direkt auf meinen Vorschlag einlassen und wartete erst einmal ab. Doch eines Tages packte ihn die Wut, weil dieses Phänomen nicht aufhörte. Er zögerte nicht mehr und riss die Wand ein, denn jetzt wollte er wissen, was sich im Verborgenen befand. Mein Bekannter traute seinen Augen nicht, als er sah, was dort zum Vorschein kam und rief mich sofort an, woraufhin ich mir vor Ort selbst ein Bild machen wollte. Die nachträglich errichtete Wand hatte eine Art kleines Zimmer unter der Treppe verschlossen. Dort stand ein schwarzer Kinderstuhl, und ein schwarzes Kreuz hing an einer Wand sowie viele selbstgemalte Kinderbilder. Man konnte sehen, dass die Bilder von verschiedenen Altersgruppen gemalt worden waren.

Mir war ganz elend zumute, denn hier mussten sich schreckliche Szenen abgespielt haben. Ich vermutete ein Missbrauchsthema hinter der ganzen Sache, welches vertuscht werden sollte.

Mein Bekannter forschte in der nächsten Zeit in der Nachbarschaft nach und bekam bestätigt, dass immer gemutmaßt wurde, mit dem vorherigen Besitzer des Hauses hätte etwas nicht gestimmt, denn es gab keinen ersichtlichen Grund, warum er regelmäßig Kinder empfing. Die Leute in der Nachbarschaft hatten weiterhin beobachtet, dass die Kinder meist normal und fröhlich in das Haus gingen und einen verstörten Eindruck machten, wenn sie herauskamen. Weil sich die Nachbarn Sorgen gemacht hatten, schalteten sie die Polizei ein, man konnte dem Mann jedoch nichts nachweisen. Auffällig war aber, dass er kurz darauf auszog und nicht mehr gesehen wurde.

Nach dem, was die Nachbarn erzählten und der Raum unter der Treppe uns zeigte, war ganz klar, dass hier ein Missbrauch von Kindern stattgefunden hatte – deshalb waren die schrecklichen Energien dort. Mein Bekannter säuberte den Raum gründlich und schmiss alles weg, was dort war. Ich unterstützte ihn mit einer Energie-Reinigung, und wir hofften, dass jetzt Ruhe einkehren würde. Für eine weitere polizeiliche Ermittlung hatte unser Fund leider nicht ausgereicht.

Zu dieser Zeit konnte ich noch nicht die Energien komplett umstellen und so kam diese fürchterliche Energie immer wieder hoch, und es war, als hätte man mit dem Einreißen der Wand die Büchse der Pandora geöffnet. Was ich damals noch nicht wusste, war, dass solch eine Energie einen enormen Einfluss auf die Bewohner des Hauses haben kann. Und auch bei meinem Bekannten war es so, als würde diese Energie auf ihn und seine Familie überschwappen.

Seine Tochter fuhr mit dem Fahrrad vor dem Haus auf und ab, als plötzlich und für sie völlig unerwartet der Sattel abbrach. Sie stürzte daraufhin mit dem Fahrrad, und die Stange, in welcher der Sattel gesessen hatte, verletzte ihre Genitalien. Die Mutter des Mädchens fuhr sofort mit ihr zur Untersuchung in eine Klinik. Ihr Vater blieb zu Hause bei ihren anderen Kindern, und bereits nach kurzer Zeit stand die Polizei bei ihm vor der Tür. Sie nahmen ihn vorläufig fest wegen sexuellem Missbrauch an seiner Tochter – er war völlig verstört und beteuerte seine Unschuld.

Zum Glück konnten die Nachbarn alles schnell aufklären, denn sie schilderten der Polizei, was genau passiert war. Viele hatten den Unfall des Mädchens beobachtet und machten unabhängig voneinander die gleichen Aussagen.

Mein Bekannter war deshalb erleichtert, seiner Tochter ging es auch schnell wieder richtig gut, und er war von allen Vorwürfen freigesprochen. Doch in diesem Haus, in dem so viel Schreckliches passiert war, wollte er nicht mehr wohnen, und bald darauf zog er mit seiner Familie weg.

Dieses Beispiel zeigt, wie sehr unerlöste, negative Energien unser Leben beeinflussen können. Selbst Energien, die im Haus verankert sind und mit unserem Lebensplan nichts zu tun haben, können von den dort wohnenden Familien unbewusst übernommen werden. Aus diesem Grund ist es ratsam, jedes Haus und jede Wohnung von allen Lasten zu befreien, damit auch wirklich nur die Prozesse von uns bearbeitet werden, die zu unserem Lebensplan gehören.

Schlimme Zahnschmerzen

Ein Freund von mir hatte heftige Zahnschmerzen, und weil er vor lauter Schmerzen schon nicht mehr reden konnte, rief mich seine Frau an und fragte, ob ich ihm helfen könne. Er hatte eine sehr dick geschwollene Backe und konnte sich nur noch stöhnend den Kopf vor Schmerzen halten. Weil sein Zahnarzt erst abends Zeit für ihn hatte, versprach ich, sofort eine Reiki-Übertragung durchzuführen, um die Schmerzen zumindest bis zu seinem Termin zu lindern. Während der Behandlung kam das geistige Chirurgenteam und leitete mich an, den Schmerzfaden bei ihm am Ort des Geschehens zu ziehen. Dies tat ich, gab ihm noch eine Weile Reiki-Energie, und als ich fertig war, rief ich die Frau meines Freundes an. Sie berichtete mir, dass ihr Mann bereits schmerzfrei wäre, er könne zwar immer noch nicht reden, weil die Backe so dick geschwollen sei, aber Schmerzen hätte er keine mehr. Natürlich wunderten wir uns alle, wie das so schnell hatte gehen können, waren aber sehr froh, dass mein Freund von den quälenden Schmerzen befreit war.

Am nächsten Tag rief sie mich erneut an, denn sie hatte ihren Mann zum Zahnarzt begleitet und wollte mir unbedingt erzählen, was sich dort ereignet hatte. Der Arzt schaute sich alles an und stellte fest, dass der ganze Bereich um den Zahn herum sowie unter dem Zahn stark entzündet war. Mein Freund, vermutete er, müsse sehr starke Schmerzen haben. Als dieser verneinte, schaute er, ob der Zahn schon abgestorben war, das würde die Schmerzfreiheit erklären, doch der Zahn hatte noch einen intakten Nerv und war eindeutig lebendig. Der Zahnarzt fragte die beiden Löcher in den Bauch, ob er starke Medikamente nehmen würde oder irgendetwas anderes gemacht hätte. Es wäre schulmedizinisch nicht erklärbar, warum er keine Schmerzen hätte, denn das wäre eigentlich mit diesem Befund überhaupt nicht möglich.

Mein Freund und seine Frau sagten ihm nicht, was ich mit Hilfe der geistigen Welt gemacht hatte, aus Angst, der Arzt würde sie für verrückt erklären, was sicherlich auch so passiert wäre. Bei allen nachfolgenden Terminen wiederholte der Arzt, dass er noch immer grübeln würde, wie es möglich war, dass mein Freund bei einer so schlimmen Entzündung schmerzfrei hatte sein können…

Mutter Maria

Ein ganz besonderes Ereignis verschafft mir noch heute eine Gänsehaut, und ich bin immer noch sehr ergriffen, dass ich dies erleben durfte. Es war in einer Zeit, in der ich mich sehr unwohl fühlte und es mir seelisch und körperlich nicht gut ging. Ich saß in meinem Wohnzimmer und telefonierte mit Ina, die mir in meiner schlimmen Zeit immer wieder sehr geholfen hatte. Wir redeten so über dies und das, als es in meinem Wohnzimmer immer wärmer wurde. Ich schaute nach, ob die Heizung angestellt war, aber beide Heizkörper waren ausgeschaltet und kalt. Als ich wieder in meinem Sessel saß und Ina davon erzählte, wurde der Raum heller und heller, bis er fast weiß war und eine Frau in diesem hellen Licht erschien, die mich liebevoll anschaute. Sie war wunderschön, hatte ein feines, ebenmäßiges Gesicht sowie funkelnde und strahlende Augen. Ihr herrliches Gewand war rosa und gelb-gold, und ihre Kapuze, die locker ihren Kopf bedeckte und fließend fiel, war goldfarben. Die Frau strahlte mich so unendlich liebevoll an, dass es augenblicklich auch in mir wärmer wurde, und ich kann nur schwer mit Worten beschreiben, wie sich diese Energie anfühlte. Niemals zuvor hatte ich eine so leichte, liebevolle und harmonische Energie gespürt, die jetzt um mich herum im ganzen Raum war, durch mich durch drang und mich zutiefst berührte.

Noch immer war Ina am Telefon, und auch sie konnte die Frau vor ihrem geistigen Auge sehen und beschrieb mir exakt, wie sie aussah, was ebenfalls sehr beeindruckend war. Die Energie tröstete mein Herz und umhüllte es liebevoll, bis sich in mir ein unendlicher Frieden ausbreitete. Anschließend sprach die Frau zu mir: „*Ich bin Mutter Maria. Du bist nie alleine, denn ich bin immer bei Dir, wenn Du mich rufst.*“ Ungefähr fünf Minuten hielt diese Erscheinung an, und ich konnte sie nur ansehen und diese wundervolle Energie genießen, bevor sie wieder verschwand.

Viele Jahre später wurde mir noch einmal diese herrliche Energie zuteil, denn bei einer Wanderung kamen mein Mann und ich an einer Marien-Statue vorbei. Ich stellte mich davor und sah, dass in dieser Statue Leben war, irgendetwas in dieser Figur lebte. Plötzlich breitete sich wieder eine liebevolle, kaum zu beschreibende Energie um mich herum aus, erfüllte mich und schenkte mir tiefen Frieden. Es war die Energie von Mutter Maria, und wieder war ich von diesem Erlebnis ergriffen.

In der nachfolgenden Zeit beschäftigte ich mich intensiv mit Marien-Erscheinungen und besuchte verschiedene Orte, von denen behauptet wurde, dass dort eine Marien-Erscheinung stattgefunden hätte. Ich kann mit absoluter Sicherheit bestätigen, dass in den Wallfahrtskirchen, in denen auch von Spontanheilungen berichtet wird, die Energie von Mutter Maria präsent ist. An diesen Orten ist die gleiche Energie, die ich vorab deutlich spüren durfte.

Meine erste, intensive Begegnung mit Mutter Maria beschert mir bis heute noch die Gewissheit, dass wir nie alleine sind und immer himmlische Begleiter rufen dürfen, die uns dann zur Seite stehen und uns trösten, helfen und unterstützen. Egal, wie verzweifelt man ist, egal wie aussichtslos die aktuelle Lage erscheint, Mutter Maria, Jesus Christus, unser Schutzengel und letztendlich Gott sind immer für uns da und stehen uns zur Seite.

Ich habe gelernt, jeden meiner Prozesse zu akzeptieren, mit der Hoffnung, dem Vertrauen und der Zuversicht, dass wir zu jeder Zeit Unterstützung, Trost und Liebe aus der lichtvollen, geistigen Welt bekommen. Selbst wenn man diese hohen, liebevollen geistigen Wesen nicht sehen oder hören kann – sie sind immer an unserer Seite.

Schlusswort

Ich bin sehr dankbar, dass ich in meinem Leben aus der geistigen Welt so viele Antworten und Informationen über meinen Lebensweg bekommen habe, denn viele Schicksalsschläge konnte ich mir aufgrund dessen besser erklären und bewältigen. Sehr oft war ich der Verzweiflung nahe oder wusste nicht mehr weiter – doch immer bekam ich Hilfe aus der geistigen Welt.

Eines Tages fragte ich mich, was wohl die Menschen machen, die auch in einer verzweifelten Lage stecken, ratlos sind und keine medialen Fähigkeiten haben. Mein Schutzengel erschien vor mir und sprach: „*Du wurdest ausgebildet, um diesen Menschen zu helfen und sie auf den richtigen Weg zu führen. Jeder Mensch auf dieser Erde hat vor der Geburt seinen Lebensplan mit einem Engel ausgearbeitet. Es gibt Menschen, die auf Erden von ihrem geplanten Weg abkommen, weil ein anderer einfacher erscheint. Das steht jedem Menschen frei. Jeder hat das Recht, seine Entscheidungen mit seinem freien Willen zu treffen, denn es gibt immer mehrere Möglichkeiten, die man vor seiner Geburt plant.*

Hat man seinen positiven Weg verlassen und wandelt auf negativen Pfaden, dann kann es passieren, dass die dunkle Seite einen daran hindern möchte, wieder eine lichtvollere Richtung einzuschlagen. Es ist wichtig, dass man dann Menschen begegnet, die unterstützend helfen können, wieder die richtige Bahn einzuschlagen – Menschen wie Du, Martina.“

Ich war sehr dankbar für seine Worte zu meiner Lebensaufgabe und für all die Hilfe, die ich anderen Menschen bisher geben konnte. Es waren Menschen aus allen Bereichen des Lebens, durch alle sozialen Schichten hindurch – Männer, Frauen, Kinder, Therapeuten, Ärzte, Heilpraktiker, Psychologen…

Mehr und mehr Menschen suchten im Laufe der Zeit Rat bei mir. Ich empfing kranke und austherapierte Klienten, für die ich oft die letzte Hoffnung war, um die Ursache ihrer Erkrankung zu finden. Meine Arbeit liegt darin, diese Ursachen aufzudecken bzw. aufzuzeigen und meinen Klienten erneuten Lebensmut zu geben. Außerdem begleitete ich viele Menschen über einen längeren Zeitraum, um deren Medialität zu schulen.

Zu Beginn meiner beratenden Arbeit vergab ich ausschließlich Termine für Einzelgespräche, merkte jedoch im Laufe der Zeit, dass viele Menschen die gleichen Fragen stellten und die gleichen spirituellen Informationen benötigten. Alle zusammen wollten viel, viel mehr über die geistige Welt wissen, und irgendwann war es mir nicht mehr möglich, all diese Menschen in Einzelgesprächen zu schulen und zu betreuen. Aufgrund dessen entstanden in dieser Zeit neben den Beratungsgesprächen meine Seminare. (Details zum Inhalt der Seminare und die Termine der Workshops finden Sie auf meiner Internetseite – siehe die Kontaktdaten auf der Autorenseite.)

Abschließend möchte ich Ihnen, liebe Leserinnen und Leser, noch mein Lebensmotto mit auf den Weg geben: *Liebe* alle Menschen aus tiefstem Herzen, so wie Du Dich selbst liebst! *Glaube* fest an Dich selbst und an das, was Du erreichen möchtest! Die *Hoffnung* gib nie auf, denn die Hoffnung ist das, was Dir ein Stück Sicherheit gibt!

Gottes Wege sind manchmal schwere Wege, aber Gott lässt uns nie alleine. Möge ***Liebe, Glaube*** und ***Hoffnung*** immer mit Ihnen sein!

Herzlichst

Ihre Martina

Anhang

Interview mit Martina

Hat jeder Mensch einen Schutzengel?

Ja, das kann ich bestätigen. Jeder Mensch wird von einem Schutzengel begleitet. Es gibt aber zwei Ausnahmen: Die inkarnierten Engel, also die Erdenengel, haben keine Begleitung durch einen Schutzengel und manche Indigo-Kinder auch nicht. In der Regel ist es aber so, dass jeder Mensch von seinem persönlichen Schutzengel begleitet und geführt wird. Dieser Engel führt ihn in Situationen, die seinem Lebensplan und Lebensprozess entsprechen, und natürlich schützt er seinen Menschen und passt gut auf ihn auf.

Mein Schutzengel, der sich mir in männlicher Gestalt zeigt, ist immer liebevoll und gütig. Er kann sich aber auch manchmal in einem strengeren und bestimmteren Ton äußern, zum Beispiel, wenn ein Klient uneinsichtig ist – oder auch mal ich selbst, was vorkommt.

Ganz wichtig ist den Engeln – und das möchte ich hier weitergeben –, dass wir lachen können und fröhlich sind, uns um inneres Gleichgewicht bemühen und von Herzen lieben. Und wir sollten immer daran denken, dass ein inniges Gebet dabei eine wichtige Hilfe ist.

Konntest Du immer mit Deinem Schutzengel reden?

Ja, das konnte ich immer, allerdings wurden die Gespräche eine Zeit lang etwas einseitig, denn ich konnte ihn ja einige Jahre nicht hören.

Als Kind war es für mich schon immer ein wunderbares Gefühl, einen Freund an meiner Seite zu haben, dem ich alles anvertrauen konnte, der mir antwortete, mich tröstete, schützte und mich zum Lachen bringen konnte.

Wir sollten unserem Schutzengel vertrauen, auch wenn wir ihn nicht direkt wahrnehmen können. Er ist auf jeden Fall da und kann uns verstehen. Er antwortet uns dann auf andere Weise, durch ein Bauchgefühl oder ein Erlebnis im Außen. Auch wenn er uns durch unangenehme Lernprozesse führt, so ist er doch immer an unserer

Seite und führt uns sicher durch alle Lebensstürme, das ist seine Aufgabe.

Martina, Du schreibst in Deinem Buch, dass Du für einen neuen Lebensabschnitt einen anderen Schutzengel bekommen hast. Kannst Du das nochmals näher erläutern?

Wir bekommen mit Beginn unseres Lebens einen Schutzengel an unsere Seite, der genau unsere Bedürfnisse und Lebensumstände kennt. Er begleitet uns, bis bestimmte Themen und Lernprozesse abgeschlossen sind. Dabei ist es völlig unterschiedlich, wie lange ein Abschnitt dauert. Dies können zehn oder zwanzig Jahre, vielleicht sogar nur zwei Jahre sein.
Die Schutzengel, die uns in den jeweiligen Prozessen zur Seite stehen, sind speziell für diese einzelnen Lebensabschnitte ausgewählt. Dadurch sind wir immer optimal geführt und geschützt.
Das ist ähnlich wie in der Schule. In der Grundschule haben wir Lehrer mit einer speziellen Ausbildung für dieses Alter, oft sogar die gleiche Lehrperson für vier Jahre. Ab dem fünften Schuljahr müssen wir die Schule, die Schulform und die Lehrer wechseln, um eine weiterführende Ausbildung zu bekommen. Genauso sind die Schutzengel speziell für unsere Bedürfnisse ausgebildet und können entsprechend wechseln. Das sollte uns nicht traurig machen, denn alle unsere Schutzengel werden immer liebevoll sein und alles tun, um uns zu schützen und zu führen.
Ein Schutzengel-Wechsel findet meist ohne unser Wissen statt und bleibt unbemerkt, weil es immer reibungslos und voller Liebe zu uns geschieht.

Weißt Du, ob wir Menschen außer von Schutzengeln noch von anderen Wesen begleitet werden?

Ja, das kann durchaus sein. Viele Menschen werden neben dem Schutzengel zusätzlich von einem Schutzgeist bzw. Geistführer begleitet. Dies kann unter Umständen ein verstorbener Verwandter sein oder eine Seele, die mit unserer Lebensaufgabe und mit den

Lernprozessen vertraut ist. Oftmals konnte ich bei meinen Klienten sehen, dass sie von einem verstorbenen Familienmitglied begleitet wurden, das ihnen hilfreich zur Seite stand, um einen bestimmten Lebensabschnitt leichter bewältigen zu können. Hin und wieder konnte ich hohe Persönlichkeiten als Geistführer erkennen, wie zum Beispiel Jesus Christus, Kuthumi, Lady Nada, Buddha, Saint Germain usw. Diese sogenannten „Aufgestiegenen Meister“ haben gemeinsam, dass sie viele Leben auf der Erde gelebt haben, bevor sie aufgestiegen sind. Sie kennen unsere manchmal schwierigen Hürden auf der Erde, und sie wissen, wie sich körperliche Schmerzen anfühlen. Deshalb haben sie nochmals einen anderen, menschlicheren Blick auf unsere Belange.

Wie kann ich mir den Ablauf eines Beratungsgespräches bei Dir vorstellen?

Ich sehe über mein geistiges Auge als Erstes den Schutzengel des Klienten und erkenne hierüber, auf welcher Entwicklungsstufe sich mein Klient gerade befindet und welche Wesen ihn ebenfalls begleiten. Sind es verstorbene Seelen, beschreibe ich genau deren Aussehen mit Haarfarbe, auffälliger Kleidung, Schmuckstücken und Charakterzügen. Durch meine genaue Beschreibung wissen meine Klienten meist sehr schnell, von welcher Person die Rede ist. Hier zählt für mich jede Kleinigkeit, die ich auch weitergebe, auch wenn ich es oft nicht verstehe, aber mein Gegenüber weiß dann genau, um wen es sich handelt. Oftmals sind es eben diese Kleinigkeiten, die ein spezielles Erkennungsmerkmal beschreiben. Anschließend werden mir telepathisch Informationen vermittelt, die für den Klienten von Bedeutung sind und zur Klärung der Angelegenheit beitragen.
Mit Verstorbenen nehme ich aber nur dann Kontakt auf, wenn noch etwas ungeklärt ist, ansonsten achte ich die Totenruhe. Nur zum Spaß oder zum Spiel lehne ich eine Kontaktaufnahme grundsätzlich ab. Wie bereits im Buch beschrieben, nehmen Verstorbene weder Zahlenkombinationen von Tresoren mit ins Jenseits, noch wissen sie die Gewinnzahlen für das Lottospiel.

Eine Kontaktaufnahme zu einem Verstorbenen ist immer sehr energieraubend – sowohl für den Verstorbenen als auch für mich –, deshalb halte ich diese so kurz wie möglich.
Während der Beratungsgespräche schaue ich auch nach der Ursache des Problems, ob ein karmisches Thema zur Auflösung ansteht, ein Fluch oder eine Verwünschung belastet, eine Besetzung besteht und was sonst noch als Blockade in Frage kommen könnte.

Martina, wie siehst Du Deine Gabe?

Für mich war sie immer da, denn ich wurde damit geboren und wuchs mit meinen zunehmend stärker werdenden Fähigkeiten auf. Es war nicht immer leicht für mich, ich konnte ja anfangs die Dinge, die ich wahrnahm, nicht einordnen, außerdem ging ich durch eine harte Schule. Wenn ich aber Menschen in Beratungsgesprächen durch meine Gabe helfen kann, ihr Leben besser zu meistern, dann ist es ein Gottesgeschenk für mich.
Oft merke ich, dass mich andere Menschen um meine Fähigkeiten beneiden, doch ich sage ihnen dann immer, dass ich ja nicht nur Engel und hohe geistige Wesen sehe, sondern auch negative Geistwesen und negative Energien, denn die dunkle Seite ist auch sehr präsent.
Aber ich sage auch jedem, der mich nach meinen Fähigkeiten fragt, dass alle Menschen mediale Begabungen in sich tragen. Vielleicht sind diese nicht immer so ausgeprägt wie bei mir, aber jeder hat eine besondere Gabe, die man fördern kann. Was vielleicht auch wichtig zu erwähnen wäre, ist die Tatsache, dass selbst bei mir zeitweise die Hellsichtigkeit und die Hellhörigkeit unterbunden wurden. Dies diente zu meinem eigenen Schutz.
Wie bereits im Buch erwähnt, ist es auch nicht so, dass alle medial begabten Menschen immer leicht durchs Leben gehen, wie Sie an meiner Geschichte sehen können. Ich wurde oft darauf angesprochen, dass ich doch immer genau wüsste, wie ich Probleme lösen kann oder welche Schritte für mich wichtig sind. Dies wäre schön, antworte ich dann immer, doch der Engel kann für uns keine Entscheidungen treffen, das muss auch ein Medium selbst tun. Unsere

Schutzengel lassen uns genauso unsere Prozesse durchlaufen, wie bei allen anderen Menschen auch. Nur selten sagt uns der Schutzengel oder Geistführer jeden Schritt, den wir gehen sollen, im Voraus.
Alle Medien, die ich bisher kennenlernen durfte, mussten sogar durch eine schwere Krankheit gehen oder erlebten einen schlimmen Schicksalsschlag, bevor sich ihre Fähigkeiten voll entwickelten.
Zusammengefasst kann ich aus heutiger Sicht sagen, dass meine Gabe nicht immer nur ein Segen war und ist. Stellen Sie sich vor, jederzeit alles um sich herum wahrzunehmen, zu fühlen und zu sehen: Geister, die plötzlich vor Ihnen stehen, negative Energien oder Krankheiten, die Sie wahrnehmen. Natürlich ist es toll, dass ich mit meinem Schutzengel reden kann und ihn dabei auch sehe, aber in den Zeiten meiner geistigen Schulung war er manchmal ein zwar liebevoller, aber auch strenger Lehrmeister und duldete keinen Aufschub der Lektionen, auch wenn ich manchmal müde war oder einfach keine Lust hatte…
Mein Motto, nach dem ich heute lebe, lautet: Fünfzig Prozent Medium, fünfzig Prozent Martina – und das alles zu seiner Zeit, denn auch ein Medium sollte nie die Bodenhaftung verlieren.

Wie bist Du zu dieser schönen und himmlischen Meditationsmusik gekommen?

Meine Familie war schon immer sehr musikalisch, und deshalb lernte mein Bruder schon als kleiner Junge, Noten zu lesen und Orgel zu spielen. Als er älter wurde, entwickelte er eine eigene Musikrichtung. Er ist mit Leidenschaft Musiker und spielt mit riesengroßer Begeisterung Keyboard. Heute spielt er weniger nach Noten, sondern mehr nach Gefühl und lässt sich beim Komponieren von Meditations-Musik von der geistigen Welt führen, was man bei den Musikstücken auf der beiliegenden CD hören und fühlen kann. (Neben einer gesprochenen Meditation sind zwei reine Musikstücke auf der CD.)
Er hat die Meditations-Musik für die CD mit offenem Herzen und ganz viel Feingefühl komponiert, genauso wie die Musikstücke für

meine Einweihungsrituale, die ich für meine Seminare benötige und die immer sehr begehrt sind.
Mein Bruder setzt Anfragen für Musikstücke nach individuellen Bedürfnissen mit viel Liebe und Gespür für das Wesentliche um. (Sollten Sie sich für sein Angebot interessieren, können Sie mich gerne kontaktieren, ich werde Ihre Anfrage dann schnellstmöglich weiterleiten.)

Hattest Du Hilfe beim Schreiben dieses Buches?

Ja, ich hatte Hilfe von Katja Kutza, einer gelernten Fremdsprachenkorrespondentin. Ich habe sie vor zehn Jahren kennengelernt und mich sehr gefreut, dass sie jetzt mein Buch geschrieben hat, da sie als Schreibmedium arbeitet und sich beim Schreiben mit den Engeln verbindet. Auf diese Art schreibt sie unter anderem persönliche Kindergeschichten auf Anfrage, und auch in mein Buch flossen dank ihrer Gabe zusätzliche Informationen und lichtvolle Energien aus der geistigen Welt mit ein.
Unsere Zusammenarbeit war immer harmonisch und vertrauensvoll, denn sie ist ein liebevoller Mensch und hat mit ihren guten Ideen mein Buch bereichert.
Ich möchte Katja hier gerne weiterempfehlen, wenn Sie eine Idee für ein eigenes Buch haben und Ihnen eine unterstützende, kompetente Hilfe und schreibende Hand zur Erfüllung ihres Projektes fehlt.
Von Herzen danke ich Katja für ihren unermüdlichen Einsatz, dieses Buch zu verwirklichen, und für unsere Freundschaft, die dadurch entstanden ist. (www.katja-kutza.de)

Vergebungsgebet

Ich, … , aus tiefstem Grunde meines Seins,
vergebe jetzt allen Wesen, die mir jemals Schmerz zugefügt haben,
auf allen Ebenen, auf alle möglichen Arten und Weisen,
bis hin zum Anfang aller Zeiten.
Ich vergebe Ihnen hier und jetzt!

Ich, … , aus tiefstem Grunde meines Seins,
vergebe jetzt mir selbst, dass ich anderen Schmerz zugefügt habe,
auf allen Ebenen, auf alle möglichen Arten und Weisen,
bis hin zum Anfang aller Zeiten.
Ich vergebe mir hier und jetzt!

Ich, … , aus dem tiefsten Grunde meines Seins,
vergebe jetzt mir selbst, dass ich mir all die Schmerzen
und das Leiden zugefügt habe,
auf allen Ebenen, auf alle möglichen Arten und Weisen,
bis zum Anfang aller Zeiten.
Ich vergebe mir hier und jetzt!

Ich, … , befreie mich jetzt selbst auf allen Ebenen und
auf alle möglichen Arten und Weisen und ich erteile mir jetzt
die absolute und uneingeschränkte Erlaubnis,
dem eigenen wahren Pfad meiner Seele zu folgen.

von Michael Bradford

Heilungsgebet

Ich, … , breche hiermit alle Gelübte, Schwüre, Versprechungen und Verpflichtungen, die ich jemals seit Anfang aller Zeiten gemacht habe und die mir im Hier und Jetzt undienlich sind.

Ich, … , breche hiermit alle Gelübte der Armut, des Zölibats, des Mangels, des Leidens, des Weggebens meiner Kraft und meiner hohen Fähigkeiten.
Ich erteile mir die absolute und uneingeschränkte Erlaubnis, dem eigenen wahren Pfad meiner Seele zu folgen.

Ich, … , aus dem tiefsten Grunde meines Seins, gebiete nun allen Aspekten meiner Selbst, welche ich über das ganze Universum verteilt habe, hier und jetzt, gereinigt durch die violette Flamme, zu mir zurückzukehren.

Ich, … , aus dem tiefsten Grunde meines Seins, befehle nun allen Energien und allen Wesen, die nicht mit der reinen Meisterebene des weißen Lichts oder der reinen Gotteswelten abgestimmt sind, welche sich in meinem Körper oder in meinem Energiefeld aufhalten, dass sie hier und jetzt loslassen und hinweggehen!

Ich, … , bitte die Meister des Lichts, diese Energien himmelwärts zu den Schulen der Weisheit zu geleiten, um dort geehrt zu werden für das, was sie gelernt haben und was sie gelehrt haben.

Ich, … , gebiete meinen eigenen Energien, sich hier und jetzt der uneingeschränkten Herrschaft des eigenen hohen Selbstes = Seele anzuvertrauen, damit ES die absolute Führung über diesen Tempel übernehmen kann, der mein physischer Körper genannt wird.

Über die Autorin

Martina Heise wurde 1963 als hellsichtiges, hellhörendes und hellfühliges Medium geboren, ist verheiratet und hat zwei erwachsene Söhne. Im Laufe ihres Lebens entwickelten sich ihre medialen Fähigkeiten weiter, bis sie im Erwachsenenalter direkt von ihrem Schutzengel und der geistigen Welt in vielen spirituellen Bereichen ausgebildet wurde. Dies ersparte ihr jedoch nicht ihre eigenen, manchmal sehr harten Schicksalsschläge und Lernprozesse, die sie allerdings nicht davon abbringen konnten, ihren spirituellen Weg in vollstem Vertrauen zur geistigen Welt zu gehen. Mit ihrem fundierten Wissen, ihren besonderen sowie vielfältigen Gaben als Medium und ihrer mitfühlenden und herzlichen Art, hat sie bis heute schon zahlreichen Menschen auf ihrem Weg in ein freieres und besseres Leben verhelfen können. Sie sieht, welche Blockaden die Menschen belasten, ob sie von verstorbenen Seelen besetzt sind, nimmt Kontakt mit Verstorbenen auf u.v.m.

Bei zahlreichen Beratungsgesprächen und Seminaren wurde sie immer wieder zu den Aufgaben der Schutzengel und Engel sowie der geistigen Welt, zu Gott und anderen spirituellen Themen befragt. Nach einiger Zeit kristallisierte es sich heraus, dass die Menschen, die zu ihr kamen, immer dieselben Fragen stellten. Hierzu wurde ihr bereits vor vielen Jahren durch ihren Schutzengel mitgeteilt, dass sie einmal ihr Wissen in einem Buch niederschreiben würde, um damit viele Menschen zu erreichen. Nachdem das Schicksal dann Martina Heise mit einem Schreibmedium zusammenführte und Jan van Helsing mit seinem Interesse an einer Veröffentlichung noch den letzten Stein ins Rollen brachte, entstand schließlich „Schutzengel & Co.“

Martina Heise
www.martinaheise.de
Email-Adresse: info@martinaheise.de
Tel: 0151-52574642

Fußnoten- und Quellenverzeichnis

(1) Der Begriff *Karma* stammt aus dem Sanskrit und heißt übersetzt *Wirkung* oder *Tat*. Karma bedeutet daher, dass jede Handlung, jede Tat eine Folge hat, die auf einen zurückfällt – nach dem Prinzip von Saat und Ernte, demzufolge man in seinem Leben das erntet, was man zuvor gesät hat. Nach der Lehre der Wiedergeburt bedeutet dies, dass Ereignisse in diesem Leben – positiv oder negativ – die Folgen von Handlungen aus einem früheren Leben sein können. Nach dem „Gesetz des Karma" gibt es keine Zufälle im Leben, sondern nur Reaktionen auf unsere vorhergehenden Aktionen. Ist ein Mensch schwer krank, hat einen Unfall oder eine Behinderung, kann dies karmisch bedingt sein. Aber auch, wenn jemand in sehr gute Lebensumstände geboren wurde oder großen Erfolg im Leben hat, kann das karmische Ursachen haben.

(2) *Feng Shui* ist eine aus Fernost stammende Lehre, durch welche die Harmonierung des Menschen und seiner Umgebung durch die Gestaltung seiner Wohn- und Lebensräume erreicht werden soll.

(3) Eine *Energie-Umstellung* ist der energetischen Wohnungsreinigung sehr ähnlich, allerdings intensiver und mit einer dauerhaften Versiegelung der Wohnung gegen negative Energien oder Seelen (es sei denn, sie sind wären für den Lernprozess der Bewohner unerlässlich).

(4) Bei einem sogenannten *Channeling* ist das Medium Vermittler „zwischen Himmel und Erde" und empfängt Botschaften und Informationen aus einer höheren Sphäre und gibt diese weiter.

(5) Jeanne Ruland, „Das große Buch der Engel", Schirner-Verlag

(6) Jan Udo Holey, „Die Kinder des neuen Jahrtausends", Amadeus-Verlag

(7) Penny McLean, „Numerologie und Schicksal", MensSana-Verlag

(8) Dr. Peter J. D'Adamo mit Catherine Whitney, „4 Blutgruppen", Piper-Verlag

WHISTLEBLOWER

Jan van Helsing

Insider aus Politik, Wirtschaft, Medizin, Polizei, Geheimdienst, Bundeswehr und Logentum packen aus!

Edward Snowden, der US-amerikanische Whistleblower, der 2013 geheime Dokumente über verschiedene Überwachungssysteme der US-Geheimdienste veröffentlichte, ist den meisten bekannt: sicher auch Julian Assange, der Sprecher der Whistleblower-Plattform *Wikileaks*, die es sich zum Ziel gesetzt hat, geheimgehaltene Dokumente allgemein verfügbar zu machen. Beide haben im Ausland Asyl beantragt, weil man sie juristisch wegen Verrats belangen möchte. Man will sie jedoch nicht bestrafen, weil sie Unwahrheiten oder Lügen verbreitet haben – nein: Man will sie bestrafen, weil sie den Menschen die Wahrheit gesagt haben, die Wahrheit darüber, dass wir alle von unseren Regierungen und deren Geheimdiensten überwacht und ausspioniert werden.
Ist es das, wofür wir unsere Volksvertreter gewählt haben? Eigentlich haben wir sie doch gewählt, damit sie unsere Interessen vertreten, damit sie uns beschützen und Schaden von uns abhalten. Ist es nicht viel eher so, dass sie inzwischen ganz anderen Interessen dienen?

Für dieses Buch haben *Jan van Helsing* und *Stefan Erdmann* 16 Whistleblower interviewt, die u.a. zu folgenden Themen auspacken:

- Wie geht es in deutschen Asylantenheimen wirklich zu?
- Ist Deutschland souverän? Ist die BRD ein Staat oder eine Firma?
- Was ist *Geomantische Kriegsführung*?
- Was tat die Schweizer Geheimarmee *Abteilung 322*?
- Es werden viele alternative sowie schulmedizinische Therapieformen unterdrückt!
- Gibt es das „Geheime Bankentrading" wirklich?
- Wie sparen Großunternehmen und soziale Einrichtungen über Stiftungen Steuern?
- Die Demonstranten in Hongkong 2014 waren bezahlt!
- Der Ruanda-Kongo-Krieg war wegen Rohstoffen angezettelt worden!
- Warum es bei Film und Radio nur „Linke" geben darf...
- Wie Geheimdienste bei Mobilfunkanbietern zugreifen können.
- Der Sohn eines Illuminaten enthüllt Hintergründe des Ersten und Zweiten Weltkriegs.
- Ein Schottenritus-Hochgradfreimaurer spricht über UFOs und Zeitreisen.

Die Zeit ist reif für die Wahrheit – auch wenn sie vielen nicht schmecken mag. Aber darauf wollen wir keine Rücksicht nehmen. Denn auf uns nimmt auch keiner Rücksicht!

BEVOR DU DICH ERSCHIEẞT, LIES DIESES BUCH!

Jan van Helsing

Wie schaut's aus? Sind Sie gerade an einem Punkt angelangt, an dem Sie sich die Kugel geben wollen, weil Ihnen das Wasser bis zum Hals steht oder weil Sie keine Ahnung haben, wie Sie die aktuellen Rechnungen bezahlen sollen? Ist Ihre Ehe zerbrochen, Ihr Freund oder gar Ihr Kind gestorben, oder hat ein schwerer Unfall Ihr Leben derart verändert, dass Sie keinen Sinn mehr darin sehen? Doch halten Sie inne, Sie sind nicht alleine! Viel mehr Menschen, als Sie sich vorstellen können, sind momentan in extreme innere Prozesse verwickelt. Und es werden mehr, immer mehr – weltweit! Und das hat einen besonderen Grund! Interessiert es Sie, warum gerade jetzt so viele Menschen durch persönliche Krisen gehen? Wieso gerade jetzt in allen Ländern der Welt die Menschen auf die Straße gehen, ihren Mund aufmachen und Revolutionen anzetteln – auch in Deutschland?

ISBN 978-3-938656-48-8 • 21,00 Euro

WENN DAS DIE DEUTSCHEN WÜSSTEN...

Daniel Prinz

„...dann hätten wir morgen eine (R)evolution!"

Wussten Sie, dass Ihr Personalausweis oder Ihr Reisepass nicht Ihre deutsche Staatsangehörigkeit bestätigt und fast alle Deutschen in ihrem eigenen Land staatenlos sind? Nein? Es gibt tatsächlich ein Dokument, welches die rechtmäßige Staatsangehörigkeit bescheinigt, aber es ist keines der beiden zuvor genannten. Nur wenige Deutsche sind im Besitz dieser speziellen Urkunde, z.B. viele Staatsanwälte, Notare, Bundespolizisten oder Politiker. Wussten Sie zudem, dass Gerichtsvollzieher in der BRD seit 2012 keine Beamten mehr sind oder dass die BRD selbst gar kein Staat ist – und auch nie war –, sondern eine von den Alliierten installierte Verwaltung, die großteils innerhalb einer „Firmenstruktur" operiert? War Ihnen geläufig, dass wir bald in die „Vereinigten Staaten von Europa" übergehen und die Menschen in „handelbare Waren" umfunktioniert werden? Haben Sie sich nicht auch schon gewundert, wieso aus dem Arbeitsamt eine „Agentur für Arbeit" geworden ist oder warum Sie vor Gericht als „Sache" behandelt werden und nicht als Mann oder Frau? Der Autor beantwortet nicht nur diese Fragen ausführlich, sondern zeigt zudem auf, welche höchst raffinierten und hinterhältigen Mechanismen eingesetzt werden, die uns alle versklavt haben und dafür sorgen sollen, dass wir aus dem gegenwärtigen, riesigen Hamsterrad nie ausbrechen.

ISBN 978-3-938656-27-3 • 21,00 Euro

MEGAWANDEL

Johannes Holey

Dieses Buch ist ein Seelenöffner für die Zeit des inneren und äußeren Wandels. Neues Wissen! Ermutigende Sichtweisen! Wegweisende Impulse! Spannende Erkenntnisse! Zunehmender Bewusstseinswandel! Wollen Sie wissen, warum es genügend Gründe gibt, voller Hoffnung zu sein? Wollen Sie sich eine neue Lebensqualität aufbauen? Wollen Sie geistig-seelische und spirituelle Hintergründe erkennen und dieses Wissen nutzen? Wollen Sie erfahren, warum Gefühle und nicht irgendwelche schlauen Überlegungen die Welt verändern werden? Wir alle leben in den mächtigen Einflüssen neuer kosmischer und *positiver* Energien und zugleich in den mächtigen Einflüssen zunehmender *schädlicher* Energien der dunklen Macht-Elite. Beides ist der Zeitgeist, doch wie kommen wir damit klar? Johannes Holey erklärt den *Megawandel*, der uns alle auf der Erde betrifft, und beschreibt, wie wir diesen als große Chance nutzen können.

ISBN 978-3-938656-92-1 • 23,30 Euro

DER VERHÄNGNISVOLLSTE IRRTUM UNSERER ZEIT

Rudolf Passian

Erfahrungen an der Schwelle zum Jenseits

Wussten Sie, dass der Tod des Körpers kein Ende der Persönlichkeit bedeutet, sondern nur eine Wende in unseren Lebensbedingungen? War Ihnen bekannt, dass zum Sterbevorgang ein riesiges Forschungs- und Erfahrungsmaterial von rund 150 Jahren vorliegt? Und dass wir offenbar eine Art Computer-Festplatte in uns tragen, die all unser Denken und Tun genauestens abspeichert? Ein beim Sterbevorgang ablaufender „Lebensfilm" zeigt uns, dass nichts verlorengeht!

Der mehrfach ausgezeichnete Forscher Rudolf Passian beschreibt in diesem Buch, was Menschen bei ihren faszinierenden „Grenzübertritten" ins Jenseits erlebt haben, was dies in ihrem Leben zur Folge hatte, und erklärt auch, wieso die momentanen Weltreligionen sowie die Wissenschaften und Mediziner kein großes Interesse daran haben, dass die Menschen von dieser „anderen Welt" erfahren.

Nach diesem Buch liegt es an Ihnen: Glauben Sie eher uralten Schriften oder heute lebenden Menschen? Letztere berichten von einer unsichtbaren Welt, aus der wir alle kommen und in der wir uns eines Tages alle wiedersehen – eine Welt, vor der wir keine Angst haben müssen, sondern das Gegenteil.

ISBN 978-3-938656-36-5 • 21,00 Euro

DER GOLDENE BLICK

Sabine zur Nedden, Simone Alz

Wie Du Dein Leben noch nie betrachtet hast

Ohne zu ahnen, was ihn erwartet, besucht Herr Mensch die Praxis von Dr. Augenblick und wird in eine geheime Methode eingeweiht, die seinem Leben eine völlig neue Richtung gibt: DER GOLDENE BLICK.
Mit seiner ergreifenden Geschichte eröffnet uns Herr Mensch hier dieses Geheimnis und erzählt, wie er sich selbst, seinen Alltag und das Leben komplett neu zu betrachten lernt. Was mit der Suche nach Antworten begann, wird zur persönlichen Transformation. Wie Sie hautnah erleben können, wird man auf eine sonderbare Weise in diese ungewöhnlichen Dialoge tief und wirksam miteinbezogen. Und so geht all das, was Herr Mensch mit Hilfe seines Meisters erkennt und erfährt, unmittelbar auf den Leser selbst über.

ISBN 978-3-938656-93-8 • 21,00 Euro

GLÜCK IM SPIEL, GLÜCK IN DER LIEBE

Chander Bhatia

Alles ist möglich, man muss nur wissen, wie...

Auf sehr verständliche Weise beschreibt der Lebens- und Partnerschaftsberater Chander Bhatia die Bedeutung von Geld, Liebe und Partnerschaft aus spiritueller sowie aus weltlicher Sicht. In Indien geboren und seit 1964 in Deutschland lebend, verbindet er indische Lehren mit dem westlichen Denken und schafft damit eine Grundlage, die uns hilft, unsere berufliche sowie die familiäre Situation aus einem anderen, neuen Blickwinkel zu betrachten – und beides neu auszurichten, denn beides gehört zusammen! Sehr viele Menschen in der heutigen Zeit sind der Überzeugung, ihren inneren Frieden und ihr Glück nur zu finden, indem sie viel Geld besitzen. Sie glauben, damit auch ihre anderen Probleme lösen zu können. Dieses Denken entsteht schon in der Kindheit und prägt unsere heutige, westliche Gesellschaft. Doch hat sich dieses Denken als erfolgreich erwiesen? Wie sieht unsere Wirtschaftslage aus, wie die Scheidungsrate?
Geld ist eine Form von geistiger Energie. Wohlstand ist das Ergebnis unserer geistigen Einstellung. Das Besitzen von Geld bzw. materieller Energie reicht jedoch nicht aus, um inneren Frieden zu finden. Auch unser Bewusstsein spielt eine große Rolle in diesem Spiel sowie karmische Aspekte. Chander Bhatia erklärt in diesem, mit vielen Erlebnisberichten angereichertem Buch, wie dies funktioniert.

ISBN 978-3-938656-15-0 • 19,70 Euro

Schon 200.000 mal verkauft in Deutschland!

HÄNDE WEG VON DIESEM BUCH!

Jan van Helsing

Sie werden sich sicherlich fragen, wieso Sie dieses Buch nicht in die Hand nehmen sollen. Handelt es sich hierbei nur um eine clevere Werbestrategie? Nein, der Rat **„Hände weg von diesem Buch!"** ist ernst gemeint. Denn nach diesem Buch wird es nicht leicht für Sie sein, so weiterzuleben wie bisher. Heute könnten Sie möglicherweise noch denken: *„Das hatte mir ja keiner gesagt, woher hätte ich denn das auch wissen sollen?"* Heute können Sie vielleicht auch noch meinen, dass Sie als Einzelperson sowieso nichts zu melden haben und nichts verändern können. Nach diesem Buch ist es mit dieser Sichtweise jedoch vorbei! Sollten Sie ein Mensch sein, den Geheimnisse nicht interessieren, der nie den Wunsch nach innerem und äußerem Reichtum verspürt hat, der sich um Erfolg und Gesundheit keine Gedanken macht, dann ist es besser, wenn Sie den gut gemeinten Rat befolgen und Ihre Finger von diesem Buch lassen.

ISBN 978-3-9807106-8-8 • 21,00 Euro

DIE KINDER DES NEUEN JAHRTAUSENDS

Jan van Helsing

Mediale Kinder verändern die Welt!

Der dreizehnjährige Lorenz sieht seinen verstorbenen Großvater, spricht mit ihm und gibt dessen Hinweise aus dem Jenseits an andere weiter. Kevin kommt ins Bett der Eltern gekrochen und erzählt, dass *„der große Engel wieder am Bett stand"*. Peter ist neun und kann nicht nur die Aura um Lebewesen sehen, sondern auch die Gedanken anderer Menschen lesen. Vladimir liest aus verschlossenen Büchern, und sein Bruder Sergej verbiegt Löffel durch Gedankenkraft.

Ausnahmen, meinen Sie, ein Kind unter tausend, das solche Begabungen hat? Nein, keinesfalls! Wie der Autor in diesem, durch viele Fallbeispiele belebten Buch aufzeigt, schlummern in allen Kindern solche und viele andere Talente, die jedoch überwiegend durch falsche Religions- und Erziehungssysteme, aber auch durch Unachtsamkeit oder fehlende Kenntnis der Eltern übersehen oder gar verdrängt werden. Und das Spannendste an dieser Tatsache ist, dass nicht nur die Anzahl der medial geborenen Kinder enorm steigt, sondern sich auch ihre Fähigkeiten verstärken. Was hat es damit auf sich?

Lauschen wir den spannenden und faszinierenden Berichten medialer Kinder aus aller Welt.

ISBN 978-3-9807106-4-0 • 23,30 Euro